Kohlhammer *Krankenhaus*

D1720976

Die Autoren

Dr. rer. oec. Michael Greiling, Mitglied der Leitungskonferenz der CURA-CON-Unternehmensgruppe. Bis 2004 Leiter des Geschäftsbereichs Controlling der APB Unternehmensberatung GmbH, Münster. Seit Juli 2004 Geschäftsführer des Instituts für Workflow-Management im Gesundheitswesen (IWiG), Münster.
Lehrbeauftragter der Fachhochschulen Münster und Gelsenkirchen.

Markus Hessel, Studium der Gesundheits- und Sozialwirtschaft. Seit Oktober 2003 als Assistent der Geschäftsleitung im Marien-Hospital Euskirchen tätig. Zuvor Mitarbeiter des Geschäftsbereichs Controlling der APB Unternehmensberatung GmbH, Münster. Vornehmliche Tätigkeitsschwerpunkte: Prozessmanagement, Benchmarking sowie operatives Controlling im klinischen Umfeld.

Katrin Berger, Studium der Betriebswirtschaft mit dem Schwerpunkt Gesundheits- und Sozialwirtschaft. Seit 1. April 2004 für die Debeka Krankenversicherung, Koblenz im Bereich Gesundheitsmanagement tätig. Zuvor Mitarbeiterin des Geschäftsbereichs Controlling der APB Unternehmensberatung GmbH, Münster. Tätigkeitsschwerpunkte: Klinisches Prozessmanagement sowie operatives und strategisches Controlling.

Michael Greiling
Markus Hessel
Katrin Berger

Pfadmanagement im Krankenhaus

Führen mit Kennzahlensystemen

Verlag W. Kohlhammer

1. Auflage 2004

Alle Rechte vorbehalten
© 2004 W. Kohlhammer GmbH Stuttgart
Umschlag: Gestaltungskonzept Peter Horlacher
Gesamtherstellung:
W. Kohlhammer Druckerei GmbH + Co. Stuttgart
Printed in Germany

ISBN 3-17-018311-7

Vorwort

Der klassische Ansatz der Organisationsgestaltung ist das Analyse-Synthese-Konzept von *Kosiol (1976)* wobei alle organisatorischen Maßnahmen auf die Aufgabenerfüllung des Unternehmens ausgerichtet sind. Hierzu ist die Gesamtaufgabe des Unternehmens zunächst in Teilaufgaben und Teilschritte zu zerlegen (Aufgaben- und Arbeitsanalyse) die danach zu zweckmäßigen Aufgabenkomplexen und Arbeitsprozessen zusammenzufassen sind (Aufgaben- und Arbeitssynthese). Durch die dauerhafte Zuordnung von Teilaufgaben auf eine oder mehrere Personen werden Stellen gebildet, die als kleinste Organisationseinheit Basiselement der Aufbauorganisation sind. Mehrere Stellen bilden Abteilungen, die wiederum zu weiterer Einheiten z. B. Geschäftsbereichen zusammengefasst werden können. Diese **Aufbauorganisation** gliedert also das Unternehmen in Teileinheiten, ordnet ihnen Aufgaben und Zuständigkeiten zu und ermöglicht die Koordination zwischen diesen Organisationseinheiten. Im Gegensatz dazu wird unter der **Ablauforganisation** die inhaltliche, räumliche und zeitliche Folge von Arbeitsprozessen verstanden. Dabei erfolgt die Gestaltung der Ablauforganisation nach Bildung der Aufbauorganisation als weitere, in Einzelheiten gegliederte raumzeitliche Strukturierung.

Aufgrund einer solchen Vorgehensweise werden stellenübergreifende Abläufe nicht ausreichend berücksichtigt. Diese fehlende Ausrichtung der Aufbauorganisation an den Anforderungen der bereichsübergreifenden Prozesse führt zu Steuerungsproblemen und einem erheblichen Koordinations- und Regelbedarf. Dieses funktionale Organisationskonzept weist also Mängel auf, die zu einer geringeren Produktivität bei überdurchschnittlicher Beschäftigung des Personals führen. Die Defizite sind:

- Funktionale Abschottung involvierter Bereiche (Bereichsegoismen)
- Mangelhafte Kommunikation und Information
- Intransparenz der krankenhausspezifischen Abläufe
- Unnötige Schnittstellen
- Doppelarbeiten und Redundanzen

Mit der ablauforganisatorischen Zusammenfassung von Aufgaben zu einem Prozess (Teil-, Haupt- und Geschäftsprozess) und durch die Verknüpfung einzelner Prozesse zu Prozessketten (klinische Pfade) wird der Versuch unternommen, die Aktivitäten im Krankenhaus übergreifend sowohl technisch als auch organisatorisch zu integrieren. Durch diese **Prozess-orientierung** und die somit ablauforientierte Organisationsgestaltung kann eine höhere Flexibilität bezüglich Störungen als auch Änderungen der Aufgabenstellung gewährleistet werden. Die Transparenz der Struktur und der Leistung der entsprechenden Prozesse erlaubt eine Bewertung des Ressourcenverbrauchs und der Wertschöpfung des Prozesses (Kennzahlenbetrachtung). Durch die Bewertung des Prozesses und einer anschließende kontinuierlichen Optimierung der Ablauforganisation kann ein Wettbewerbsvorteil gegenüber anderen Anbietern geschaffen werden.

Nachdem wir uns in den letzten drei Jahren mit den Themen

- Erhöhung der Prozessorientierung
- Einbindung des Prozessmanagements
- Erstellung von Patientenbehandlungspfaden und
- Optimierung von klinischen Pfaden

beschäftigt haben, möchten wir an dieser Stelle einen Beitrag zum nächsten chronologischen Schritt leisten: **Das Führen mit Kennzahlensystemen.** Ich möchte mich an dieser Stelle bei allen Personen bedanken, die uns bei der Umsetzung in den Kliniken unterstützt haben. Insbesondere bei meinen Mitarbeitern, die ihr Potenzial in die Vision eingebracht haben: „**Das Krankenhaus der Zukunft ist prozessorientiert, prozessstrukturiert und workflowbasiert**". Besonders bedanken möchte ich mich bei Frau Katrin Berger und Herrn Markus Hessel, die unsere Entwicklungen in der gesamten Zeit begleitet und vorangetrieben haben.

Münster, im Frühjahr 2004

Dr. rer. oec. Michael Greiling

Inhaltsverzeichnis

Vorwort 5

Abkürzungsverzeichnis 12

1   Einleitung 13

2   Das DRG-System 15
2.1   Ermittlung der DRG für einen Behandlungsfall 15
2.2   Relativgewicht (Bewertungsrelation) einer DRG 18
2.3   Das Effektivgewicht einer DRG 19
2.4   Der Vergütungsbetrag für einen Behandlungsfall 25
2.5   Prozesskennzahlen – Instrument zur Steuerung klinischer
      Prozesse 26

3   Kennzahlen und Kennzahlensysteme – Grundlagen und
      Hintergründe 28
3.1   Kennzahlen – begriffliche Einführung 28
3.1.1   Kennzahlen und Kennzahlsysteme 28
3.1.2   Differenzierung von Kennzahlen und Kennzahlsystemen 30
3.1.3   Funktion von Kennzahlen 32
3.1.4   Anforderungen an Kennzahlsysteme 34

3.2   Prozesse – Grundlage zur Ermittlung der Prozessleistung 34
3.2.1   Prozesse und Prozesskennzahlen 35
3.2.2   Prozessstruktur 38
3.2.3   Voraussetzungen zur Bildung von Prozesskennzahlen 43
3.2.4   Komponenten der Prozessleistungsfähigkeit 44

3.3   Instrumente zur Ermittlung des Prozessoutputs 47
3.3.1   Monetärer und zeitlicher Prozessoutput 47
3.3.2   Qualitativer Prozessoutput 51

3.4	Konzept der Balanced Scorecard	53
3.4.1	Mehrdimensionale Betrachtung unternehmerischer Ziele	57
3.4.1.1	Finanzwirtschaftliche Perspektive als Ausgangs- und Endpunkt	58
3.4.1.2	Definition von Kunden- und Marktsegmenten sowie des erforderlichen Wertangebots in der Kundenperspektive	59
3.4.1.3	Prozessneugestaltung in der internen Prozessperspektive	60
3.4.1.4	Bereitstellung notwendiger Potenziale in der Potenzialperspektive	62
3.4.1.5	Unternehmensspezifische Anpassung der Perspektiven	63
3.4.2	Ausgewogenheit durch Integration unterschiedlicher Arten von Messgrößen	64
3.4.2.1	Integration verschiedenartiger Messgrößen	65
3.4.2.2	Zielwerte und Verknüpfung mit Anreizsystemen	67
3.4.3	Verknüpfung der Perspektiven und Ziele durch Ursache-Wirkungs-Vermutungen	68
3.5	Konzept der Behandlungspfade und Besonderheiten des Krankenhaussektors	70
3.5.1	Behandlungspfade als Darstellungsform von Behandlungsabläufen	70
3.5.1.1	Hintergrund und Bedeutung der Behandlungspfade	71
3.5.1.2	Pfadcontrolling und Varianzanalyse als Bestandteile der Behandlungspfade	71
3.5.1.3	Methodisches Vorgehen zur Implementierung der Behandlungspfade	73
3.5.2	Überlegungen zur Einführung der BSC im Krankenhausbereich	74
3.5.2.1	Bedeutung der strategischen Positionierung im Krankenhaussektor	74
3.5.2.2	Mehrdimensionaler Kundenbegriff	75
3.5.2.3	Anpassungsmöglichkeiten der BSC im Krankenhausbereich	76
3.5.3	Konzentration der Krankenhäuser auf Kernkompetenzen	78
4	**Methodik zur Ermittlung der Prozessleistung**	81
4.1	Bestimmung einer Kernkompetenz	82
4.2	Ermittlung der Prozessziele sowie des Prozessoutputs	84
4.3	Entwicklung geeigneter Prozesskennzahlen	86
4.3.1	Der Kennzahlenpool	87

4.3.1.1   Monetäre sowie zeitliche Aspekte des Kennzahlenpools 88
4.3.1.2   Qualitativer Aspekt des Kennzahlenpools 89
4.3.2   Auswahl erfolgskritischer Prozesse 92

4.4   Systematik zur Bestimmung der Prozessleistung 93

4.5   Implementierung eines Kennzahlsystems zur Management-
          unterstützung 99
4.5.1   Koordinationsfunktion des Prozesskennzahlsystems 99
4.5.2   Kennzahlberichte – Lieferant wichtiger Informationen 100
4.5.2.1   Berichtarten 102
4.5.2.2   Anforderungen an Berichte und Berichtssysteme 102
4.5.3   Prozessberichte 104
4.5.3.1   Prozessberichtinhalte und Adressaten 104
4.5.3.2   Aufbau des Prozessberichtsystems 107
4.5.3.3   Prozessberichtsarten 107

4.6   Kritische Würdigung des entworfenen Kennzahlsystems ... 114

5   Entwicklung einer BSC auf der Basis eines Behandlungs-
          pfades 115

5.1   Konzeptionelle Grundlagen der Pfad-BSC 116

5.2   Entwicklungskonzept der Pfad-BSC 118
5.2.1   Ableitung der Ziele 120
5.2.1.1   Analyse der strategischen Vorgaben und des Umfeldes 121
5.2.1.2   Ableitung von qualitativen Zielen durch Interviews 122
5.2.1.3   Entwicklung strategischer Ziele 123
5.2.1.4   Vorbereitung der Zielauswahl 128
5.2.1.5   Sammlung von Zielbeispielen für die übrigen Perspektiven . 133
5.2.1.6   Dokumentation strategischer Ziele 138
5.2.2   Identifikation strategisch relevanter Verknüpfungen 139
5.2.3   Bestimmung der Messgrößen und Festlegung der Verant-
          wortlichkeiten 142
5.2.3.1   Sammlung von Messgrößenvorschlägen 142
5.2.3.2   Bestimmung von Messgrößen zur Abbildung der strate-
          gischen Ziele 143
5.2.3.3   Definition und Erfassung der ausgewählten Kennzahlen ... 152
5.2.4   Festlegung von Ziel- und Schwellenwerten 155
5.2.4.1   Schaffung einer Vergleichsbasis 155
5.2.4.2   Definition von Ziel- und Schwellenwerten 156
5.2.4.3   Zuständigkeiten regeln 157

5.2.4.4   Verknüpfung der Zielvereinbarungen mit einem Prämien-
          system 158
5.2.4.5   Dokumentation der Messgrößen und Integration in
          Ursache-Wirkungs-Ketten 158
5.2.5   Vereinbarung zielfördernder Maßnahmen 159
5.2.5.1   Sammlung laufender und geplanter Projekte 160
5.2.5.2   Priorisierung zielfördernder Maßnahmen 160
5.2.6   Vorbereitung der Implementierung der Pfad-BSC 163
5.2.6.1   Entwicklung eines Informations- und Reportingsystems . . . 163
5.2.6.2   Organisation des strategischen Lernprozesses 164
5.2.6.3   Umsetzungsplan zur Einführung der Pfad-BSC erstellen . . . 165

5.3   Einsatzbereiche der Pfad-BSC und Stellung im Gesamtgefüge
          der BSC 166
5.3.1   Entwicklungsstand der BSC vor Beginn der Implementie-
          rung 167
5.3.2   Prozessorientierte vs. funktionale Aufbauorganisation 167

5.4   Evaluation des Konzepts einer Pfad-BSC 170
5.4.1   Anwendbarkeit einer Pfad-BSC 170
5.4.2   Schwachstellen einer Pfad-BSC 172

5.5   Zusammenfassende Beurteilung 172

5.6   Fazit 174

Literatur 175

Anhang 181

Anlage I: Pfade und Kennzahlen 181
               1. Beispiel Behandlungspfade 181
               2. Kennzahlenpool 186
               a) Kostenkennzahlenpool 186
               b) Zeitkennzahlenpool 193
               c) Qualitätskennzahlenpool 196
Anlage II: Beschreibung der Strumabehandlung 213
Anlage III: Zielsammlung und Zielbegründung 216
Anlage IV: Hinweise zur Zielfindung 222
Anlage V: Zielbeurteilung zur Einordnung in das Kunden-
               begeisterungsmodell 223

Anlage VI: Zielbeurteilung zur Einordnung in den Horváth & Part-
              ner-Filter 229
Anlage VII: Zielauswahl nach Kundenbegeisterungsmodell und
              Horváth & Partner-Filter 233
Anlage VIII: Sammlung von Messgrößenvorschlägen 237
Anlage IX: Messgrößendefinition 243
Anlage X: Matrix der strategischen Ziele und der zielfördernden
              Aktionen 250

Abkürzungsverzeichnis

APB	Allgemeine Prüfungs- und Beratungsgesellschaft
ASA	American Society of Anaesthesiology, 5-Stufige Klassifikation zur präoperativen Risikoeinschätzung
BBK	Buchführung Bilanz Kostenrechnung, Fachzeitschrift
BMGS	Bundesministerium für Gesundheit und Soziale Sicherung
BSC	Balanced Scorecard
CA AC	Chefarzt Chirurgie, Abkürzung für diese Position
DRG	Diagnosis Related Group(s)
f & w	führen und wirtschaften im Krankenhaus, Fachzeitschrift
GmbH	Gesellschaft mit beschränkter Haftung
HNO	Hals-Nasen-Ohren
ICD	International Classification of Diseases
ITBmed	Krankenhausinformationssystem
KBM	Kundenbegeisterungsmodell
KFPV	Krankenhausfallpauschalenverordnung
KHBV	Krankenhausbuchführungsverordnung
KHG	Krankenhausfinanzierungsgesetz
KIS	Krankenhausinformationssystem
KRP	Kostenrechnungspraxis
ku	Krankenhausumschau
mhk	Management Handbuch Krankenhaus, Sammelwerk Fachliteratur
mVWD	mittlere Verweildauer
NPO	Non-Profit-Organisationen
OP	Operation
OPS	Operationsschlüssel
PDL	Pflegedienstleitung, Abkürzung für diese Position
präop. VWD	Präoperative Verweildauer
prästat.	Prästationär
QMB	Qualitätsmanagementbeauftragte/-r, Abkürzung für diese Position
ROI	Return on Investment
uGVWD	untere Grenzverweildauer
VWD	Verweildauer
€	Euro
$\sum$	Summe
$T_{1\ldots n}$	Zeitraum bzw. Zeitpunkt

1   Einleitung

Die Finanzierung des Gesundheitswesens ist derzeit neben der Diskussion über die Rentenreform eines der wichtigsten Themen in der Bundesrepublik Deutschland. Im Rahmen der im Jahr 2000 durchgeführten Gesundheitsreform wurde die Einführung eines neuen Vergütungssystems für die von den Krankenhäusern erbrachten Leistungen ab dem Jahr 2004 beschlossen. Mit dem Gesundheitsreformgesetz soll die Qualität und die Wirtschaftlichkeit im Krankenhauswesen verbessert werden. Das pauschalierte Vergütungssystem sieht eine Vergütung nach fallgleichen Gruppen vor.[1] Es ersetzt das bisher bestehende Mischsystem aus Sonderentgelten, Fallpauschalen, Abteilungspflegesätzen und dem Basispflegesatz.[2] Dabei werden die einzelnen Patienten je nach ihren Beschwerden in Fallgruppen eingeordnet und vergleichbar gleich vergütet. Keine Berücksichtigung in diesem System finden teilstationäre oder ambulante Fälle sowie Fälle der Psychiatrie. Allgemeine Krankenhausleistungen, die nicht in jedem Krankenhaus angeboten werden, wie etwa die Notfallversorgung oder auch Ausbildungsstätten, werden über Zu- bzw. Abschläge berücksichtigt.[3]

Die Selbstverwaltungspartner (Deutsche Krankenhausgesellschaft DKG, Spitzenverbände der Krankenkassen) haben sich darauf verständigt, „die australischen AR-DRG (Australian Refined Diagnosis Related Groups) als Basis für das künftige deutsche Patientenklassifikationssystem G-DRG (German Diagnosis Related Groups)"[4] zu übernehmen. Am 29. August 2001 verabschiedete das Bundeskabinett das DRG-Einführungsgesetz bzw. Fallpauschalengesetz (FPG).[5] Die erste Lesung im Bundestag erfolgte am 27. September 2001, die zweite sowie die dritte Lesung erfolgten am 14. Dezember 2001. Der Gesetzentwurf wurde am 1. März 2002 vom Bundesrat ratifiziert. Das neue Abrechnungssystem soll die Kostenstruktur der Krankenhäuser verdeutlichen. Die dadurch erzielte Transparenz soll einen Leistungsvergleich der einzelnen Krankenhäuser vereinfachen.[6] Die bisherige Struktur des Abrechnungssystems ist durch die Verweildauer ei-

---

1 Vgl. § 17 b KHG.
2 Vgl. Bihr/Hekking/Krauskopf/Lang, S. 120-121.
3 Vgl. § 17 b KHG.
4 Vgl. Keun, S. 83.
5 Vgl. ku-Sonderheft, 8/2003
6 Vgl. BMGS, S. 1.

nes Patienten geprägt. Durch die Vergütung des einheitlichen durchschnitt-lichen Basispreises sind die Krankenhäuser nur dann in der Lage wirt-schaftlich zu arbeiten, wenn ihre tatsächlichen Kosten niedriger als der Vergütungserlös sind. Die Festlegung eines einheitlichen durchschnittlichen Basispreises der DRG zwingt Krankenhäuser ihre Kostenstruktur zu ken-nen und zu überwachen, damit sie ihre Existenz sichern können.

2   Das DRG-System

Das System der Diagnosis Related Group ist ein eindimensionales Patientenklassifikationssystem, das in der Lage ist, „sämtliche akutstationären Behandlungsfälle algorithmisch einander ausschließenden Fallgruppen eindeutig zuzuordnen."[7] Dabei werden möglichst homogene Behandlungsfälle nach dem Verbrauch der Krankenhausressourcen in Fallgruppen innerhalb eines Gruppierungsprozesses (Grouping) mittels einer unterstützenden EDV-Software (Grouper) eingruppiert. Ausgangspunkt ist der jeweilige Patientenbehandlungspfad. Der Prozess umfasst dabei die komplette Behandlung eines Patienten von der Aufnahme bis zur Entlassung.

2.1   Ermittlung der DRG für einen Behandlungsfall

Als erstes erfolgt eine Erfassung fehlcodierter und nicht eingruppierbarer Fälle in eine der sieben Fehler-DRG. Danach werden durch eine Einstufung der Pre-Major-Diagnostic-Categories (Pre-MDC) Behandlungsfälle aussortiert, die in eine der acht sogenannten Prioritätsgruppen für besonders aufwändige Fälle, wie zum Beispiel HIV-Erkrankungen oder Polytrauma, fallen. Der Großteil aller Behandlungsfälle wird aufgrund der Hauptdiagnose (Major-Diagnostic-Categorie, MDC) in eine der 23 Hauptdiagnosegruppen eingruppiert. In einem nächsten Schritt werden die Behandlungsfälle nach drei verschiedenen Partitionen (Sub-MDCs), einer chirurgischen, einer medizinischen oder einer sonstigen Partition unterteilt. Im letzten Schritt der Einordnung zu einer DRG wird der Behandlungsfall über eine fünfstufige Nebendiagnose mit unterschiedlichen Schweregraden bewertet. Die Nebendiagnose wird dabei mit Hilfe der bestehenden ICD-Codes dokumentiert. Bei der Zuordnung in eine Schweregradgruppe (Patient-Clinical-Complexity-Level, PCCL) wird zunächst jeder Nebendiagnose in Abhängigkeit von der Basis-DRG ein Schweregrad (Complication and Comorbility Level, CCL) zugeordnet. Insgesamt existieren fünf Schweregrade.

---

7 Keun, S. 83.

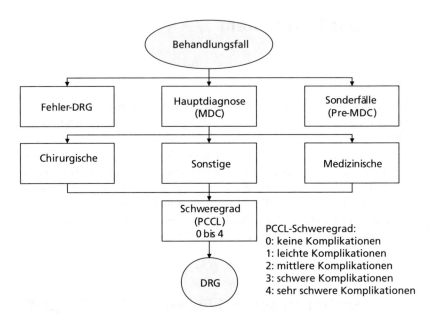

Abb. 1: Gruppierung eines Behandlungsfalles

Mit Hilfe einer Näherungsformel wird die PCCL folgendermaßen berechnet:[8]

- Art und Anzahl der Nebendiagnosen

Jeder Nebendiagnose (CC) wird anhand einer Matrix in Abhängigkeit von der Hauptdiagnose ein Schweregrad (CCL 0 = Keine CC-Nebendiagnose bis 4 = katastrophale CC-Nebendiagnose) zugeordnet. Nachdem alle CCL-Werte bestimmt worden sind, werden die Nebendiagnosen nach ihrem CCL-Wert in absteigender Reihenfolge sortiert. Es folgt nun ein rekursives Ausschlussverfahren (wird vom Grouper durchgeführt), bei dem nichtsignifikante Diagnosen ausgeschlossen werden und ähnliche Diagnosen nur einmal gezählt werden. So kann es vorkommen, dass einige Nebendiagnosen als CCs ausgeschlossen werden. Der PCCL-Wert wird danach mit Hilfe einer logarithmischen Glättungsformel ermittelt:

---

8 Vgl. Keun, S. 85.

- PCCL-Glättungsformel

$$PCCL = \begin{cases} 0 \text{ falls keine Nebendiagnose vorhanden ist} \\ 4 \text{ wenn } x > 4 \\ x \text{ alle anderen Fälle} \end{cases}$$

$$\text{wobei } x = \text{round} \left\{ \frac{\ln\left\{ 1 + \sum\limits_{i=k} CCL(i) \times \exp(-a \times (i-k)) \right\}}{\ln(3/a)/4} \right\}$$

a   = 0,4 (Konstante, bei Systempflege anzupassen)

k   = 1 (Neugeborene)
       = 2 (alle anderen DRG)

Die Formel ist aus dem australischen DRG-System übernommen worden. Zur richtigen Verwendung hier noch einige zusätzliche Erläuterungen:

$\sum\limits_{i=k}$ bedeutet, dass der nach dem Summenzeichen folgende Teil auf alle Nebendiagnosen (bei Neugeborenen auch auf die Hauptdiagnose) anzuwenden ist.

CCL(i)   steht für die i-te Nebendiagnose
(i-k)   hier ist mit k eine Konstante gemeint, die zur Zeit den Wert 1 hat.

Bei der Verwendung der Formel ist also zu berücksichtigen, dass k eine dreifache Bedeutung hat.

Beispiel:
35-jähriger männlicher Patient mit 2 relevanten Nebendiagnosen (rekursives Ausschlussverfahren hat zum Ausschluss weiterer Nebendiagnosen geführt):
CCL 1 = 3
CCL 2 = 3

$$x = \text{round} \left\{ \frac{\ln\{1 + 3 \times \exp(-0,4 \times (1-1)) + 3 \times \exp(-0,4 \times (2-1))\}}{\ln(3/0,4)/4} \right\}$$

$x = 3,560636863,$ gerundet $\rightarrow$ PCCL 4

Je mehr Nebendiagnosen erfasst werden, um so geringer wird die zusätzliche Wertung bzw. Gewichtung einer Nebendiagnose. Insgesamt nimmt der PCCL-Wert mit zunehmender Anzahl an Nebendiagnosen immer weiter zu. Der höchste PCCL-Wert ist jedoch 4. Anhand des gerundeten PCCL-Wertes kann dann die Zuordnung in eine von bis zu 5 Aufwandsgruppen pro Basis-DRG erfolgen.

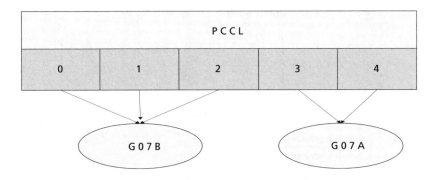

Abb. 2: Beispiel DRG G07- Appendektomie

2.2 Relativgewicht (Bewertungsrelation) einer DRG

Das Relativgewicht einer DRG gibt den durchschnittlicher Ressourcenverbrauch dieser DRG in Bezug auf den Basisfallwert (Baserate), der ein Relativgewicht von 1,0 hat, an. Die Baserate wird durch statistische Berechnung der durchschnittlichen Fallkosten aller stationären Fälle, Abteilungen (ohne Psychiatrie) und Krankenhäuser einer festgelegten Region ermittelt. Das besondere am deutschen DRG-System ist die initiale Zugrundelegung einer Fallkostenrechnung aus möglichst vielen Krankenhäusern nach einem gemeinsamen Schema. Das gemeinsame Schema für die Kalkulation der Fallkosten der beteiligten Häuser wurde von den Selbstverwaltungspartnern mit Beteiligung von Beratungsunternehmen in den letzten Jahren entwickelt.

Um die Bewertungsrelation für jede DRG aus den kalkulierten Fallkosten der beteiligten Krankenhäuser zu ermitteln, musste ein repräsentativer Parameter bestimmt werden, da die DRG eine Kostenstreuung aufwiesen. Man hat sich für das geometrische Mittel der Fallkosten entschieden, da so eine Verzerrung durch Ausreißerfälle reduziert wird. Um von den Fallkosten einer DRG zu ihrer Bewertungsrelation zu kommen, wird der geometrische Fallkostenmittelwert der DRG durch den gewogenen Mittelwert dividiert.

Das Relativgewicht für jede DRG ist dem Fallpauschalen-Katalog zu entnehmen.

2.3   Das Effektivgewicht einer DRG

Das Effektivgewicht einer DRG ergibt sich unter Berücksichtigung von Zu- und Abschlägen von dem Relativgewicht. Die DRG-spezifischen Zu- und Abschläge werden in Form von Tagessätzen berechnet. Die Kosten der Hauptleistung sollen dabei im Pauschalbetrag enthalten sein. Kosten der Hauptleistung sind die nach dem Kalkulationshandbuch ermittelten Kosten für den OP-Bereich, die Anästhesie, den Kreißsaal, die Kardiologische Diagnostik/Therapie und die Endoskopische Diagnostik/Therapie inklusive der Kosten für Implantate und Transplantate.

Bei der Berechnung der Tagessätze für die Zu- und Abschläge sind die Bewertungsrelationen ohne die Kosten der Hauptleistung zugrunde zu legen.[9]

Zuschläge:
Die Verweildauer (VWD) eines Behandlungsfalles überschreitet eine bestimmte Obergrenze (oberer Trimmpunkt/obere Grenz-VWD) → Langliegerzuschlag:

Die Bestimmungen zur Ermittlung eines Zuschlages sind dem § 6 der KFPV zu entnehmen.

§ 6 Obere Grenzverweildauer

(1) Zur Ermittlung der oberen Grenzverweildauer einer Fallpauschale sind die von den am Kalkulationsverfahren beteiligten Krankenhäusern übermittelten Daten der Verweildauer zu logarithmieren und das arithmetische Mittel sowie die Standardabweichung je Fallpauschale zu berechnen. Anschließend sind je Fallpauschale folgende Werte zu berechnen:

- der entlogarithmierte Wert aus der Summe des arithmetischen Verweildauer-Mittelwerts nach Satz 1 und der zweifachen Standardabweichung nach Satz 1 sowie

---

9 vgl. Projektbericht „Kostenkalkulation" 3M HIS Institut, S. 21.

- die Summe aus dem entlogarithmierten Wert des arithmetischen Verweildauer-Mittelwerts nach Satz 1 und einer festen Anzahl von Belegungstagen nach Absatz 2 (Maximalabstand). Als obere Grenzverweildauer ist grundsätzlich der niedrigere Wert auszuwählen und kaufmännisch auf die nächste ganze Zahl zu runden. Im Fallpauschalen-Katalog ist der erste Tag, für den ein zusätzliches Entgelt abgerechnet werden kann, auszuweisen. Dieser ist zu ermitteln, indem zur oberen Grenzverweildauer ein Tag hinzugerechnet wird.

(2) Die für die Ermittlung des Maximalabstands nach Absatz 1 Satz 2 Nr. 2 maßgebliche Zahl der Belegungstage ist so zu ermitteln, dass auf die bei Überschreitung der Grenzverweildauer zu zahlenden Entgelte voraussichtlich zwischen 5 und 6 vom Hundert der insgesamt über Fallpauschalen abzurechnenden Vergütungen entfallen.

(3) Zur Vergütung der Krankenhausleistungen bei Überschreitung der oberen Grenzverweildauer ist eine Bewertungsrelation je Tag folgendermaßen zu ermitteln und im Fallpauschalen-Katalog gesondert auszuweisen:

Bewertungsrelation der Fallpauschale

./. Anteil der Bewertungsrelation, der auf Kosten der Hauptleistung nach § 5 Satz 2 entfällt

= Zwischensumme
: mittlere Verweildauer

= Zwischenergebnis
x 0,6

= Bewertungsrelation je Tag.

Schritt 1: Ermittlung der oberen Grenz-VWD

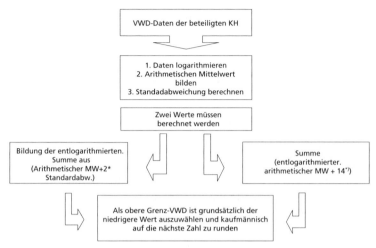

*)Diese Summe wird gebildet, um die maximal mögliche Obergrenze zu bestimmen. In § 6 Abs. 2 KFPV ist dargelegt, dass zwischen 5 und 6 % des Budgets für Überliegerzuschlägevorzusehen sind. Im Rahmen einer Simulation hat man den Maximalabstand berechnet. Für mehrere Varianten wurde berechnet, wie viel Erlösvolumen auf den rohen Pauschalbetrag und wie viel auf den Langliegerzuschlag entfallen würde. Gerechnet wurde mit den Werten 13, 14, 15, 16 und 17 Tagen. Je höher der Wert ist, desto später setzt die Zuschlagszahlung ein und desto niedriger ist das Zuschlagsvolumen. Man hat 14 Tage als besten Wert ermittelt. (vgl. Projektbericht „Kostenkalkulation" 3M HIS Institut, S. 23/36/37).

Abb. 3: Rechenweg zur Bestimmung der oberen Grenz-VWD

Schritt 2: Ermittlung des Relativgewichtes pro Tag

$$\frac{\text{Relativgewicht der DRG} - \text{Anteil Relativgewicht, der auf die Hauptleistung entfällt}}{\text{mittlere Verweildauer}} \times 0,6 = \text{Relativgewicht/Tag}$$

Beispiel für die Berechnung eines Langliegerzuschlages:
DRG E01B: Große Eingriffe am Thorax: Patient mit Verweildauer von 35 Tagen

Die folgenden Werte sind dem Fallpauschalenkatalog entnommen worden:

Relativgewicht 2,570
Obere Grenz-VWD . . . . 32 Tage
Relativgewicht pro Tag 0,062

Überschreiten der oberen Grenz-VWD mit 3 Tagen, daher ist für 3 Tage ein Zuschlag zu berechnen:
Effektivgewicht = 2,570 + 3 × 0,062 = 2,756

21

Abschläge:
VWD eines Behandlungsfalles unterschreitet eine bestimmte Untergrenze (unterer Trimmpunkt/untere Grenz-VWD) → Kurzliegerabschlag bzw. Verlegungsabschlag.

Kurzliegerabschlag:
Dem § 7 der KFPV sind die Bestimmungen zur Ermittlung eines Kurzliegerabschlages zu entnehmen:

§ 7: Untere Grenzverweildauer

(1) Zur Ermittlung der unteren Grenzverweildauer einer Fallpauschale ist der entlogarithmierte Wert des arithmetischen Verweildauer-Mittelwerts nach § 6 Abs. 1 Satz 1 durch die Zahl „Drei" zu teilen und anschließend kaufmännisch auf die nächste ganze Zahl zu runden. Im Fallpauschalen-Katalog ist der erste Tag, für den ein Abschlag vorzunehmen ist, auszuweisen. Dieser ist zu ermitteln, indem von der unteren Grenzverweildauer ein Tag abgezogen wird; es ist mindestens ein Wert von einem Belegungstag auszuweisen. Die Sätze 1 bis 3 gelten nicht bei Fallpauschalen, die nur für einen Belegungstag kalkuliert sind.

(2) Zur Verminderung der Fallpauschale bei Unterschreitung der unteren Grenzverweildauer ist als Grundlage für die Ermittlung des Abschlagsbetrags nach § 1 Abs. 2 Satz 2 eine Bewertungsrelation je Tag wie folgt zu ermitteln und im Fallpauschalen-Katalog gesondert auszuweisen:

Bewertungsrelation der Fallpauschale
./. Anteil der Bewertungsrelation, der auf Kosten der Hauptleistung nach § 5 Satz 2 entfällt

= Zwischensumme
: untere Grenzverweildauer nach Absatz 1 Satz 1, mindestens jedoch durch die Zahl „Zwei"

= Bewertungsrelation je Tag.

Schritt 1: Ermittlung der unteren Grenz-VWD

$$\text{VWD-Untergrenze} = \frac{\text{entlogarithmierter Wert des arithmetischen Verweildauermittelwertes}}{3}$$

Das Ergebnis ist kaufmännisch auf die nächste Zahl zu runden und es ist mindestens ein Wert von einem Belegungstag auszuweisen.

Schritt 2: Ermittlung des Relativgewichtes pro Tag

Relativgewicht der DRG – Anteil Relativgewicht,
der auf die Hauptleistung entfällt

untere Grenzverweildauer (mind. jedoch durch die Zahl 2)

= Relativgewicht pro Tag

Beispiel für die Berechnung eines Kurzliegerabschlages:
DRG E01B: Große Eingriffe am Thorax: Patient mit Verweildauer von 5 Tagen
Die folgenden Werte sind dem Fallpauschalenkatalog entnommen worden:

Relativgewicht 2,570
untere Grenz-VWD . . . . 6 Tage
Relativgewicht pro Tag 0,308

Unterschreiten der unteren Grenz-VWD mit 1 Tag, daher ist für 1 Tag ein Abschlag zu berechnen:
Effektivgewicht = $2,570 - 1 \times 0,308 = 2,262$

Verlegungsabschlag:
Wenn die tatsächliche VWD unterhalb der mittleren VWD liegt, wird für die Differenztage ein Abschlag berechnet, um ökonomisch motivierte Verlegungen zu vermeiden.

Den § 2 und § 5 der KPFV sind die Bestimmungen zur Berechnung des Verlegungsabschlages zu entnehmen:

§ 2: Abschläge bei Verlegung von Patienten

(1) Im Falle einer Verlegung in ein anderes Krankenhaus ist von dem verlegenden Krankenhaus ein Abschlag vorzunehmen, wenn die im Fallpauschalen-Katalog ausgewiesene mittlere Verweildauer unterschritten wird. Der Abschlag ist wie folgt zu ermitteln: Mittlere Verweildauer nach dem Fallpauschalen-Katalog, kaufmännisch auf die nächste ganze Zahl gerundet.

./. Belegungstage (tatsächliche Verweildauer nach § 1 Abs. 6)

= Zahl der Belegungstage, für die ein Abschlag vorzunehmen ist
× Bewertungsrelation je Tag nach § 5 Satz 1
× Basisfallwert

= Abschlag von der Fallpauschale.

23

(2) Im Falle einer Verlegung aus einem anderen Krankenhaus ist von dem aufnehmenden Krankenhaus ein Abschlag nach den Vorgaben des Absatzes 1 Satz 2 vorzunehmen, wenn die im Fallpauschalen-Katalog ausgewiesene mittlere Verweildauer unterschritten wird. Dauerte die Behandlung im verlegenden Krankenhaus nicht länger als 24 Stunden, so gilt dies nicht als Verlegung im Sinne des Satzes 1; in diesem Falle ist bei frühzeitiger Entlassung die Regelung zur unteren Grenzverweildauer nach § 1 Abs. 2 Satz 2 oder bei einer Weiterverlegung die Abschlagsregelung nach Absatz 1 anzuwenden.

§ 5: Abschlagsbetrag bei Verlegungen

Für die Ermittlung des Abschlagsbetrags bei Verlegungen ist je Fallpauschale eine Bewertungsrelation je Tag wie folgt zu ermitteln und im Fallpauschalen-Katalog gesondert auszuweisen:

Bewertungsrelation der Fallpauschale
./. Anteil der Bewertungsrelation, der auf Kosten der Hauptleistung nach Satz 2 entfällt

= Zwischensumme
: (mittlere Verweildauer + 1)

= Bewertungsrelation je Tag.

Als Kosten der Hauptleistung sind die nach dem Kalkulationshandbuch der Vertragsparteien auf Bundesebene ermittelten Kosten für den OP-Bereich, die Anästhesie, den Kreißsaal, die Kardiologische Diagnostik/Therapie und die Endoskopische Diagnostik/Therapie, jeweils einschließlich der Kosten für Implantate und Transplantate, abzuziehen.

Schritt 1: Ermittlung der Abschlagstage

mittlere VWD (kaufmännisch gerundet auf nächste ganze Zahl) – Belegungstage = Zahl der Abschlagstage

Schritt 2: Ermittlung des Relativgewichtes pro Tag

$$\frac{\text{Relativgewicht der DRG} - \text{Anteil des Relativgewichtes, der auf die Hauptleistung entfällt}}{(\text{mittlere VWD} + 1)}$$

= Relativgewicht pro Tag

Beispiel für die Berechnung eines Verlegungsabschlages:

DRG E01B: Große Eingriffe am Thorax: Patient mit Verweildauer von 15 Tagen, danach Verlegung in ein anderes Krankenhaus

Die folgenden Werte sind dem Fallpauschalenkatalog entnommen worden:

Relativgewicht 2,570
Mittlere VWD................ 18 Tage
Relativgewicht pro Tag 0,097
   Abschlagstage: 18 − 15 = 3
   Effektivgewicht: 2,570 − 3 × 0,097 = 2,279

2.4 Der Vergütungsbetrag für einen Behandlungsfall

Der Vergütungsbetrag für einen Behandlungsfall ergibt sich nach folgender Formel:
Effektivgewicht (Relativgewicht + Zuschläge − Abschläge) × Basisfallwert

Beispiele:

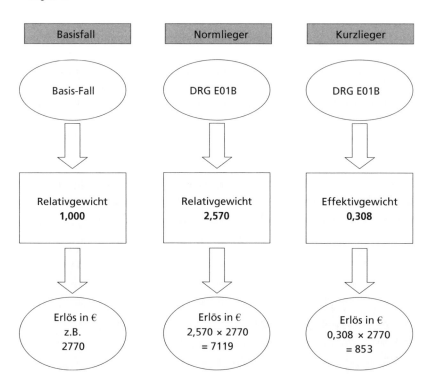

2.5 Prozesskennzahlen – Instrument zur Steuerung klinischer Prozesse

Durch die verschärfte Kostensituation sowie die Veränderung der gesetzlichen Rahmenbedingungen wird der wirtschaftliche Druck auf deutsche Krankenhäuser erhöht. Dies führt dazu, dass diese zukünftig ihre Organisation nach neuesten betriebswirtschaftlichen Erkenntnissen führen und dabei zunehmend ihre Strukturen und Prozesse nach ökonomischen Prinzipien gestalten und steuern müssen.[10] Dadurch gewinnt die Planung, Steuerung und Kontrolle klinischer Prozesse, orientiert an betriebswirtschaftlichen Kriterien, massiv an Bedeutung.[11]

In letzter Konsequenz bedeutet dies die Abkehr von der funktionsorientierten Organisationsform hin zur prozessorientierten Organisation. Problematisch innerhalb Funktionsorganisationen ist, dass bestehende Prozessketten durch Abteilungsgrenzen unterbrochen werden. Das Resultat sind Prozessinseln, für die jeweils unterschiedliche Personen zuständig sind.[12] Je mehr Abteilungen eine Prozesskette durchläuft und je tiefer die Abteilungsorganisation gegliedert ist, desto häufiger sind Prozess- und Verantwortungsbrüche sowie Schnittstellen anzutreffen, wodurch ein hoher Koordinations- und Kontrollaufwand erzeugt wird. Außerdem resultieren hieraus Missverständnisse und Fehler, verzögerte Entscheidungen, verbrauchte Zeiten, eine erschwerte Kommunikation und Informationsverluste.[13] Letztlich führen sie zu einer geminderten Ergebnisqualität und Produktivität.[14]

Zur Vermeidung hemmender Schnittstellen ist ein effizientes Instrument notwendig, welches eine Planung, Steuerung und Kontrolle des klinischen Leistungserstellungsprozesses ermöglicht und am Patientennutzen ausgerichtet ist. Ein Weg hierzu ist das Prozessmanagement, „weil nur eine gesamtheitliche Orientierung der Abläufe entlang der Wertschöpfungskette Produktivität und Qualität gleichzeitig steigern kann[15]".

Ein wichtiger Bestandteil ist die Prozesssteuerung. Sie setzt eine Kontrolle bestehender Prozesse voraus und mündet in der optimierten Planung von

---

10 Vgl. Hentze/Huch/Kehres, S. V.
11 Vgl. Kunz, S. 5.
12 Vgl. Schmelzer/Sesselmann, S. 47.
13 Ebd.
14 Ebd.
15 Glatzer, S. 67.

Prozessen. Ausgerichtet an der Produktivität und Qualität besteht die Kernaufgabe der Prozesssteuerung in der Einleitung von Korrektur und Verbesserungsmaßnahmen sowie den damit verbundenen Entscheidungen und Anweisungen. Um Prozesse zu steuern und Probleme möglichst früh zu erkennen, ist es unerlässlich, den Zustand eines Prozesses zeitnah einschätzen zu können.[16] Zu diesem Zweck können Kennzahlen festgelegt werden, die Aufschluss über die Veränderungen im Prozess geben.[17] Zu jedem Prozess kann eine Vielzahl von Kennzahlen generiert werden.

Da wahllos aneinander gereihte Kennzahlen aufgrund ihrer Unübersichtlichkeit eine gezielte Planung, Steuerung und Kontrolle erschweren,[18] sollten die vorher bestimmten Kennzahlen in einem Kennzahlsystem zusammengefasst werden. Kennzahlsysteme übernehmen eine Ordnungsfunktion, indem sie bislang isoliert nebeneinanderstehenden Einzelkennzahlen systematisch ordnen.[19] Dadurch schaffen sie Transparenz und erleichtern somit das Prozessmanagement. Im Kapitel 3.2 und 3.4 werden explizit Ansätze zu Kennzahlensystemen vorgestellt.

---

16 Vgl. Füermann, S. 282; Juhran/Roeder, S. III.
17 Vgl. ebd.
18 Vgl. Küpper, S. 342.
19 Vgl. Baetge, S. 518.

3 Kennzahlen und Kennzahlensysteme – Grundlagen und Hintergründe

3.1 Kennzahlen – begriffliche Einführung

Kennzahlen dienen zur Planung, Steuerung und Kontrolle des Betriebsgeschehens.[20] Anhand von Kennzahlen können Ziele operativ messbar gemacht und ihr Zielerreichungsgrad mittels definierter Sollwerte überprüft werden.[21]

3.1.1 Kennzahlen und Kennzahlsysteme

Innerhalb der Fachliteratur besteht überwiegend Einigkeit zur Definition des Begriffs der Kennzahl.

REICHMANN/LACHNIT betrachten Kennzahlen als jene Zahlen, die quantitativ erfassbare Sachverhalte in konzentrierter Form erfassen.[22]

HORVÁTH sieht in ihnen ein wichtiges Hilfsmittel zur Planung und Kontrolle, wodurch relevante Zusammenhänge in verdichteter Form wiedergegeben werden.[23]

KÜPPER bezeichnet die Zahlen eines Unternehmens, die besonders informativ erscheinen sowie quantitativ messbare Sachverhalte wiedergeben und relevante Tatbestände und Zusammenhänge in einfacher, verdichteter Form ausdrücken als Kennzahlen.[24]

Aufgrund dieser Definitionen werden durch REICHMANN drei wichtige Elemente einer Kennzahl identifiziert:

---

20 Vgl. Küpper, S. 344; Staehle 1969, S. 59.
21 Vgl. ebd., S. 347.
22 Vgl. Reichmann/Lachnit, S. 706.
23 Vgl. Horváth, S. 568 f.
24 Vgl. Küpper, S. 341.

- ihr Informationscharakter
- ihre Quantifizierbarkeit
- ihre spezifische Form der Darstellung[25]

Der Informationscharakter einer Kennzahl ist dadurch gekennzeichnet, dass sie Urteile über wichtige Sachverhalte und Zusammenhänge ermöglicht, die ansonsten nicht oder nur schwer erfasst werden können.[26] Die Quantifizierbarkeit drückt sich dadurch aus, dass die entsprechenden Sachverhalte und Zusammenhänge sich auf einem metrischen Skalenniveau messen lassen.[27] Durch die spezifische Form der Darstellung wird es möglich, auch komplexe Sachverhalte relativ einfach darzustellen und dadurch einen möglichst schnellen und umfassenden Überblick zu dem untersuchten Sachverhalt zu gewähren.[28] Innerhalb dieser Arbeit werden unter dem Begriff der Kennzahl solche Zahlen verstanden, die besonders informativ erscheinen sowie metrisch messbar sind und relevante Tatbestände und Zusammenhänge in einfacher und verdichteter Form wiedergeben. Sie beziehen monetäre als auch nichtmonetäre Größen mit ein.

In der Regel wird zur Beurteilung relevanter Sachverhalte nicht nur eine Kennzahl herangezogen, sondern eher eine Kombination verschiedener Kennzahlen verwendet.[29] Werden diese jedoch zusammenhanglos nebeneinander gereiht, können widersprüchliche und verwirrende Ergebnisse entstehen.[30] Deshalb ist es notwendig, innerhalb der verwendeten Kennzahlen eine bestimmte Ordnung herzustellen. Hierdurch entsteht ein Kennzahlsystem.[31] Durch BAETGE werden Kennzahlsysteme als ordnende Systeme beschrieben. Sie ordnen bislang isoliert nebeneinanderstehende Einzelkennzahlen. Ausgehend von einer obersten Kennzahl oder wenigen oberen Kennzahlen fächern sie diese in eine Vielzahl weiterer Kennzahlen auf.[32] REICHMANN/LACHNIT definieren ein Kennzahlsystem als Zusammenstellung quantitativer Variablen, wobei einzelne Kennzahlen in einer sachlich sinnvollen Beziehung zueinander stehen, einander ergänzen oder erklären und insgesamt auf ein gemeinsames übergeordnetes Ziel ausgerichtet

---

25 Vgl. Reichmann, S. 20.
26 Vgl. Küpper, S. 345; Reichmann, S. 20.
27 Vgl. Reichmann, S. 20.
28 Vgl. ebd., S. 20.
29 Vgl. Küpper, S. 342.
30 Vgl. ebd., S. 342.
31 Vgl. ebd., S. 342.
32 Vgl. Baetge, S. 518.

sind.[33] Das in Kapitel 4 dargestellte Kennzahlsystem orientiert sich an dieser Definition.

3.1.2 Differenzierung von Kennzahlen und Kennzahlsystemen

In der Praxis besteht die Möglichkeit, zur Untersuchung verschiedenster Sachverhalte unterschiedlichste Kennzahlen zu entwickeln. Hieraus entsteht eine hohe Anzahl theoretisch möglicher Kennzahlmöglichkeiten. Zur Wahrung der Übersicht wird in der Literatur daher der Versuch einer Kategorisierung von Kennzahlen und Kennzahlsystemen unternommen.[34] Eine solche Kennzahlkategorisierung ist für REICHMANN anhand der Informationsbasis, der statistischen Form, der Zielorientierung, des Objektbereichs und des Handlungsbezugs denkbar.[35]

Innerhalb einer Klassifizierung nach der Informationsbasis wird eine Unterscheidung nach denjenigen informativen Speichern vorgenommen, die externe und interne Interessenten über bestimmte Sachverhalte des Unternehmens unterrichten.[36] Die statistische Form teilt Kennzahlen in absolute und relative Zahlen.[37] Absolute Kennzahlen sind Einzelkennzahlen, Summen und Differenzen.[38] Relative Kennzahlen sind Beziehungs-, Gliederungs- und Indexkennzahlen.[39] Orientiert am Zielbezug verschiedener Kennzahlen lassen sich diese z. B. in Erlös- und Liquiditätskennzahlen einteilen.[40] Beziehen sich Kennzahlen auf einen bestimmten Unternehmensbereich, so kann von einer Klassifizierung nach dem Objektbereich gesprochen werden. Hinsichtlich des Handlungsbezuges lassen sich Kennzahlen in normative und deskriptive Kennzahlen einteilen.[41] Normativ bedeutet, dass sie als Ziele und interne Standards definiert werden und eine bestimmte Zielrichtung vorgeben. Deskriptive Kennzahlen hingegen be-

---

33 Vgl. Reichmann/Lachnit, S. 707.
34 Vgl. Baetge, S. 26 ff; Horváth, S. 569 ff; Küpper, S. 341 ff; Reichmann, S. 21 f; Staehle 1969, S. 52 ff; ZVEI, S. 23.
35 Vgl. Reichmann, S. 21.
36 Vgl. Staehle 1969, S. 58.
37 Vgl. Reichmann, S. 21.
38 Vgl. Küpper, S. 341.
39 Vgl. Staehle 1969, S. 53.
40 Vgl. Reichmann, S. 22.
41 Vgl. Gladen, S. 18 f.

schreiben ausschließlich die gewonnenen Informationen, so dass sie meist einer Erläuterung oder weiteren Analyse bedürfen.[42]

Weitere Unterscheidungsversuche bezüglich Kennzahlkategorien beziehen sich meist auf eine der zuvor beschriebenen Klassifikationsmöglichkeiten.[43] Auch KÜPPER untergliedert Kennzahlen nach ihrer statistischen Form in absolute und Verhältniszahlen.[44]

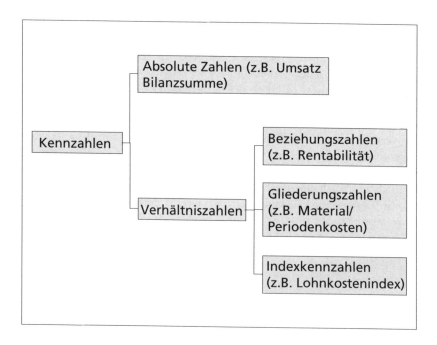

Abb. 4: Arten von Kennzahlen[45]

Gliederungszahlen geben den Anteil einer Größe (z. B. Personalkosten) an einer Gesamtmenge (z. B. Periodenkosten) an. Es ist erforderlich, dass ein sachlicher Zusammenhang zwischen Zähler und Nenner vorliegt (Personalkosten einer Periode) und beide Größen in derselben Dimension gemessen werden (z. B. Kosten in €).[46] Durch Bildung einer Gliederungszahl lassen sich Rück-

---

42 Vgl. Reichmann, S. 21.
43 Vgl. Küpper, S. 341; Horváth, S. 569; Baetge, S. 26.
44 Vgl. Küpper, S. 341.
45 In Anlehnung an Staehle 1969, S. 52.
46 Vgl. Horváth, S. 569.

schlüsse auf die Zählergröße ziehen (Anteil der Personalkosten an den Periodenkosten).[47] Zur Ermittlung einer Beziehungszahl werden wesenverschie-
dene, statistische Massen, die jedoch in einem logisch sinnvollen Zusammenhang stehen, zueinander in Beziehung gesetzt (z. B. Verhältnis von Eigenkapi-
tal zu Anlagevermögen).[48] Indexzahlen setzen inhaltlich gleichartige, aber
zeitlich oder örtlich verschiedene Größen zueinander in Beziehung (z. B. Verhältnis Personalkosten dieser zur vorangegangenen Periode).[49] Durch Indexzahlen kann die Abweichung einer Größe von der Basis bestimmt werden.[50]

Kennzahlsysteme setzten sich aus einzelnen Kennzahlen als Objekte und
den Beziehungen zwischen diesen Kennzahlen als Struktur des Systems zusammen.[51] Es bestehen vielfältige Möglichkeiten Kennzahlsysteme zu kategorisieren.[52] Eine wird durch den ZENTRALVERBAND DER ELEKTROIN-
DUSTRIE beschrieben. Demnach können Kennzahlsysteme als Rechen- oder
Ordnungssysteme vorliegen.[53] In einem Ordnungssystem werden Kennzahlen verschiedenen Kennzahlgruppen (z. B. Betriebsfunktionen) sachlogisch
zugeordnet, um bestimmte Aspekte des Unternehmens und Zusammenhänge durch „Kennzahlbündel" zu beschreiben.[54] Rechensysteme bedie-
nen sich zusätzlich einer rechnerischen Verknüpfung der Einzelkennzahlen.
Es wird ausgehend von einer Spitzenkennzahl durch rechnerische Zerle-
gung versucht, stufenweise die ursächlichen Zusammenhänge und ihre
Wirkung auf den untersuchten Sachverhalt sichtbar zu machen.[55]

3.1.3   Funktion von Kennzahlen

Kennzahlen stellen als Hilfs- und Veranschaulichungsmittel ein nützliches
Instrument der Unternehmensführung dar.[56] Diese allgemeine Aussage

---

47 Vgl. Küpper, S. 341.
48 Vgl. Staehle 1969, S. 52.
49 Vgl. Horváth, S. 569.
50 Vgl. Küpper, S. 341.
51 Vgl. Kloock/Dierkes, S. 100.
52 Küpper teilt Kennzahlsystem, kategorisiert nach ihren Beziehungsarten, in lo-
   gische, empirische und hierarchische Kennzahlsystem ein. (vgl. Küpper, S. 343;
   ZVEI, S. 23).
53 Vgl. ZVEI, S. 23.
54 Vgl. Baetge, S. 520.
55 Vgl. ZVEI, S. 23
56 Vgl. Staehle 1969, S. 59; Steinhardt, S. 249.

zum Einsatzgebiet von Kennzahlen wird durch STAEHLE konkretisiert, wobei er folgende Hauptanwendungsgebiete aufzeigt:

Kennzahlen finden Einsatz als Hilfsmittel des Managements bei der

- Analyse des Betriebes bzw. der Unternehmung
- Planung des Betriebsgeschehens
- Steuerung des Betriebsablaufes
- Kontrolle des Betriebsergebnisses[57]

Weitere Autoren betonen hauptsächlich die Informations- und Steuerungsfunktion von Kennzahlen, woraus sich wiederum die vorher genannten Funktionen ableiten lassen.[58] KÜPPER spricht Kennzahlen eine Reihe von Funktionen zu, die sich grundlegend in ihrem Informations- und Steuerungszweck unterscheiden.[59] Den grundlegenden Informationszweck von Kennzahlen sieht er in der Ermittlung von Daten, die für das Handeln der Unternehmung entscheidend sind.[60] Dadurch lassen sich Wirkungen von Alternativen auf Randbedingungen, wie Kapazitäten, oder auf Handlungsziele, wie Gewinne bzw. Rentabilitäten, abbilden.[61] Kennzahlen können dann als Steuerungsinstrument Einsatz finden, wenn sie als Ziele formuliert werden.[62] Dadurch gewinnen sie einen Vorgabencharakter, an dem Entscheidungen sowie Handlungen auszurichten sind und gemessen werden können.[63] In diesem Sinne wird unter Steuerung die Bereitstellung von Informationen zur Verhaltensbeeinflussung von Handlungsträgern verstanden.[64]

Auch REICHMANN sieht Kennzahlen als ein vielseitiges Instrument, das sowohl für interne als auch externe Zwecke verwendet werden kann.[65] Er spricht Kennzahlen neben der reinen deskriptiven Beschreibung von Informationen auch die Aufgabe der Bereitstellung von normativen Informationen zu.[66] Diese kann zu Vorgabezwecken an untergeordnete Instanzen weitergegeben werden und somit als Zielvorgabe dienen, was der Steuerungsfunktion von Kennzahlen nach KÜPPER entspricht.[67]

---

57 Vgl. Staehle 1969, S. 59.
58 Vgl. Gladen, S. 17 f; Küpper, S. 344 ff; Reichmann, S. 21.
59 Vgl. Küpper, S. 344.
60 Vgl. ebd., S. 344.
61 Vgl. ebd., S. 345.
62 Vgl. ebd., S. 344 f.
63 Vgl. ebd., S. 347 f.
64 Vgl. ebd., S. 114.
65 Vgl. Reichmann, S. 22.
66 Vgl. ebd., S. 21.
67 Vgl. ebd., S. 20 f.

3.1.4 Anforderungen an Kennzahlsysteme

Zur Entwicklung eines Kennzahlsystems müssen bestimmte Kriterien bzw. Anforderungen erfüllt sein. REICHMANN/LACHNIT haben solche Anforderungen zur Entwicklung eines Kennzahlsystems formuliert:[68]

- Das Kennzahlsystem muss quantitative Oberziele des Unternehmens sowie deren wichtigste Komponenten enthalten.
- Das Zahlenwerk ist so kompakt zu gestalten, dass eine Beschränkung auf einige wenige Zahlen möglich ist, durch die das Wesentliche hervorgehoben wird.
- Trotz der vorher genannten Beschränkung auf einige wenige Zahlen muss das System vollständig sein, d. h. es dürfen keine wichtigen Sachverhalte ausgespart werden.
- Ein Kennzahlensystem ist flexibel zu gestallten. Je nach Bedarf müssen sich weitere Kennzahlen einbinden und vorhandene Kennzahlen aufspalten lassen.
- Das Kennzahlensystem muss ein rationelles Arbeiten zulassen. Für den Kernteil des Zahlenwerks sind nur diejenigen Angaben vorzusehen, die der Verantwortliche regelmäßig zur Beurteilung relevanter Sachverhalte braucht.[69]

3.2 Prozesse – Grundlage zur Ermittlung der Prozessleistung

Zu Beginn der 90er Jahre hielt das Prozessmanagement mit dem Ziel, Verbesserungspotentiale in Unternehmensprozessen aufzudecken und zu realisieren, Einzug in Unternehmen.[70] Auch innerhalb des klinischen Bereichs besteht die Möglichkeit, die eigentliche Leistung prozessbezogen darzustellen, zielbezogen zu steuern und so Verbesserungspotentiale auszuschöpfen.[71]

---

68 Reichmann/Lachnit konzentrieren sich in ihrer Arbeit auf Führungs-Kennzahlensysteme. Die erarbeiteten Bedingungen lassen sich jedoch auch allgemein auf Kennzahlsysteme übertragen (vgl. Reichmann/Lachnit, S. 707 f).

69 Vgl. ebd., S. 707.

70 Vgl. Haubrock/Schär, S. 125.

71 Soffe, S. 169.

3.2.1   Prozesse und Prozesskennzahlen

Ein Prozess wird nach HORVÁTH als eine Folge von Aktivitäten, deren Ergebnis eine Leistung für einen (internen oder externen) Kunden darstellt, beschrieben.[72] Ein Prozess weist nach der oberen Definition folgende Merkmale auf:

- Es besteht eine Kunden-Lieferanten-Beziehung,
- der Prozess hat einen Input,
- der Prozess hat einen festgelegten Output,
- es sind mehrere Stellen beteiligt und
- der Prozess wird von mindestens einer Stelle verantwortet.[73]

Innerhalb eines Prozesses wird der von einem Lieferanten erbrachte Prozessinput (Informationen, Dienstleistungen oder Material) zu einer Leistung, der so genannten **Prozessleistung**, verarbeitet und anschließend an den Kunden weitergegeben.[74] Das durch diese Leistung entstandene Objekt spiegelt den Prozessoutput wider. Aus der Übereinstimmung des Prozessoutputs mit den Kundenanforderungen oder Zielvorgaben wird die Leistungsfähigkeit eines Prozesses bestimmt.[75] Diese wird durch SCHOLZ/VROHLINGS als das Produkt aus Qualität, Kosten und Zeit eines Prozesses definiert und kann grafisch gemäß Abbildung 5 beschrieben werden.[76]

---

72 Vgl. Horváth, S. 109.
73 Vgl. ebd., S. 109.
74 Vgl. Schmelzer/Sesselmann, S. 40 f.
75 Vgl. Horváth, S. 109.
76 Vgl. Scholz/Vrohlings 1994a, S. 59.

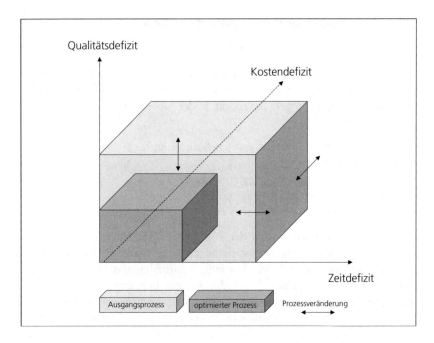

Abb. 5: Darstellung der Prozessleistung (Prozessvolumen)[77]

Auch ZIEGENBEIN verweist als Größen zur Messung der Prozessleistung auf die Qualität, die Kosten und die Zeitinanspruchnahme eines Prozesses.[78] Aufgrund ihrer Zusammensetzung kann die Prozessleistung als umfassende Steuerungsgröße im Rahmen einer Prozesssteuerung herangezogen werden.[79]

Zur Erfassung der Prozessleistung ist es notwendig, ein entsprechendes Messsystem zu entwickeln.[80] SCHOLZ/VROHLINGS schlagen zu diesem Zweck eine Messung anhand von Prozesskennzahlen vor.[81] Kosten, Zeit und Qualität eines Prozesses stellen die verschiedenen Zielbereiche dar, innerhalb derer Kennzahlen zur Messung der Prozessleistung ermittelt werden.[82] Im Folgenden sind die Bereiche Kosten, Zeit und Qualität als Ziel- oder Kennzahlbereiche eines Prozesses definiert.

---

77 In Anlehnung an Scholz/Vrohlings 1994a, S. 59.
78 Vgl. Ziegenbein, S. 190.
79 Vgl. Schmelzer/Sesselmann, S. 209 ff.
80 Vgl. Scholz/Vrohlings 1994a, S. 60.
81 Vgl. ebd., S. 58.
82 Vgl. ebd., S. 59.

In Anlehnung an den zuvor verwendeten Kennzahlbegriff[83] sollen Prozesskennzahlen alle relevanten und metrisch messbaren Prozessinformationen einbeziehen (monetäre und nicht monetäre) und die dadurch erfassten Sachverhalte in einfacher und verdichteter Form wiedergeben.[84] Prozesskennzahlen werden gemäß der Prozessziele der Kennzahlbereiche gebildet.

Der Prozessoutput ist jedes materielle oder immaterielle Objekt, das sich als Ergebnis einer Bearbeitung ergibt.[85] Ein Prozess erstellt in der Regel verschiedene Outputs in unterschiedlichen Erscheinungsformen.[86] Der Prozessoutput soll an Messpunkten erfasst werden.[87] Geeignet sind hierzu die Prozessnahtstellen der Prozesse.[88] Als Prozessnahtstellen werden die Prozesseingangs- und Prozessausgangsschnittstellen bezeichnet, wobei der Prozessinput an der Prozesseingangs- und der Prozessoutput (Prozessergebnis) an der Prozessausgangsschnittstelle vorliegt.[89] Durch diese Vorgehensweise können Normen für den Prozessoutput vorgegeben werden, die sich beispielsweise aus Leistungsvereinbarungen mit externen oder internen Kunden ergeben und anhand derer der Prozessinput, die Verarbeitung und der Prozessoutput gesteuert werden kann.[90] Eine Messung der Prozessleistung wird in zeitlicher, monetärer und qualitativer Hinsicht durchgeführt.[91] Hierzu werden entsprechende Prozesskennzahlen verwendet.

Unter zeitbezogenen Prozesskennzahlen werden die Durchlaufzeiten ablaufender Prozesse verstanden. Die Durchlaufzeit umfasst die gesamte Zeitspanne vom Beginn bis zum Ende eines Prozesses.[92] Dieser endet erst mit der Übergabe des Produktes oder der Dienstleistung an den Kunden.[93] Durchlaufzeiten können in verschiedenen Zeitformen (z. B. Bearbeitungs-, Liege- oder Transportzeiten) gegliedert werden.[94]

---

83 Vgl. Kapitel 3.1.1 Kennzahlen und Kennzahlsysteme.
84 Vgl. Kapitel 3.1.1 Kennzahlen und Kennzahlsysteme.
85 Vgl. Schmelzer/Sesselmann, S. 85.
86 Vgl. Kleinsorge, S. 53.
87 Vgl. Scholz/Vrohlings 1994a, S. 64.
88 Vgl. Kleinsorge, S. 56.
89 Vgl. Scholz/Vrohlings 1994a, S. 64.
90 Vgl. ebd., S. 64.
91 Eichhorn spricht von Kosten, Zeiten und Qualität als Messgrößen zur Beurteilung von Prozessen (vgl. Eichhorn S. 181 f).
92 Vgl. Haubrock/Schär, S. 130.
93 Vgl. Scholz/Vrohlings 1994a, S. 68.
94 Vgl. Haubrock/Schär, S. 130.

Der monetäre Prozessoutput zur Abbildung der Kostenkennzahlen wird aus der Prozesskostenrechnung hergeleitet.[95] Sie beziehen sich auf die durch einen bestimmten Prozess verursachten Kosten.[96] Innerhalb der Prozesskosten werden Personal- als auch Sachkosten erfasst.[97]

Die verwendeten qualitativen Prozesskennzahlen werden aus den qualitativen Zielen des Prozessoutputs generiert. Hierzu muss das qualitative Prozessergebnis ermittelt, operationalisiert und messbar gemacht werden, so dass Kennzahlen gebildet werden können.

Die Möglichkeiten der Prozesskennzahlgenerierung sind vom Detaillierungsgrad des ermittelten Prozessoutputs abhängig. Wenn der Prozessoutput nur sehr grob (Gesamtprozesszeiten) erhoben wurde, können auch nur Prozesskennzahlen auf Grundlage dieses Outputs generiert werden. Liegt der Kennzahlgenerierung jedoch eine detailliertere Outputerhebung (Bearbeitungs-, Liege- und Transportzeiten) zugrunde, so bestehen dadurch detailliertere Möglichkeiten der Kennzahlgenerierung.

3.2.2 Prozessstruktur

Kenntnis über die Prozessarchitektur bzw. das Vorhandensein einer gewissen Prozessstrukturtransparenz sollte zum Aufbau eines Prozesskennzahlsystems vorhanden sein.[98] Prozesse stellen die Messobjekte dar, deren Leistungsfähigkeit beurteilt wird und sollten daher in übersichtlicher und transparenter Form vorliegen.

Unter Prozessstruktur ist die hierarchische Darstellung aller in einem Prozess vorkommenden Aktivitäten zu verstehen, in der jede Prozessebene ihren eigenen individuellen Detaillierungsgrad besitzt.[99] Im Folgenden wird die von HORVÁTH empfohlene Einteilung nach Geschäfts-, Haupt- und Teilprozessen verwendet.[100] Außerdem wird im Hinblick auf die Prozesskostenrechnung jedem Prozess eine ihm individuelle Maßgröße bzw. ein Cost Driver zugeordnet.

---

95 Vgl. Kapitel 3.3.1 Monetärer und zeitlicher Prozessoutput.
96 Vgl. Birkner/Kothe-Zimmermann, S. 185.
97 Vgl. Greulich/Thiele/Thiex-Kreye, S. 116.
98 Vgl. ebd., S. 61.
99 Vgl. Scholz/Vrohlings 1994b, S. 39.
100 Vgl. Horváth, S. 555.

Unter einem Geschäftsprozess wird ein Arbeits-, Informations- und Entscheidungsprozess mit einem für die Unternehmung relevanten Resultat verstanden.[101] Dieses setzt sich aus einer Folge von Aktivitäten in Form von Hauptprozessen mit messbarem Input und definiertem und messbarem Output zusammen.[102] Übertragen auf den klinischen Bereich stellen die Behandlungs-, Diagnostik-, Therapie- und Unterstützungsprozesse, wie z. B. die Operation oder die Pflege des Patienten, Geschäftsprozesse des klinischen Bereichs dar.

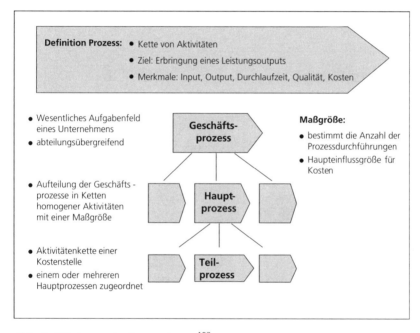

Abb. 6: Gliederung der Prozessebenen[103]

Ein Hauptprozess stellt eine Kette von Aktivitäten dar, die demselben Kosteneinflussfaktor unterliegen und für die Prozesskosten ermittelt werden sollen.[104] Sie zerlegen heterogene Geschäftsprozesse in homogene Hauptprozesse.[105]

---

101 Vgl. Eiff v./Ziegenbein, S. 7.
102 Vgl. Mayer, S. 49.
103 In Anlehnung an Greiling/Thomas 2000, S. 29.
104 Vgl. Mayer R., a. a. O., 1996, S. 49.
105 Vgl. ebd., S. 49.

Auf der untersten Prozessebene der beschriebenen Prozesshierarchie sind Teilprozesse angesiedelt. Sie bestehen aus einer Kette homogener Aktivitäten, die mehreren Hauptprozessen zugeordnet werden können.[106] Teilprozesse stellen das Bindeglied zwischen Hauptprozessen und Kostenstellen dar.[107] Sie dürfen jeweils nur einer Kostenstelle zugeordnet werden.[108] Teilprozesse werden durch die Zusammenfassung von Aktivitäten mit gleichem Leistungsbezug gebildet. Als Beispiel für die Zusammenfassung von Aktivitäten im klinischen Bereich ist der Teilprozess „Ernährung des Patienten" beispielhaft mit seinen zugehörigen Aktivitäten abgebildet.

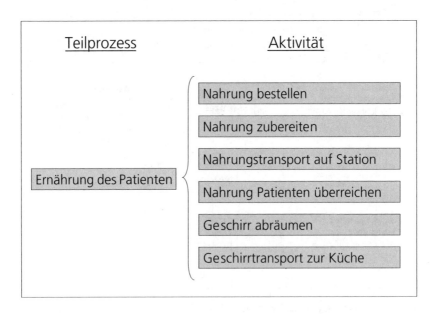

Abb. 7: Aktivitätenverdichtung Teilprozess „Ernährung des Patienten"

Cost Driver und Maßgrößen sind kostenbeeinflussende Mengen- bzw. Bezugsgrößen.[109] Ihnen liegt die Annahme zugrunde, dass sich bei Verdopplung der Maßgröße bzw. des Cost Drivers auch der Ressourcenverbrauch

---

106 Vgl. Horváth, S. 555.
107 Vgl. Mayer, S. 49.
108 Vgl. Horváth, S. 555.
109 Vgl. ebd., S. 555.

verdoppelt.[110] Es wird ein linearer Zusammenhang zwischen Cost Driver bzw. Maßgröße und Ressourcenverbrauch unterstellt.[111] Cost Driver bezeichnet die Bezugsgröße auf Hauptprozessebene.[112] Der Begriff Maßgröße bezieht sich auf die Ebene der Teilprozesse. Cost Driver und Maßgrößen können, müssen aber nicht, identisch sein.[113] Auszugsweise ist in Tabelle 1 eine Aufstellung des Hauptprozesses „Behandlung" mit verschiedenen Teilprozessen sowie dem Cost Driver und den entsprechenden Maßgrößen enthalten.

Hauptprozess	Teilprozess	Cost Driver/Maßgröße
Patientenbehandlung		Fallzahl
	Therapieplanung	Verweiltage
	Therapiedurchführung	Verweiltage
	Dokumentation	Fallzahl
	Übergabe	Fallzahl
	Patientengespräche	Fallzahl
	Interne Verlegung	Fallzahl

Tab. 1: Zuordnung Hauptprozess, Teilprozesse und Cost Driver bzw. Maßgrößen

Auf Basis dieser Prozessstruktur hat die APB Unternehmensberatung einen Prozesskatalog entwickelt. Dieser enthält Standardprozesse in einer Detaillierungstiefe, die es ermöglicht, die meisten klinischen Prozesse aus ihnen zu entwickeln. Hierzu bedarf es lediglich einer situativen Anpassung der Standardprozesse an die Gegebenheiten eines bestimmten Krankheitsbildes. Der Prozesskatalog wird durch die APB als Standardprozessmodell bezeichnet. Daher wird im Folgenden auch dieser Name verwendet. Das Standardprozessmodell enthält die in Tabelle 2 dargestellten Geschäftsprozesse.

---

110 Vgl. Mayer, S. 49.
111 Vgl. ebd., S. 49.
112 Vgl. ebd., S. 50.
113 Vgl. ebd., S. 50.

Geschäftsprozessnummer	Bezeichnung
01	Aufnahme
02	Diagnostik
03	OP
04	Visite
05	Pflege
06	konservative Behandlung
07	Sterilisation
08	Entlassung
09	Allgemeine Hausleistungen
10	Allgemeine Stationsleistungen

Tab. 2: Geschäftsprozesse des Standardprozessmodells

Sie untergliedern sich weiter in Haupt- und Teilprozesse und orientieren sich somit an der durch HORVÁTH beschriebenen Prozessstruktur.[114] Sie stellen die Teilschritte zur Erstellung der eigentlichen Krankenhausleistung, sprich der Behandlung eines Krankheitsbildes dar. Wird ein Krankheitsbild in einem Krankenhaus als fallschwer und/oder erlösschwer und/oder strategisch bedeutsam beurteilt, so wird es als Kernkompetenz bezeichnet.[115] Unter Einbezug der Kernkompetenz und aller Prozessebenen des Standardprozessmodells ergibt sich beispielhaft die folgende Prozessstruktur.

---

114 Vgl. Horváth, S. 555.
115 Vgl. Greiling 2004.

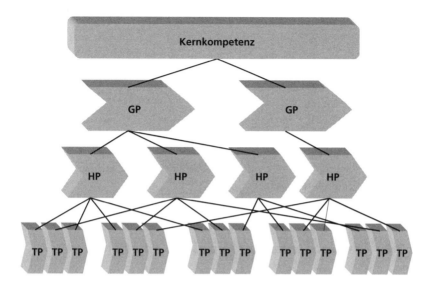

Abb. 8: Prozessstruktur des Standardprozessmodells

Im Rahmen des Standardprozessmodells ist jedem Prozess ein Cost Driver bzw. eine Maßgröße zugeordnet. Neben diesen sind den Teilprozessen auch die jeweiligen prozessverantwortlichen Personen zugewiesen, also jene Funktion im Unternehmen, die mit der Durchführung des Teilprozesses betraut ist. Zur Generierung geeigneter Prozesskennzahlen sollten monetäre, zeitliche und qualitative Prozessziele existieren. Sie stellen die Größen dar, die anhand von Prozesskennzahlen gemessen werden sollen. Somit sind sie das Ziel, an dem die Kennzahlgenerierung auszurichten ist.

3.2.3 Voraussetzungen zur Bildung von Prozesskennzahlen

Wie beschrieben sollen Prozesse anhand von Prozesskennzahlen in den Ausprägungen ihrer Qualität, ihrer Kosten und ihrer Zeitinanspruchnahme gemessen werden.[116] Grundvoraussetzungen zur Messung von Prozesszie-

---

116 Vgl. Kapitel 3.2.1 Prozesse und Prozesskennzahlen.

len ist eine vorliegende transparente Prozessstruktur[117] sowie Instrumente, anhand derer eine Messung erfolgen kann. In Bezug auf klinische Prozesse bietet es sich an, die Größen Kosten und Zeitverbrauch durch eine Prozesskostenrechnung zu ermitteln, welche Kosten sowie Zeiten prozessbezogen und in der entsprechenden Prozessstruktur abbildet.[118] Zur Ermittlung prozessbezogener qualitativer Kennzahlen existiert kein geeignetes Instrument, welches bereits im Krankenhaus standardisiert und implementiert vorliegt, da die meisten Krankenhäuser eine prozessbezogene Betrachtung ihrer Prozesse noch nicht internalisiert haben.[119] Daher müssen individuell für jeden zu untersuchenden Prozess Qualitätsziele sowie entsprechende Outputgrößen definiert werden.

3.2.4 Komponenten der Prozessleistungsfähigkeit

Die Prozessleistung, die mittels Prozesskennzahlen erfasst wird, setzt sich wie bereits erwähnt aus den Kennzahlbereichen Qualität, Zeit und Kosten zusammen.[120] Häufig wird, wenn über Kosten, Zeit und Qualität und deren Zusammenhang untereinander gesprochen wird, vom „magischen Dreieck" gesprochen.[121] Es weist auf das Beziehungsgeflecht dieser Bereiche untereinander hin. Die Prozesszielgrößen der Kennzahlbereiche zur Generierung der Prozesskennzahlen können nicht isoliert voneinander betrachtet werden, da sie sich in vielerlei Hinsicht gegenseitig bedingen.[122]

---

117 Vgl. Scholz/Vrohlings 1994a, S. 61.

118 Vgl. Kapitel 3.3.1 Monetärer und zeitlicher Prozessoutput.

119 Die Möglichkeit der Ableitung geeigneter qualitativer Kennzahlen aus dem Krankenhausinternen Qualitätsmanagement wurde im Voraus des Projektes geprüft. Aufgrund der zu großen Teilen unausgeprägten Prozessorientierung konnte kein standardisiertes Verfahren zur Ableitung qualitativer Kennzahlen aus Informationen des Qualitätsmanagements entwickelt werden.

120 Vgl. Greulich/Thiele/Thiex-Kreye, S. 18.

121 Vgl. Pfeifer, S. 79; Kamiske 1999, S. 66.

122 Vgl. Kamiske 1999, S. 67.

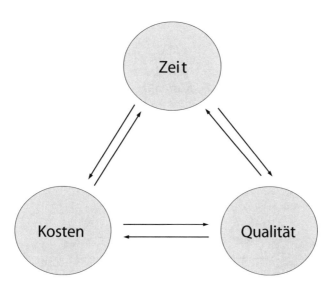

Abb. 9: Das „magische Dreieck"

Im „magischen Dreieck" lassen sich zwischen den Zielbereichen, wie in Abbildung 9 dargestellt, jeweils wechselseitige Einflussbeziehungen lokalisieren. Traditionell ist davon ausgegangen worden, dass die Optimierung eines Zielbereiches nur zu Lasten eines anderen Bereiches erreicht werden kann.[123] So lässt sich bspw. nach dieser Betrachtungsweise die Qualität eines Prozesses nur durch höhere Kosten erwirken.[124] Abweichend von dieser Theorie sehen neue Überlegungen das Ziel des „magischen Dreiecks" in der Minimierung von Kosten und Zeiten mit gleichzeitiger Erhöhung der Qualität.[125]

---

123 Vgl. Bollmann/Beck, S. 170.
124 Vgl. Kamiske 1999, S. 66.
125 Vgl. Pfeifer, S. 79.

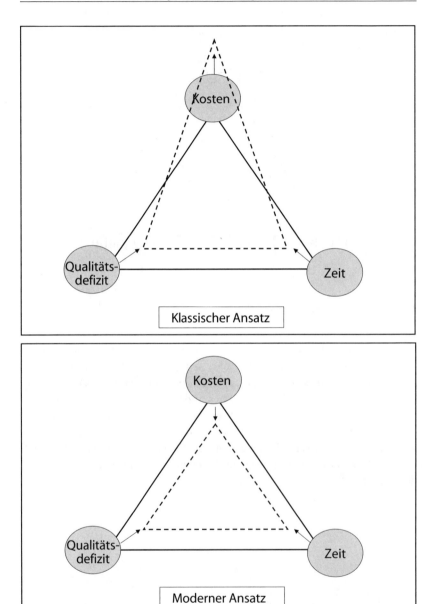

Abb. 10: Verschiedene Zielansätze des magischen Dreiecks[126]

---

126 In Anlehnung an Kamiske 1999, S. 66.

So wird durch Verringerung der Durchlaufzeit und der Kosten sowohl eine Qualitätsverbesserung als auch eine erhöhte Kundenzufriedenheit erreicht.[127]

3.3 Instrumente zur Ermittlung des Prozessoutputs

Zur Messung des Kosten- sowie zeitlichen Prozessoutputs wird auf das Instrument der Prozesskostenrechnung zurückgegriffen. Zur Identifikation des qualitativen Prozessoutputs werden Interviews mit den Prozessverantwortlichen geführt um diesen zu erfassen.

3.3.1 Monetärer und zeitlicher Prozessoutput

Die Prozesskostenrechnung stellt ein Instrument dar, um Transparenz bezüglich der entstehenden Kosten und verbrauchten Zeiten in Unternehmensprozesse herzustellen.[128] Sie vollzieht sich nach der in Abbildung 11 dargestellten Systematik.

---

127 Vgl. Haubrock/Schär, S. 125.
128 Vgl. Birkner/Kothe-Zimmermann, S. 185.

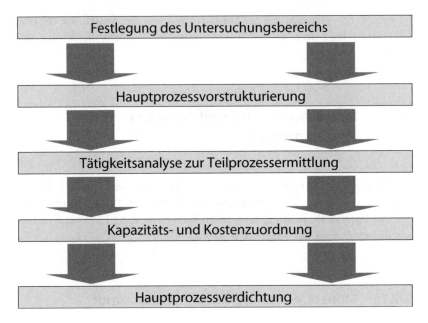

Abb. 11: Schritte der Prozesskostenrechnung[129]

Zu Beginn wird der zu untersuchende Bereich definiert. Hierzu sollte eine klare Abgrenzung des entsprechenden Bereichs erfolgen.[130] Ein abgegrenzter Bereich kann die Kernkompetenz eines Krankenhauses darstellen.[131] Zur Hauptprozessvorstrukturierung wird eine Prozesshypothese bezüglich der untersuchten Hauptprozesse aufgestellt.[132] Hierzu werden heterogene Geschäftsprozesse in homogene Hauptprozesse zerlegt.[133] Außerdem ist für jeden Hauptprozess jeweils ein Cost Driver zu definieren.[134] Die auf diese Weise erarbeitete Struktur der Hauptprozesse dient ausschließlich als Prozesshypothese und kann sich durchaus im weiteren Verlauf der Prozesskostenrechnung noch verändern.[135] Im Anschluss an die Hauptprozessvorstrukturierung wird mit der Tätigkeitsanalyse zur Teilprozessermittlung

129 In Anlehnung an Mayer 1996, S. 51.
130 Vgl. ebd., S. 51.
131 Vgl. Greiling 2004.
132 Vgl. Horváth, S. 555.
133 Vgl. Mayer, S. 51.
134 Vgl. Horváth, S. 557.
135 Vgl. Mayer, S. 52.

fortgefahren.[136] Während dieser Phase werden die verschiedenen Aktivitäten des Unternehmens analysiert und zu Teilprozessen verdichtet.[137] Teilprozesse mit gleichem Leistungsbezug werden zu Hauptprozessen zusammengefasst.[138] Jedem Teilprozess wird eine Maßgröße zugeordnet. Zur Kostenermittlung werden die erfassten Teilprozesse den Kostenstellen zugeordnet, durch die sie kostenrechnerisch belastet werden.[139] Hier ist zu beachten, dass ein Teilprozess nur einer Kostenstelle zugeordnet werden kann und somit auch nur Aktivitäten einer Kostenstelle in sich vereinen darf.[140] Während der Kostenzuordnung werden Prozesse in leistungsmengeninduzierte (lmi) und leistungsmengenneutrale (lmn) Prozesse unterschieden.[141] Leistungsmengenindizierte Prozesse sind abhängig vom Arbeitsvolumen der Kostenstelle, leistungsmengenneutrale Prozesse (z. B. Leitungsprozesse) nicht.[142] Aus Gründen der Vereinfachung werden die Kosten der lmn-Prozesse anhand eines Umlagefaktors (z. B. in Anspruch genommene Personalkapazitäten) auf die lmi-Prozesse verteilt.[143] Durch Division der Kostenstellenkosten durch die Maßgrößenmenge können abschließend Prozesskostensätze ermittelt werden, anhand derer wiederum die gesamten Prozesskosten berechnet werden können.[144] Dies geschieht durch Multiplikation des Prozesskostensatzes eines Prozesses mit dessen Zeitinanspruchnahme.

---

136 Vgl. Horváth, S. 557.
137 Vgl. Greiling 2002, S. 468.
138 Vgl. Abb. 7 Aktivitätenverdichtung Teilprozess „Ernährung des Patienten".
139 Vgl. Greiling 2002, S. 468.
140 Vgl. Horváth, S. 555.
141 Vgl. ebd., S. 557.
142 Vgl. Controller Verein, S. 11.
143 Vgl. Horváth, S. 557.
144 Vgl. Mayer, S. 57.

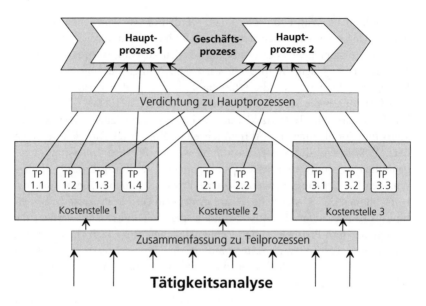

Abb. 12: Vorgehen der Prozesskostenrechnung[145]

Alle Teilprozesse sind nun während der Hauptprozessverdichtung in der vorher bestimmten Prozessstruktur zusammen zu fassen.[146] Zu welchem Prozentsatz ein Teilprozess einem Hauptprozess zugeordnet wird, hängt davon ab, in welchem Maße der Teilprozess vom entsprechenden Hauptprozess beansprucht wird.[147] Daraus ergibt sich, ob ein Teilprozess zu 100 % einem Hauptprozess zugeordnet oder aber auf zwei oder mehrere Hauptprozesse verteilt wird.

Im Anschluss daran ist für jeden Hauptprozess ein endgültiger Cost Driver zu ermitteln.[148] Abschließend werden die Hauptprozesse nach ihrer Inanspruchnahme dem Geschäftsprozess zugeordnet.[149] Abbildung 12 soll den Weg von der Tätigkeitsanalyse zur Hauptprozessverdichtung veranschaulichen. Als Ergebnis können die Prozesskosten sowie die dazugehörigen Zeiten für jeden Teil-, Haupt- und Geschäftsprozess abgelesen werden.

---

145 Greiling 2002, S. 468.
146 Vgl. Mayer, S. 57.
147 Vgl. Greiling 2002, S. 468.
148 Vgl. Mayer, S. 57.
149 Vgl. Greiling 2002, S. 468.

3.3.2 Qualitativer Prozessoutput

Meist gestaltet es sich schwierig, den Begriff Qualität genau zu definieren. Der Qualitätsbegriff an sich wird in den unterschiedlichsten Verbindungen benutzt und mit verschiedensten Inhalten belegt.[150] Eine häufig verwendete Definition lautet, dass Qualität die Gesamtheit von Merkmalen (und Merkmalsausprägungen) einer Einheit bezüglich ihrer Eignung ist, um festgelegte und vorausgesetzte Erfordernisse zu erfüllen.[151] Festgelegt bzw. vorausgesetzt werden Produktanforderungen im allgemeinen durch den Kunden (extern oder intern).[152] In Anlehnung hieran definiert WEILER Qualität als das Maß an Übereinstimmung der Leistung mit den Forderungen und Erwartungen des Kunden.[153] Bezogen auf Dienstleistungen stellt BRUHN Qualität als die Fähigkeit eines Anbieters dar, die Beschaffenheit einer primär immateriellen und der Kundenbeteiligung bedürfenden Leistung gemäß den Kundenerwartungen auf einem bestimmten Anforderungsniveau zu erstellen.[154]

BOLLMANN/BECK haben den Versuch unternommen, die Qualität einer Behandlungsleistung zu definieren. Demnach ist Qualität eine möglichst maximale, interprofessionelle und interdisziplinäre Zusammenarbeit zum Wohle des Patienten, wobei alle Behandlungsschritte evident und für den Patienten und seine Angehörigen transparent geplant sein sollen.

„Eine klare und konsentierte Definition von Qualität in der Medizin steht jedoch noch aus."[155]

Innerhalb dieser Arbeit wird, wie eingangs erwähnt, Qualität als die Eignung einer Einheit, festgelegte und vorausgesetzte Erfordernisse zu erfüllen, definiert. Die Qualität eines Krankenhauses ist nur schwer aussagekräftig, zuverlässig, valide und mit akzeptablem Aufwand zu messen. Ein einziges Maß für die Qualität eines Krankenhauses existiert nicht.[156] Nach der Einteilung von DONABEDIAN existieren mehrere Dimensionen, in denen Qualität gemessen werden kann. Es werden Struktur-, Prozess- und Ergebnisdimensionen unterschieden.[157]

---

150 Vgl. Masing, S. 3.
151 Vgl. Binner, S. 11.
152 Vgl. Weiler, S. 377.
153 Vgl. ebd., S. 377.
154 Vgl. Bruhn, S. 29.
155 Vgl. Juhran/Roeder, S. II.
156 Vgl. Selbmann, S. 411.
157 Vgl. Donabedian, S. 1743- 1748.

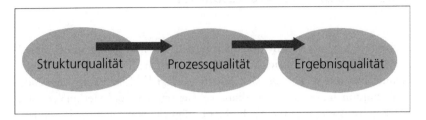

Abb. 13: Qualitätsdimensionen[158]

Strukturdimension beschreibt die eingesetzten personellen und materiellen Ressourcen und strukturellen Rahmenbedingungen unter denen die Prozessleistung erfolgt.[159] Die Prozessdimension bezieht sich auf die eigentliche Leistungserstellung, also auf die eingesetzten Verfahren, Methoden und Techniken zur Leistungsprozesserstellung.[160] Unter Ergebnisdimension wird die Outputmessung verstanden, also die Beurteilung der erbrachten Dienstleistung oder des Produktes am Ende des Erstellungsprozesses.[161]

Aufgrund der erschwerten Messbarkeit der Qualität muss z.T. während der Kennzahlgenerierung auf Indikatoren zurückgegriffen werden. Als Indikatoren werden Kennzahlen bezeichnet, die aufgrund ihrer Ausprägung bzw. Veränderung Rückschlüsse auf andere als wichtig erachtete Größen zulassen.[162] Charakteristisch für Indikatoren ist, dass die Korrelation mit der zu beschreibenden Größe nur vermutet wird und nicht korrekt bewiesen werden kann.[163]

Qualitative Kennzahlen sollten auf Ebene der Teilprozesse erfasst werden, um eine Steuerung in qualitativer Hinsicht bezüglich aller Prozesse zu gewährleisten. Die Teilprozessqualitäten können durch eine Verdichtung auf höhere Prozessebenen zusammengefasst werden und lassen somit auch hier eine qualitative Steuerung zu. Zur Generierung qualitativer Kennzahlen wird wie schon innerhalb der anderen Kennzahlbereiche das Prozessziel verwendet. Dieses wird anhand von Interviews festgestellt, die mit den

---

158 In Anlehnung an Haubrock/Schär, S. 139.
159 Vgl. Meffert/Bruhn, S. 213.
160 Haubrock/Schär, S. 139.
161 Vgl. Meffert/Bruhn, S. 213.
162 Vgl. Küpper, S. 346.
163 Vgl. ebd., S. 346.

Prozessverantwortlichen durchgeführt werden.[164] Es besteht die Möglichkeit, Interviews in Form von strukturierten bzw. standardisierten Interviews oder aber in Form von explorativen Intensiv- bzw. Tiefeninterviews durchzuführen, die ohne Standardisierung mit nur geringer Strukturierung durchgeführt werden.[165] Nach Feststellung des qualitativen Prozessziels werden entsprechende Kennzahlen generiert. Hier ist vor allem die Messbarkeit als eine elementare Kennzahlvoraussetzung[166] zu beachten, die, wenn sie nicht als Eigenschaft des Prozessziels vorliegt, im Rahmen der Kennzahlermittlung hergestellt werden muss.[167]

3.4 Konzept der Balanced Scorecard

Die Amerikaner ROBERT S. KAPLAN und DAVID P. NORTON entwickelten das System der Balanced Scorecard (BSC), wörtlich übersetzt das „Ausgewogene Kennzahlensystem", das die Übertragung von Vision und Strategie in den unternehmerischen Alltag aller Mitarbeiter unterstützt.[168] Strategische Ziele und daraus abgeleitete Messgrößen steuern das betriebliche Handeln der beteiligten Personen. Das Kennzahlensystem der BSC ist ein Controllinginstrument, da es die Planung, Steuerung, Kontrolle und Dokumentation unterstützt. Dies erfolgt mit Hilfe einer überschaubaren Anzahl von Messgrößen und Zielwerten, die in einem übersichtlichen, in vier Perspektiven gegliederten, ausgewogenen, mehrdimensionalen Berichtsbogen zusammengefasst abgebildet werden.[169]

ROBERT S. KAPLAN und DAVID P. NORTON beschreiben das BSC als „Synthese zwischen einem an historischen Werten orientierten Rechnungslegungsmodell und dem Zwang zur Schaffung von Wettbewerbsvorteilen."[170] Aus Vision und Strategie des Unternehmens werden Ziele und Messgrößen abgeleitet,[171] die in einem ausgewogenen, mehrdimensionalen Berichtsbogen kompakt in vier Perspektiven gegliedert zusammengefasst

---

164 Vgl. Friedrich, S. 207 ff.
165 Vgl. ebd. S. 207.
166 Vgl. Reichmann, S. 20.
167 Vgl. Kapitel 3.1.1 Kennzahlen und Kennzahlsysteme.
168 Vgl. Friedag, S. 292.
169 Vgl. Weber/Schäffer, S. 2 ff.
170 Kaplan/Norton, S. 7.
171 Vgl. ebd., S. 8.

werden. Das BSC-Konzept hat seit der ersten Veröffentlichung[172] im amerikanischen Wirtschaftsraum enorme Erfolge zu verzeichnen. Einer Schätzung von KAPLAN/NORTON zur Folge arbeiteten 1996 bereits 60 % der Future-1000 Unternehmen mit einer BSC.[173] Auch in Deutschland scheint sich das Konzept der BSC mit einiger Verspätung durchzusetzen. Nach den Ergebnissen der Katholischen Universität Eichstätt beziffert sich der Anteil der DAX 100-Unternehmen mit einer BSC auf 40 %.[174]

Die BSC stellt die Umsetzung der Geschäftsstrategie in einem Maßnahmenbündel dar, in dem langfristige strategische Ziele und Mechanismen zu deren Erreichung definiert werden.[175] Die BSC macht „die strategische Stoßrichtung des Unternehmens deutlich und zugleich einer Messung zugänglich.“[176] Die Besonderheiten und Neuerungen der BSC sind:

- Die Berücksichtigung verschiedener Anspruchs- und Interessengruppen[177] (z. B. Kapitalgeber, Mitarbeiter) in unterschiedlichen Perspektiven verhindert die Bildung von funktionalen Schwerpunkten und Suboptimierung.[178]
- Die „strategieorientierte Verbindung von finanziellen Zielgrößen mit den diesen beeinflussenden nichtfinanziellen Treibergrößen„[179], die in einem inneren Zusammenhang zueinander stehen,[180] fördert die gleichgewichtige Verfolgung von monetären und nicht-monetären Zielen und ermöglicht die Früherkennung von Planabweichungen.
- Das Hypothesensystem über Ursache- und Wirkungsvermutungen übermittelt die den Strategien zugrunde liegenden Managementinformationen an die Mitarbeiter[181] und ermöglicht so die Ableitung individueller Beiträge zur Erreichung des Unternehmenserfolges.[182]

---

172 Erste Veröffentlichung von Kaplan/Norton im Harvard Business Review 1992.
173 Vgl. Weber/Schäffer, S. 1.
174 Vgl. Horváth & Partner, S. V.
175 Vgl. Kaplan/Norton, S. 30.
176 Horváth & Partner, S. 10.
177 Vgl. Wiese, S. 75.
178 Suboptimierung ist die Inkaufnahme der Verschlechterung eines Ziels zur Verbesserung einer einzigen, häufig finanzwirtschaftlichen Kennzahl (vgl. Kaplan/Norton, S. 12 und S. 160).
179 Wiese, S. 74.
180 Vgl. Schedl, S. 55.
181 Vgl. Kaplan/Norton, S. 142 f.
182 Vgl. Müller (2000), S. 66 f; Schedl, S. 69.

- Die Kennzahlen dienen der Ausrichtung der persönlichen, abteilungsübergreifenden und unternehmensbezogenen Aktivitäten auf ein gemeinsames Ziel.[183]
- Die Bestimmung von strategischen Initiativen in Form von Maßnahmen, Projekten, Aktivitäten und sonstigen Tätigkeiten tragen dazu bei, die strategischen Ziele umzusetzen.[184]
- Die Informationen der BSC ermöglichen dem Unternehmen strategisches Lernen.[185]
- Die Möglichkeit zur Verknüpfung der strategischen und der operativen Planung durch den Gebrauch von Meilensteinen der Messgrößen zur Integration in das Budget[186] ist gegeben.
- Die Kommunikation über die strategischen Ziele des Unternehmens wird durch die BSC gefördert. Sie wird konkreter, transparenter und verständlicher für die Mitarbeiter.[187]

Der Aufbau einer BSC (vgl. Abbildung 14) beginnt mit der Festlegung von strategischen Zielen (engl. „Objectives"), die durch Ursache-Wirkungs-Vermutungen miteinander verknüpft sind und in denen die übergeordnete Vision konkretisiert wird. Die Operationalisierung der Objectives erfolgt über die Messgrößen (engl. „Measures"), die zur Messung der Zielerreichung dienen. Zielwerte (engl. „Targets") werden dann für die angestrebten Ziele bezogen auf den Gesamtzeitraum oder einzelne Zeitabschnitte festgelegt. Zur Erreichung der strategischen Ziele werden Maßnahmen (engl. „Iniatives") abgeleitet.[188] Letztlich erfolgen Analyse und Überprüfung der vorhergehenden Schritte im Rahmen eines strategischen Lernprozesses. Im Falle aufgetretener Abweichungen müssen die Ursache-Wirkungs-Vermutungen, Strategien, Ziele und Zielwerte überdacht und ggf. angepasst werden.[189] Diese Schritte zum Aufbau einer BSC erfolgen im Kontext von Unternehmensstrategie und -vision.

---

183 Vgl. Kaplan/Norton, S. 24.
184 Vgl. Schedl, S. 65.
185 Vgl. Kaplan/Norton, S. 16 f.
186 Vgl. Friedag/Schmidt, S. 44.
187 Vgl. ebd., S. 37.
188 Vgl. Wiese, S. 91 ff.
189 Lange/Lampe, S. 107.

Abb. 14: Vorgehen zum Aufbau einer BSC

Der Zeithorizont einer BSC ist langfristig, er liegt zwischen drei und fünf Jahren.[190] Die BSC muss stets aktualisiert werden.[191] Ein Vorteil der BSC ist die kompakte, durch relativ wenige Messgrößen (20-25) ausgedrückte Vermittlung der Unternehmensleistung. Schon im Laufe der Entwicklung wird das Unternehmen für die Strategie und Zielkonflikte sensibilisiert. Die BSC stellt ein Kommunikationsinstrument für alle Unternehmensebenen dar und unterstützt die Verknüpfung verschiedener Interessenlagen.[192] Eine BSC kann nach Angaben von KAPLAN/NORTON für alle Unternehmenseinheiten entwickelt werden, die eine Mission, eine Strategie, interne und/oder externe Kunden sowie interne Prozesse haben.[193] Die BSC ist individuell nach den spezifischen Zielen eines Unternehmensbereiches gestaltet, weshalb jeder Bereich eine eigene BSC benötigt, die gleichgerichtet mit den Zielen und der BSC der übergeordneten Geschäfteinheit verknüpft ist.[194] Ausgangspunkt zur Implementierung in verschiedenen Geschäftsbereichen kann sowohl das Gesamtunternehmen als auch nur eine einzelne Geschäfteinheit sein, wichtig ist jedoch die Existenz der oben genannten Kriterien.[195] Die Prinzipien der Durchgängigkeit (einheitliche Steuerung aller Unternehmenseinheiten) und der geschäftsspezifischen Individualität (vollkommene Freiheit für alle Unternehmenseinheiten) sind miteinander zu verbinden.[196]

---

190 Vgl. Kaplan/Norton, S. 13.
191 Schedl, S. 69.
192 Vgl. Müller 2000, S. 66 f.
193 Vgl. Kaplan/Norton, S. 35.
194 Vgl. Friedag/Schmidt, S. 214 f., z. B. über eine zentrale Schlüsselgröße wie den ROI.
195 Vgl. Kaplan/Norton, S. 34 f.
196 Vgl. Seidenschwarz, S. 265.

3.4.1 Mehrdimensionale Betrachtung unternehmerischer Ziele

„Ein Ziel ist ein angestrebter zukünftiger Zustand der nach Inhalt, Zeit und Ausmaß genau bestimmt ist (…)."[197]

Jedes Individuum benötigt Ziele und Zielvorstellungen für das Ergebnis seiner Tätigkeit, da diese „Zielorientierung durch Erwartungen ein Grundprinzip des Lebens[198] ist." Jede Organisation benötigt Ziele, damit Mitarbeiter sich selbst Ziele setzen sowie den Wert ihrer Arbeit messen können.[199] In der BSC erfolgt die Zieldefinition unter perspektivischen Gesichtspunkten, um Fokussierungen zu vermeiden und alle relevanten internen und externen Geschäftsinhalte (Kapitalgeber, Kunden, Prozesse, Mitarbeiter) ausgewogen zu berücksichtigen. Auf diese Weise entsteht ein „konsistentes Zielsystem."[200]

KAPLAN/NORTON haben in den von Ihnen entwickelten BSC im Kontext von Strategie und Vision die folgenden vier Standardperspektiven verwendet, die unterschiedliche Geschäftsinhalte bzw. Wettbewerbsfaktoren beinhalten. Am Beginn der Entwicklung einer BSC steht die Entscheidung über die relevanten Perspektiven,[201] um das perspektivische Denken auf die wesentlichen Geschäftsinhalte zu konzentrieren. Darauf folgend sind die strategischen Ziele mittels der Kriterien strategische Bedeutung, Beeinflussbarkeit und letztlich auch Messbarkeit abzuleiten.[202] Als Anhaltspunkt sollten 3-5 Ziele pro Perspektive bestimmt, insgesamt allerdings nicht mehr als 25 Ziele in die BSC aufgenommen werden.[203] Die Hauptverbindungen zwischen den einzelnen Zielen werden identifiziert, redundante und geringe kausale Beziehungen werden wegen der Übersichtlichkeit und der Lenkung der Aufmerksamkeit vernachlässigt.[204] Letztlich werden die Ziele samt ihrer Verbindungen dokumentiert.

---

197 Friedag/Schmidt, S. 89.
198 Ebd., S. 88.
199 Vgl. ebd., S. 88.
200 Horváth & Partner, S. 26
201 Vgl. Weber/Schäffer, S. 95
202 Vgl. Schedl, S. 57
203 Vgl. Horváth & Partner, S. 35; Weber/Schäffer, S. 95
204 Vgl. Schedl, S. 58

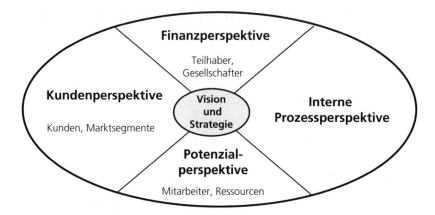

Abb. 15: Standardperspektiven und Geschäftsinhalte der BSC im Kontext von Vision und Strategie[205]

3.4.1.1. Finanzwirtschaftliche Perspektive als Ausgangs- und Endpunkt

Zentrale Frage: *Welche Ziele leiten sich aus den finanziellen Erwartungen der Kapitalgeber ab?*[206]

Die Finanzwirtschaftliche Perspektive ist „Erste unter Gleichen."[207] Einerseits steht sie gleichberechtigt und gleichgewichtig neben den anderen Perspektiven, um die Bildung von Schwerpunkten zu vermeiden, andererseits verdeutlicht sie die Existenzberechtigung eines Unternehmens und verankert die Ziele, die den finanziellen Fortbestand sichern.[208] Die Finanzperspektive hat die Aufgabe, einen Überblick über die wirtschaftlichen Auswirkungen früherer Handlungen zu vermitteln.[209] Im Rahmen der Zieldefinition in der Finanzperspektive werden die unterschiedlichen Phasen des Produktlebenszyklus – Wachstum, Reife und Ernte – berücksichtigt. In der Finanzwirtschaftlichen Perspektive können je nach Lebenszyklus verschiedene Strategien verfolgt werden:

- Ertragswachstum
- Produktivitätssteigerung

---

205 Eigene Darstellung in Anlehnung an Kaplan/Norton, S. 24 ff.
206 Probst, S. 83.
207 Friedag/Schmidt, S. 184.
208 Vgl. ebd., S. 184.
209 Kaplan/Norton, S. 24.

- Kostensenkung
- Vermögensnutzung oder
- Risikomanagement[210]

Die Kennzahlen der Finanzperspektive sollten sowohl die Rentabilität, die Liquidität als auch die Stabilität messen und erfassen.[211] Es sollte jedoch ein Konzentrationsprozess auf strategisch relevante Größen, sog. key indikators, erfolgen.[212] Welche Kennzahlen in der finanzwirtschaftlichen Perspektive zur Definition und Messung der finanziellen Leistung ausgewählt werden, wird maßgeblich durch die Ziele bestimmt.[213] Somit können traditionell verwendete Kennzahlen in die BSC übernommen werden, sofern sie für das spezielle Ziel geeignet sind. Periodisch – jedoch mindestens einmal jährlich – sind die finanzwirtschaftlichen Ziele auf plötzlich auftretende Veränderungen zu überprüfen und ggf. anzupassen.[214]

Alle in der BSC verankerten Ziele und „Maßnahmen sollen aus einem finanziellen und ökonomischen Gesichtspunkt haltbar sein,"[215] d. h. die Ziele der anderen Perspektiven bauen auf den finanziellen Zielen auf und müssen mit ihnen in Einklang stehen. Die Finanzperspektive ist also der Ausgangspunkt zur Zielfestlegung im Rahmen eines top-down-Prozesses für alle weiteren Perspektiven. Andererseits handelt es sich bei den in der Finanzperspektive herangezogenen Messgrößen in der Regel um Spätindikatoren, da sie rechnungslegungsbezogen und somit vergangenheitsorientiert sind.[216] Die Kennzahlen der Finanzperspektive sind folglich auch die Zielgröße für die Messung vergangener Maßnahmen und Entscheidungen und stellen damit zeitgleich den Endpunkt der Beurteilung der Strategie dar.

3.4.1.2 Definition von Kunden- und Marktsegmenten sowie des erforderlichen Wertangebots in der Kundenperspektive

Zentrale Frage: *Welche Ziele sind hinsichtlich Struktur und Anforderungen der Kunden zu setzen, um die finanziellen Ziele zu erreichen?*[217]

---

210 Vgl. Georg, S. 57.
211 Vgl. Morganski, S. 88; Friedag/Schmidt, S. 183.
212 Vgl. Seidenschwarz, S. 265.
213 Vgl. Kaplan/Norton, S. 46 ff.
214 Vgl. ebd., S. 48 f.
215 Greulich/Onetti/Schade/Zaugg, S. 52.
216 Vgl. Friedag/Schmidt, S. 187 f.
217 Vgl. Horváth & Partner, S. 27.

Das Ziel der Kundenperspektive ist es, die dem Unternehmen zur Verfügung stehenden Ressourcen eines Wettbewerbsfeldes in den Markt einzubringen, in dem es ihm möglich ist, die Erreichung der finanziellen Ziele sicherzustellen.[218] In der Kundenperspektive müssen die Wettbewerbsfelder des Unternehmens anvisiert und die erforderlichen Prokukt- und Serviceleistungen festgelegt werden. n dieser Perspektive der BSC setzt sich das Unternehmen mit attraktiven Zielkunden- und Marktsegmenten auseinander, in denen das Unternehmen konkurrenzfähig sein will.[219] Die Attraktivität der Segmente wird mit Spätindikatoren, wie Kundenzufriedenheit und Marktanteil gemessen, um den abschließenden Erfolg eingeleiteter Maßnahmen (Ergebnisgrößen) in den Bereichen Marketing, Produktion, Logistik und Prozesse zu dokumentieren.[220]

Ein weiteres Element der Kundenperspektive ist die Erarbeitung eines zielsegmentspezifischen Wertangebotes (value propositions)[221] zur Identifikation der existierenden und latenten Wünsche der Zielkunden.[222] Die Auswahl wird durch die von den Kunden gewünschten Produkt- und Dienstleitungseigenschaften, die Kundenbeziehungen und das Image des Unternehmens beeinflusst. So werden die Einflussfaktoren für den zukünftigen Erfolg (Leistungstreiber) ermittelt, welche die Spätindikatoren sowie den Erfolg der Messgrößen der Finanzperspektive bestimmen können.[223]

3.4.1.3 Prozessneugestaltung in der internen Prozessperspektive

Zentrale Frage: *Welche Ziele sind hinsichtlich der Prozesse zu setzen, um die Ziele der Finanz- und Kundenperspektive erfüllen zu können?*[224]

Im Rahmen der top-down-Entwicklung der BSC werden in der internen Prozessperspektive die zur Erreichung der Ziele von Kunden und Anteilseignern maßgeblichen (erfolgs-)kritischen Prozesse identifiziert,[225] die zudem eine "herausragende Bedeutung"[226] für die Umsetzung der Strategie

---

218 Vgl. Greulich/Onetti, S. 54 f.
219 Vgl. Kaplan/Norton, S. 24 f.
220 Vgl. ebd., S. 82.
221 Das Wertangebot wird durch die Dimensionen Zeit, Qualität und Kosten geprägt (vgl. Greulich/Onetti, S. 55).
222 Vgl. Kaplan/Norton, S. 82.
223 Vgl. Friedag/Schmidt, S. 117.
224 Vgl. Horváth & Partner, S. 27.
225 Vgl. Kaplan/Norton, S. 26.
226 Horváth & Partner, S. 27.

haben. Als Schablone zur Bearbeitung der internen Prozessperspektive kann ein Wertkettenmodell herangezogen werden (vgl. Abb. 16).

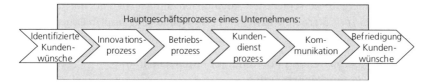

Abb. 16: Erweitertes Wertkettenmodell zur Erreichung von Zielen der Kunden und Anteilseigner[227]

Der Kunde stellt in diesem erweiterten Wertkettenmodell sowohl den Ursprung (Bedürfnisidentifikation) als auch das Ziel (Bedürfnisbefriedigung) des Produktionsprozesses dar.[228] Innerhalb des Innovationsprozesses erfolgen Marktanalysen zur Identifikation existierender und latenter Kundenwünsche sowie eine Entwicklung von Möglichkeiten zur Befriedigung der Kundenwünsche durch bestehende und/oder neue Produkte.[229] Der Betriebsprozess vereint die Prozesse von Produktion bis zum Absatz bestehender Produkte unter den günstigsten Bedingungen hinsichtlich Zeit, Qualität und Kosten.[230] Der Kundendienstprozess oder der after-sales-service[231] umfasst alle Serviceleistungen wie Garantie und Wartung, Fehler und Reklamationen sowie Kundenzahlungen.[232] Die Kommunikation nach innen und außen vermittelt Vision und Strategie an Mitarbeiter und Kunden und erschließt damit Führungspotenzial und Marktchancen.[233]

Zur Verbesserung der Prozesse des Unternehmens bestehen grundsätzlich zwei Möglichkeiten. Einerseits die bekannte und verbreitet angewendete Verbesserung bestehender Prozesse und andererseits die völlig neue

227 Eigene Darstellung in Anlehnung an die Ausführungen von Friedag/Schmidt, S. 136 ff. sowie Kaplan/Norton, S. 93.
228 Vgl. Greulich/Onetti et al., S. 57; Dieser Umstand verdeutlicht den top-down-Prozess und die Verbindungen innerhalb der BSC.
229 Vgl. Friedag/Schmidt, S. 141 ff.
230 Vgl. Greulich/Onetti et al., S. 59.
231 Angesichts der hohen Kosten einer Neukundenakquisition und der Möglichkeit zum Erhalt hilfreicher Informationen zur Identifikation von Kundenwünschen sollte diesem Prozess eine hohe Beachtung zukommen (vgl. hierzu Morganski, S. 83 und Friedag/Schmidt, S. 149).
232 Vgl. Kaplan/Norton, S. 102.
233 Vgl. Morganski, S. 85.

Definition der Geschäftsprozesse.[234] Hierbei sollte jede Aktivität innerhalb eines Prozesses in Frage gestellt und neu definiert werden, um auf diese Weise eine völlig neue Wertschöpfungskette entstehen zu lassen.[235] Im Rahmen dieses Konstruktionsprozesses wird der gesamte Geschäftsprozess[236] innerhalb verschiedener Abteilungen untersucht und mit der BSC ein System zur unternehmensweiten Leistungsmessung implementiert.[237]

3.4.1.4 Bereitstellung notwendiger Potenziale in der Potenzialperspektive

Zentrale Frage: *Welche Potenziale sind zu optimieren, um den aktuellen und zukünftigen Herausforderungen gewachsen zu sein?*

In der Potenzialperspektive[238] soll durch Identifikation der erforderlichen Ressourcen und Kompetenzen die notwendige Betriebsinfrastruktur zum Aufbau strategischer Wettbewerbsvorteile und damit zur Erreichung der übergeordneten Ziele von Kunden und Kapitalgebern sowie von Strategie und Vision geschaffen werden.[239] Die Potenzialperspektive umfasst die folgenden Potenziale:

- Mitarbeiterpotenziale
- Potenziale von Informationssystemen sowie
- Motivation, Empowerment und Zielausrichtung[240]

Die Potenzialperspektive hat eine langfristige Wirkung.[241] Sie soll Investitionen in die benötigte Infrastruktur messen und sicherstellen, da Investitionen zur Förderung der Mitarbeiter, Systeme und Organisationsprozesse nach Handels- und Steuerrecht als Aufwand betrachtet werden und das Periodenergebnis belasten. Infolgedessen mindern sie die kurzfristigen Erträge, während sich die negativen Folgen mangelhafter Investitionen in

---

234 Vgl. Kaplan/Norton, S. 89.
235 Vgl. Morganski, S. 77.
236 Ein Geschäftsprozess ist eine geregelte und strukturierte, sich wiederholende Abfolge von Handlungen in denen Input, Verarbeitung und Output messbar ist (vgl. hierzu Georg, S. 88).
237 Vgl. ebd., S. 88 f.
238 Die Bezeichnung Potenzialperspektive für die Lern- und Entwicklungsperspektive ist von Horváth & Partner übernommen, da sie nicht ein Potenzial fokussiert und neben den zukünftig auch die gegenwärtig benötigten Potenziale berücksichtigt (vgl. hierzu Horváth & Partner, S. 28).
239 Vgl. Kaplan/Norton, S. 121 sowie Greulich/Onetti, S. 60.
240 Vgl. Kaplan/Norton, S. 121.
241 Vgl. Morganski, S. 67.

Humankapital erst langfristig bemerkbar machen.[242] Die Mitarbeiterpotenziale gilt es engpass- und potenzialorientiert weiter zu entwickeln,[243] um eine proaktive Ermittlung von Kundenwünschen, die Erkennung von Verbesserungspotenzialen und somit eine kontinuierliche Verbesserung voranzutreiben.[244] Die Kerngrößen der Mitarbeiterpotenziale sind:

- die Mitarbeiterzufriedenheit als Grundvoraussetzung für wirtschaftlichen Erfolg wegen der unmittelbaren Wechselwirkung mit der Kundenzufriedenheit[245]
- die Mitarbeitertreue als langfristige Bindung wichtiger Mitarbeiter (Key Employees) und ihrer Fähigkeiten an das Unternehmen[246]
- die Mitarbeiterproduktivität

Die Potenziale von Informationssystemen bestehen aus der Informationsverwertung aus DV-Systemen sowie der Relation von verfügbaren und genutzten Informationen.[247]

Motivation, Empowerment und Zielausrichtung der Mitarbeiter ist das dritte im Unternehmen existierende Potenzial. Hierbei handelt es sich um das Unternehmensklima, die Mitarbeitermotivation und -initiative.[248]

Die Messbarkeit komplexer Sachverhalte insbesondere bei den Potenzialen der Mitarbeiter gestaltet sich schwierig, weshalb bei der Identifikation von Messgrößen auf Hilfsgrößen wie generische Kennzahlen oder Texte, die nicht optimal aber zweckmäßig sind, zurückgegriffen werden muss.[249]

3.4.1.5 Unternehmensspezifische Anpassung der Perspektiven

Die oben genannten Perspektiven sind lediglich als „Schablone", jedoch nicht als „Zwangsjacke" zu betrachten. Sie haben sich nach Angaben der Entwickler als „nützlich und stabil,"[250] erwiesen. Dennoch kann die individuelle Situation im Unternehmen eine Integration weiterer oder anderer Perspektiven erfordern.[251] Werden andere Perspektiven eingefügt, so ist

---

242 Vgl. Kaplan/Norton, S. 121 und Morganski, S. 68.
243 Vgl. Morganski, S. 74.
244 Vgl. Kaplan/Norton, S. 122.
245 Vgl. Georg, S. 105.
246 Vgl. Morganski, S. 72.
247 Vgl. Friedag/Schmidt, S. 174 f.
248 Vgl. Kaplan/Norton, S. 131.
249 Vgl. Georg, S. 116.
250 Vgl. Kaplan/Norton, S. 33; lt. Horváth & Partner (Hrsg.), S. 28 sogar empirisch gestützt.
251 Vgl. Horváth & Partner, S. 28 f.

deren Integration in eine Kette kausaler Zusammenhänge zu beachten[252] und gegenseitige Implikationen sowie Wechselwirkungen zu berücksichtigen.[253]

3.4.2 Ausgewogenheit durch Integration unterschiedlicher Arten von Messgrößen

Nach der Diskussion und Festlegung von strategischen Zielen für die ausgewählten Perspektiven werden geeignete Messgrößen identifiziert. Diese Messgrößen sollen die strategischen Ziele ausdrücken und die Entwicklung der Zielerreichung dokumentieren.[254] Die expliziten Beziehungen zwischen den strategischen Zielen und den analogen Messgrößen sowohl innerhalb als auch zwischen den Perspektiven sind für den Erfolg der BSC von Bedeutung.[255]

Der Begriff Messgröße („Measures") umfasst mehr als nur Kennzahlen nach der deutschen Begriffsauffassung, er subsummiert vielmehr quantitative und qualitative, finanzielle und nicht-finanzielle Faktoren, Früh- oder Spätindikatoren.[256] Im Kontext des BSC-Konzeptes unterscheidet man diagnostische und strategische Messgrößen. Diagnostische Messgrößen eignen sich zur Überwachung ungewöhnlicher Ereignisse, sind jedoch für die Messung der Zielerreichung strategischer Ziele nicht ausreichend und damit für eine Verwendung in der BSC ungeeignet.[257] Strategische Messgrößen sind „Gegenstand intensiver und extensiver Interaktion zwischen der oberen und der mittleren Führungsebene,"[258] und stellen die Strategie des Unternehmens dar. Solche Messgrößen sind für einen Einsatz in der BSC geeignet.[259] In Abhängigkeit vom Gliederungskriterium können drei Arten von strategischen Messgrößen unterschieden werden:

- monetäre und nicht-monetäre Messgrößen
- Früh- und Spätindikatoren sowie
- Ergebnisgrößen und Leistungstreiber.

---

252 Vgl. Kaplan/Norton, S. 34.
253 Vgl. Horváth & Partner, S. 25.
254 Vgl. ebd., S. 197.
255 Vgl. Schedl, S. 27.
256 Vgl. Müller 2000, S. 68.
257 Vgl. Kaplan/Norton, S. 156 ff. und Schedl, S. 26.
258 Kaplan/Norton, S. 157.
259 Vgl. Kaplan/Norton, S. 156 ff. und Schedl, S. 26.

Die Ausgewogenheit („Balance") erhält die BSC durch eine Mischung verschiedener Arten von Messgrößen.[260]

Um die Überschaubarkeit zu gewährleisten, werden drei bis fünf Messgrößen je Perspektive empfohlen. Hierbei handelt es sich um einen Richtwert, denn es ist letztendlich „unerheblich, ob 10 oder 20 Messgrößen [...] ausreichend sind. Wichtig ist, dass die Messgrößen der Balanced Scorecard die Strategie zum Ausdruck bringen und allen Mitarbeitern als Zielvorgabe dienen."[261]

3.4.2.1 Integration verschiedenartiger Messgrößen

Monetäre und nicht-monetäre Messgrößen
Der wesentliche Kritikpunkt an traditionellen, an der Rechnungslegung orientierten Kennzahlensystemen ist eine „vorrangige, wenn nicht sogar ausschließliche Verwendung von Finanzkennzahlen zur Unternehmensbewertung."[262] Diese eindimensionale Betrachtung könnte Unternehmen dazu veranlassen, Investitionen in immaterielle und intellektuelle Vermögenswerte zugunsten einer kurzfristigen Verbesserung der Wertschöpfung zu vernachlässigen und auf diese Weise Wachstumspotenziale zu verschenken.[263]

Früh- und Spätindikatoren
Beurteilen die Messgrößen die aktuelle Situation, die die Entwicklung in zukünftigen Zeiträumen bestimmt, bezeichnet man sie als Frühindikatoren.[264] Sie vermitteln allen Mitarbeitern ihren Beitrag zur späteren Wertschöpfung in der täglichen Arbeit.[265] Spätindikatoren sind Endpunkte oder Endbereiche, die wiederum Zwischenstationen in der Unternehmensentwicklung sind.[266] Sie signalisieren die Endziele der Strategie und den Erfolg kurzfristiger Anstrengungen.[267] Werden die Zielwerte der Spätindikatoren auf kleinere zeitliche Einheiten heruntergebrochen, um so Übersichtlichkeit und Plangenauigkeit zu erreichen, werden sie zu Frühindika-

---

260 Vgl. Kaplan/Norton, S. 144 f.
261 Müller 2000, S. 70.
262 Kaplan/Norton, S. 21.
263 Vgl. ebd., S. 21.
264 Vgl. Friedag/Schmidt, S. 110.
265 Vgl. Kaplan/Norton, S. 160.
266 Vgl. Friedag/Schmidt, S. 110.
267 Vgl. Kaplan/Norton, S. 160.

toren, die man als Meilensteine bezeichnet.[268] Früh- und Spätindikatoren bilden gemeinsam ein System logisch und zeitlich verbundener Größen.[269]

Ergebnisgrößen und Leistungstreiber

Ergebnisgrößen sind zentrale Ergebniskennzahlen, die den Grad der Zielerreichung beschreiben, ohne jedoch Auskünfte über die Aktivitäten zur Zielerreichung zu geben oder eine Frühwarnfunktion[270] auszuüben. Bei den Ergebnisgrößen handelt es sich häufig um Spätindikatoren. Um diese Schwachstellen abzufangen, werden die Ergebnisgrößen um Leistungstreiber ergänzt. Leistungstreiber sind vorlaufende Indikatoren, meist Frühindikatoren, die Informationen über die Erreichung kurzfristiger Verbesserungen und Ziele vermitteln. Leistungstreiber geben aber keine Auskunft darüber, welchen Beitrag die kurzfristigen Ziele zur Erreichung des Gesamtziels leisten,[271] deshalb gilt: Eine „gute BSC sollte aus der richtigen Mischung zwischen Ergebniskennzahlen und Leistungstreibern bestehen."[272]

Die Zuordnung einer Messgröße als Früh- oder Spätindikator bzw. Ergebnisgröße oder Leistungstreiber ist relativ. Sie ist abhängig vom zeitlichen (in zeitlicher Abfolge verbundene Größen) und logischen (im Sinne von Ursache und Wirkung) Gesamtsystem (vgl. Abb. 17). Der Messwert von Indikator A zum Zeitpunkt t_1 hatte eine Frühwarnfunktion für die Ausprägung des Indikators zum Zeitpunkt t_2. Er gibt Aufschluss über die Entwicklung. Der Indikator B hat zum Zeitpunkt t_1 die Ursache der Ausprägung des Indikators zum Zeitpunkt t_2 gemessen, während er zu diesem Zeitpunkt nur das Ergebnis früherer Ereignisse misst. Derselbe Indikator stellt also zu unterschiedlichen Zeitpunkten verschiedene Messgrößen dar.

---

268 Vgl. Ehrmann/Olfert, S. 111.
269 Vgl. Friedag/Schmidt, S. 111.
270 Vgl. Weber/Schäffer, S. 5.
271 Vgl. ebd., S. 5.
272 Kaplan/Norton, S. 144.

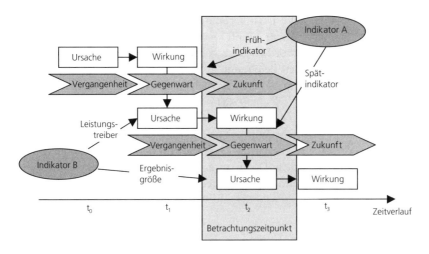

Abb. 17: Relativität der Zuordnung von Messgrößen

3.4.2.2 Zielwerte und Verknüpfung mit Anreizsystemen

Eine BSC ist eine Kombination aus allgemeinen Messgrößen und aus der Strategie abgeleiteten, unternehmensspezifischen Messgrößen,[273] die für den Erfolg der BSC von besonderer Bedeutung sind. Bei der Auswahl der geeigneten Messgrößen sollte stets die Relation zwischen Wirkung der Messgröße und dem Erfassungsaufwand ausgewogen sein.[274] Die Sicherstellung der Steuerungsrelevanz der Messgröße für das strategische Ziel erfolgt über eine Definition von Zielwerten.[275] Für jede Messgröße sind Ziel- und Schwellenwerte[276] vorzugeben. Diese werden mit Hilfe einer Vergleichsbasis aus Vergangenheitswerten, deren Entwicklung und den Zielvorstellungen generiert.[277] Die Zielwerte sollten nicht illusorisch aber dennoch anspruchsvoll sein.[278] Die Messgrößen erhalten somit Vorgabe- und Kontrollcharakter.[279]

---

273 Vgl. Kaplan/Norton, S. 42.
274 Vgl. Friedag/Schmidt, S. 62.
275 Vgl. Horváth & Partner, S. 213; Schwellenwerte sollten tendenzielle Aussagen zur Zielerreichung machen, Richtwert max. 3-4 Schwellenwerte pro Messgröße.
276 Vgl. Schedl, S. 63 f.
277 Vgl. ebd., S. 62 f.
278 Vgl. Horváth & Partner, S. 51.
279 Vgl. Langenbeck, S. 871.

Die BSC kann und sollte nach verbreiteter Meinung auch mit einem Anreiz- oder Prämiensystem verknüpft werden. Diese Verbindung bewirkt bei den Kennzahlenverantwortlichen sowohl eine extrinsische Motivation[280] in Form einer monetären Belohnung als auch eine intrinsische Motivation durch Integration der persönlichen Ziele und Handlungsmotive in den Entwicklungsprozess.[281] WEBER/SCHÄFFER vertreten jedoch die Position, dass die BSC als Grundlage eines Prämiensystems ungeeignet ist, da die zugrunde liegenden Ursache-Wirkungs-Vermutungen nicht wissenschaftlich belegt sind.[282] Neben fehlerhaften Hypothesen können auch falsche Messgrößen oder unverlässliche Daten zu einer ungerechten Prämienverteilung führen.[283] Die Entscheidung eines Unternehmens sollte jedoch in Einklang mit der Unternehmensphilosophie und Personalpolitik erfolgen.

3.4.3 Verknüpfung der Perspektiven und Ziele durch Ursache-Wirkungs-Vermutungen

KAPLAN/NORTON fordern, dass jedes ausgewählte Ziel, jede Messgröße sowohl innerhalb als auch zwischen den Perspektiven[284] ein Element in einer Kette von Ursache- und Wirkungszusammenhängen ist.[285] Die BSC ist demnach keine ad hoc-Sammlung mehrerer Kennzahlen.[286] Derartige Ursache-Wirkungs-Vermutungen sind – insbesondere im nicht-monetären Bereich – Hypothesen der Führungskräfte[287] über die kausal wechselseitigen Beziehungen zwischen den einzelnen Zielen[288] und bestehen aus einer Reihe von Wenn-Dann-Aussagen.[289] Sie verdeutlichen den Zusammenhang zwischen der Umsetzung eines strategischen Ziels und dessen Förderung zur Erreichung von anderen Zielen des Zielsystems.[290] Die Ursache-Wirkungs-Beziehungen haben die folgenden Aufgaben:

---

280 Vgl. Schedl, S. 70 f.
281 Vgl. ebd., S. 70 f.
282 Vgl. Weber/Schäffer, S. 8.
283 Vgl. Schedl, S. 70.
284 Vgl. ebd., S. 27.
285 Vgl. Kaplan/Norton, S. 46.
286 Vgl. ebd., S. 42.
287 Vgl. Horváth & Partner, S. 188.
288 Vgl. Morganski, S. 121.
289 Vgl. Kaplan/Norton, S. 143.
290 Vgl. Horváth & Partner, S. 13.

- Aufzeigen von Zusammenhängen und Abhängigkeiten zwischen Zielen einer oder verschiedener Perspektiven.
- Verdeutlichen der Effekte zur Zielerreichung und veranschaulichen der Erfolgstreiber.
- Fördern des gemeinsamen Verständnisses für die Strategie, illustrieren und kommunizieren der Logik der strategischen Ziele und liefern eines Erklärungsmodells für den Erfolg.
- Fördern des funktionsübergreifenden Denkens und der Zusammenarbeit.[291]

In vielen Fällen ist die Kausalität zwischen den Zielen nicht abschließend bewiesen und nicht quantifizierbar.[292] Bilden jedoch alle Ziele ein Element in einer expliziten Ursache-Wirkungs-Vermutung, können damit die Hypothesen überprüft[293] werden und ein sog. strategischer Lernprozess stattfinden.[294] Finanzwirtschaftliche Ziele sollten das letzte Glied der Kette bilden und auf diese Weise das Oberziel darstellen, damit die anderen Ziele (z. B. „Kundenzufriedenheit steigern") nicht zum „Selbstzweck verkommen."[295] Bei der Analyse der Ursache-Wirkungs-Vermutungen zwischen den Zielen sollten die folgenden Kriterien beurteilt und dokumentiert werden (vgl. Abb. 18):

- Art des Zusammenhangs
- Ausmaß des Zusammenhangs
- Zeitliche Verzögerung („time lag")[296]

Ausprägung der Kriterien:				
positiv	←	**Art**	→	negativ
stark	←	**Ausmaß**	→	schwach
direkt	←	**time lag**	→	zeitverschoben

Abb. 18: Kriterienausprägung zur Analyse der Ursache-Wirkungs-Vermutungen

Aufgrund von Übersichtlichkeit und Aussagefähigkeit sollte bei der Dokumentation der Ursache-Wirkungs-Vermutungen das Hauptaugenmerk auf

---

291 Vgl. ebd., S. 180.
292 Vgl. ebd., S. 188.
293 Vgl. Kaplan/Norton, S. 144.
294 Vgl. Morganski, S. 156.
295 Schedl, S. 29.
296 Vgl. ebd., S. 28.

die strategisch relevanten Beziehungen gelegt werden.[297] Abschließend sollten im Rahmen der Dokumentation sowohl isolierte Einzelbeziehungen zwischen den Zielen festgehalten als auch eine präzise Erläuterung der angestrebten Strategie formuliert werden, eine sog. „Story of the Strategy."[298] In der Dokumentation der Vermutungen ist die Beziehung der Ziele (beeinflusstes und beeinflussendes) und die Auswirkung der Veränderung des beeinflussenden auf das beeinflusste Ziel zu erläutern. In der „Story of Strategy" sollten Ziele und Zielverbindungen in einem Fließtext beschrieben werden. Wegen der Ausgewogenheit und Kohärenz kann es bestehende Strategiepapiere ersetzen.[299]

In Anlehnung an diese Erläuterungen ist die BSC hinsichtlich mehrerer Aspekte ausgewogen – „balanced":[300]

- Berücksichtigung quantitativer und qualitativer Faktoren und Ziele (Art der Ziele)
- Berücksichtigung interner und externer Faktoren bei der Zielfindung (Wirkungskreis)
- Kombination von Ergebnisgrößen (Spätindikatoren) und Leistungstreibern (Frühindikatoren; Fristigkeit der Ziele)

3.5 Konzept der Behandlungspfade und Besonderheiten des Krankenhaussektors

3.5.1 Behandlungspfade als Darstellungsform von Behandlungsabläufen

Interdisziplinäre Behandlungspfade sind interprofessionell, interdisziplinär entwickelte, medizinisch und ökonomisch optimal abgestimmte Handlungsempfehlungen für den gesamten Behandlungsablauf einer Gruppe homogener Behandlungsfälle.

---

297 Vgl. Weber/Schäffer, S. 96 und Morganski, S. 127.
298 Horváth & Partner, S. 180.
299 Vgl. ebd., S. 189 f.
300 Vgl. Lange/Lampe, S. 101.

3.5.1.1 Hintergrund und Bedeutung der Behandlungspfade

Behandlungspfade werden für homogene Patientengruppen mit gleichen Diagnosen, Bedürfnissen oder Zuständen, die ähnlich behandelt werden, in Zusammenarbeit von verschiedenen Berufsgruppen und Fachrichtungen entwickelt.[301] Die natürlichen Abteilungsgrenzen werden überschritten[302] und damit eine Verbesserung der Ablaufqualität realisiert.[303] Behandlungspfade visualisieren den unter medizinischen, pflegerischen, qualitativen und ökonomischen Gesichtspunkten optimal abgestimmten Behandlungsablauf[304] in Form eines Ablaufdiagramms o.ä. Sie sind als Empfehlungen im Normablauf zu verstehen, die nicht als Vorschrift oder Richtlinie gelten[305] und von denen in erforderlichen Situationen ein Abweichen möglich ist, sofern es dokumentiert wird.[306] Behandlungspfade ersetzen folglich nicht die Fachausbildung des Personals, sondern diese benötigen vielmehr die Fachkompetenz zur Feststellung besonderer Umstände und Einleitung fachlich angemessener Reaktionen. Alle Tätigkeiten während des Krankenhausaufenthaltes werden von der Aufnahme bis zur Entlassung im Rahmen der Behandlungspfade geplant. Nicht einzelne Teilleistungen, sondern der gesamte Behandlungsablauf wird prozessbezogen koordiniert.[307] Einschätzungen zufolge sind ca. 2/3 der gesamten Krankenhausleistungen standardisierbar.[308] Durch diese Standardisierung soll den Patienten eine konsistente und gleichbleibend hochwertige Versorgungsqualität unabhängig von Mitarbeitern und Neigungen garantiert werden.[309]

3.5.1.2 Pfadcontrolling und Varianzanalyse als Bestandteile der Behandlungspfade

Das Pfadcontrolling bzw. die Abweichungs- oder Varianzanalyse übernimmt zwei Aufgabenbereiche im System der Behandlungspfade: Einerseits soll durch eine systematische und kontinuierliche Dokumentation und Analyse der Abweichungen von der vorgesehenen Handlung des Behandlungspfades ein Prozess ständiger Verbesserung und Modifizierung sicher-

---

301 Vgl. Johnson, S. 30.
302 Vgl. Wense/Bischoff-Everding/Weismann, S. 234.
303 Vgl. Graff/Voelker/Gaedicke/Voelker, S. A-1531.
304 Vgl. Schenkel-Häger, S. 3.
305 Vgl. Rieben/Mildenberger/Conen, S. 721.
306 Vgl. Roeder/Hindle/Loskamp et al., S. 22.
307 Vgl. Rieben/Mildenberger/Conen, S. 721.
308 Vgl. Graff/Voelker/Gaedicke/Voelker, S. A-1531.
309 Vgl. Dykes, S. 34.

gestellt werden.[310] Andererseits werden die Abweichungen zwischen „Soll" und „Ist" in Bezug auf selbst definierte, multikriterielle Zielparameter analysiert, um den Behandlungspfad zielorientiert zu steuern und falls erforderlich Interventionsmaßnahmen einzuleiten.[311]

Eine rechtzeitige Wahrnehmung von Abweichungen soll den Erfolg sicherstellen und eine qualitativ hochwertige Versorgung realisieren.[312] Die Resultate der Behandlung sollen mit Hilfe von Dokumentation und Abweichungsanalysen der Pfade für die Patienten permanent optimiert werden.[313]

Die Analyse von Abweichungen des Behandlungsfalles vom vorgegebenen Pfad betrifft die Diskrepanzen zwischen geplanten und tatsächlich eingetretenen Ereignissen.[314] Abweichungen können dabei verschiedene Ursachen haben. Sie lassen sich nach patientenbedingten (keine Zusammenarbeit des Patienten mit Krankenhaus), mitarbeiterbedingten (Reaktionszeit eines Leistungserbringers) und systembedingten Abweichungen (Terminschwierigkeiten) kategorisieren.[315] Die Abweichungen und deren Ursache werden mit den eingeleiteten, erforderlichen Gegenmaßnahmen dokumentiert und ausgewertet. Die Analyse der Abweichungen liefert Informationen über Häufigkeit und Ursache von Pfadabweichungen der Behandlung und hilft beim Aufspüren von Lösungsmöglichkeiten zur Standardisierung. Auf diese Weise wird eine Überarbeitung nach jüngsten Erkenntnissen sichergestellt. Zudem bietet sich die Möglichkeit zur Analyse bestimmter Probleme.[316] Zur Analyse der Abweichungen selbstdefinierter Zielparameter müssen zunächst Zielparameter und qualitative Ergebnisse, die durch den Pfad erzielt werden sollen, festlegt werden.[317] Hierbei sind Ziele, die eine Versorgung der Patienten und die Effektivität der Behandlung verbessern, zu priorisieren, wobei auch wirtschaftliche Ziele zu berücksichtigen sind.[318] Im Rahmen dieser Analyse werden die im Plan angestrebten Ziele mit den tatsächlich realisierten Ergebnissen verglichen und bewertet. Die Ergebnisse der Analyse dienen der „kontinuierlichen Verbesserung des Prozesses und des Pfades."[319]

---

310 Vgl. Kitchiner, S. 58.
311 Vgl. Roeder/Hindle/Loskamp et al., S. 126.
312 Vgl. Dykes/Slye, S. 76.
313 Vgl. Johnson, S. 28 f.
314 Vgl. Dykes/Slye, S. 76 f.
315 Vgl. ebd., S. 78 f.
316 Vgl. Kitchiner, S. 53.
317 Vgl. Roeder/Hindle/Loskamp et al., S. 126.
318 Vgl. Kitchiner, S. 53.
319 Roeder/Hindle/Loskamp et al., S. 127.

3.5.1.3 Methodisches Vorgehen zur Implementierung der Behandlungspfade

In klinischen Behandlungspfaden werden alle notwendigen medizinischen, pflegerischen, administrativen, diagnostischen und therapeutischen Maßnahmen des Krankenhausaufenthaltes festgehalten. Die Behandlungspfade definieren folglich eine optimale Behandlung unter aktuellen wissenschaftlichen Erkenntnissen. Behandlungspfade stellen keine festen Strukturen dar, sondern unterliegen vielmehr einem permanenten Wandel,[320] initiiert durch wissenschaftlichen und technischen Fortschritt, sich verändernde Umweltbedingungen und Erfahrungen aus dem täglichen Umgang mit den Pfaden. Die Modifizierung von interdisziplinären Behandlungspfaden erfolgt nach einem Zyklus, der aus dem PDCA-Zyklus (Plan-Do-Check-Act) abgeleitet wurde (vgl. Abb. 19). Der erste Schritt zur Einführung von klinischen Behandlungspfaden ist die Grundsatzentscheidung der Krankenhausleitung zu deren Implementierung und die Bestimmung einer Patientengruppe. Initiiert durch den Entwicklungsauftrag formiert sich ein interdisziplinäres Team aller an der Behandlung beteiligen Gruppen. Nach Sichtung der Fachliteratur und der Patientenakten definiert das Team die Ziele und Ergebnisse der Behandlung und dokumentiert im nächsten Schritt die durchgeführten Tätigkeiten. Der Entwurf wird mit dem aktuellen Stand der Forschung und der üblichen Vorgehensweise verglichen und anschließend überarbeitet.[321] Gemeinsam mit den Behandlungspfaden werden ausgewählte Hilfsmittel eingeführt und in der Praxis erprobt, hierbei handelt es sich z. B. um Formulare, Qualitätskontrollen, Flussdiagramme, Co-Pathways (Parallelwege für Begleiterkrankungen und Komplikationen) etc.[322]

In der stets auf die Analyse folgende Anpassungsphase der Behandlungspfade werden neben den festgestellten Abweichungen oder Varianzen auch die veränderten Rahmenbedingungen der Krankenhausumwelt berücksichtigt.[323] Der modifizierte Pfad wird erneut im Krankenhaus eingeführt und in der Praxis erprobt. Um den Status der Aktualität erfüllen zu können, wird der Behandlungspfad nur für eine festgelegte Zeit in der Praxis verwendet – in Sinne eines Verfallsdatums – danach muss er überarbeitet werden.

---

320 Vgl. ebd., S. 126.
321 Vgl. Dykes, S. 35 ff.
322 Vgl. ebd., S. 47.
323 Vgl. Kitchiner, S. 52.

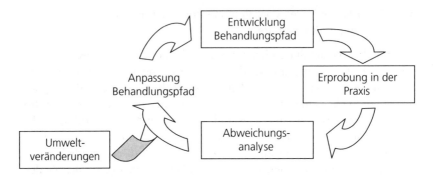

Abb. 19: Zyklus der Modifizierung und Verbesserung von Behandlungspfaden

3.5.2 Überlegungen zur Einführung der BSC im Krankenhausbereich

Die Rahmenbedingungen der Krankenhäuser unterliegen einem permanenten Wandel: steigender Wettbewerb, gesetzliche Neuregelungen und Entwicklungen der Informationstechnologie[324] begründenden zunehmenden Kostendruck.[325] Diese neuen Umstände erfordern ein ausgeprägtes Managementdenken im Krankenhaus.

3.5.2.1 Bedeutung der strategischen Positionierung im Krankenhaussektor

Wegen einer unelastischen Anpassung des Leistungsangebotes an Veränderungen der Nachfrage entsteht ein Wettbewerb um den stationären Patienten, weshalb eine strategische Ausrichtung und Positionierung für die Krankenhäuser wichtig ist.[326] Einer empirischen Studie im amerikanischen Gesundheitssystem zufolge besteht ein kausaler Zusammenhang zwischen der strategischen Ausrichtung und dem ökonomischen Erfolg, wobei in der Studie die Auswirkung der zwei Grundstrategien – Markt-/Kundenorientierung und Effizienz-/Kostenorientierung – in Abhängigkeit von den Umweltbedingungen auf den ökonomischen Erfolg des Krankenhauses

---

324 Vgl. Einwag/Häusler, S. 20.
325 Vgl. Conrad 2001a, S. 57.
326 Vgl. Conrad 2001b, S. 176.

analysiert wurden.[327] Dieser Zusammenhang verdeutlicht die Bedeutung einer strategischen Ausrichtung. Die BSC als innovatives Controllinginstrument, das kritische Erfolgsfaktoren zur Aufrechterhaltung und Schaffung von Erfolgspotenzialen multikriteriell berücksichtigt,[328] eignet sich für Krankenhäuser aktuell insbesondere zur strategischen Positionierung am Markt – denn es besteht die Befürchtung, dass derjenige der „die zentralen Handlungsfelder jetzt vernachlässigt, (...) eventuell später nicht mehr rechtzeitig reagieren [kann]."[329]

3.5.2.2 Mehrdimensionaler Kundenbegriff

Im Krankenhaus findet man ein ungewöhnliches und differenziertes Kundenverhältnis vor. Herkömmlich wählen Kunden das Produkt oder die Dienstleistung frei aus und bezahlen die erhaltene Leistung. Im Krankenhaus handelt es sich um eine Dienstleistung, bei deren Erbringung sich der Kunde miteinbringen muss. Diese Eigenschaften werden im Krankenhaussektor und anderen sozialen Organisationen von verschiedenen Personengruppen und Institutionen ausgeübt. Es handelt sich hierbei um einen mehrdimensionalen Kundenbegriff.

Aber wer ist nun der Kunde im Krankenhaus?
Die Patienten genießen keine Konsumentensouveränität,[330] d. h. andere Personen bestimmen die notwendigen Leistung mit. Primär ist sicherlich der Patient, an dem die Dienstleitung erbracht und an dessen Gesundheitszustandes eine Verbesserung herbeigeführt wird, ein Kunde des Krankenhauses. Andererseits hat die Krankenkasse als Kostenträger andere Interessen, die neben der medizinischen Versorgung ebenfalls von den Krankenhäusern erbracht werden müssen, z. B. die Dokumentation. Auch diejenigen Personen, die den Patienten lenken und die Wahl für ein Krankenhaus richtungsweisend beeinflussen, sollten als Kunden betrachtet werden. Hierzu zählen vorrangig die niedergelassenen Ärzte[331] aber auch Angehörige und Freunde. Innerhalb der Krankenhäuser kann der Kundenbegriff ebenfalls neu definiert werden. Andere Abteilungen oder Dienste können als „interne Kunden" betrachtet[332] werden, so dass eine Fachabteilung beispielsweise interner Kunde des Labors ist. Auch die Einweiser

---

327 Vgl. Vera/Warnebier, S. 138.
328 Vgl. Birkholz, S. 20.
329 Vgl. Hensen/Wollert/Bunzemeier et al., S. 381.
330 Vgl. Meyer, S. 45.
331 Vgl. Borges, S. 267 f.
332 Vgl. Einwag/Häusler, S. 21.

der Patienten – der niedergelassene Arzt oder der Krankenwagenfahrer – können als Kunden betrachtet werden, da sie die Entscheidung des Patienten für oder gegen ein bestimmtes Krankenhaus übernehmen. Dennoch sollte der Patient als selbstbestimmender Bedarfsträger, Kaufkraftträger und Bedarfsbestimmer der medizinischen Leistung[333] in den Mittelpunkt der Überlegungen der Kundenperspektive gestellt werden.

3.5.2.3 Anpassungsmöglichkeiten der BSC im Krankenhausbereich

Insbesondere für alle Non-Profit-Organisationen (NPO) – und damit auch für nicht-privatisierte Krankenhäuser – eignet sich das BSC-Konzept, da nicht allein finanzielle Ziele und Faktoren richtungsweisend für die Handlungen eines Unternehmens sind.[334] Für Non-Profit-Organisationen stellt sich bei der Umsetzung der BSC auf die unternehmens- und branchenspezifischen Gegebenheiten die Frage: Widersprechen sich der Non-Profit-Gedanke und das Vorhandensein einer Finanzperspektive?

„Ohne Berücksichtigung der finanziellen Seite eines Unternehmens, ohne langfristige Gewinne kann kein Unternehmen existieren."[335] Auch Non-Profit-Organisationen verfolgen im Tagesgeschäft finanzwirtschaftliche Ziele, wie die Realisierung der Kostendeckung oder leistungsgerechter Preise. Die finanzwirtschaftliche Perspektive ist auch für Krankenhäuser eine notwendig zu erfüllende Grundbedingung.[336] Selbst das Ziel der Überschusserwirtschaftung mit der Möglichkeit der Quersubventionierung ist für Krankenhäuser denkbar, daher sollte die finanzwirtschaftliche Perspektive in der BSC verbleiben.[337] Bereits bestehende Ansätze aus den USA und Kanada zur Implementierung der BSC in Krankenhäusern basieren auf den vier traditionellen Perspektiven der BSC nach KAPLAN/NORTON.[338] Andere Autoren, z. B. GREULICH/ONETTI/SCHADE/ZAUGG oder REISNER, halten dagegen eine Anpassung der Perspektiven für erforderlich, um die Bedeutung der finanzwirtschaftlichen Perspektive zu mindern.[339] Die Vorschläge, in welcher Form dies geschehen soll, sind jedoch heterogen: Sozialperspektive als Leitperspektive,[340] differenzierte Kunden-

---

333 Vgl. Buchhester, S. 18.
334 Vgl. Greulich, S. 2.
335 Friedag, S. 292.
336 Vgl. Lange/Lampe, S. 101.
337 Vgl. Einwag/Häusler, S. 21.
338 Vgl. Reisner, S. 130.
339 Vgl. Greulich/Onetti/Schade/Zaugg, S. 65.
340 Vgl. ebd., S. 67 ff.

perspektive,[341] Versorgungsauftrag als Perspektive[342] u. v. m. Einhergehend mit der Auswahl der Perspektiven kann der Ablauf der Zielermittlung diskutiert werden. Es lassen sich zwei Verfahren zur Ermittlung von strategieorientierten Zielen (vgl. Abb. 20) unterscheiden.

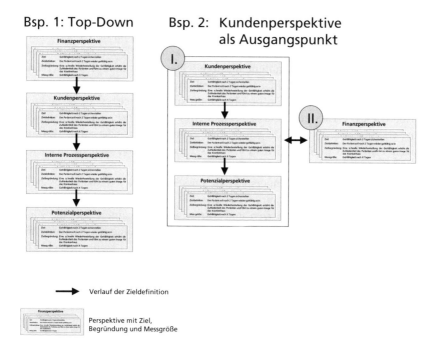

Bsp. 1: Top-Down

Bsp. 2: Kundenperspektive als Ausgangspunkt

Verlauf der Zieldefinition

Perspektive mit Ziel, Begründung und Messgröße

Abb. 20: Mögliche Verfahren zur Integration der Finanzperspektive in den Prozess der Zielfindung

1. Das Top-Down-Verfahren in Anlehnung an traditionelles Vorgehen bei der Entwicklung einer BSC (vgl. hierzu Bsp. 1, Abb. 20) und
2. der Ausgangspunkt ist nicht wie im traditionellen Vorgehen die Finanzperspektive, sondern eine andere Perspektive, beispielsweise die Kundenperspektive. Anschließend werden die Ziele für die interne Prozessbzw. die Potenzialperspektive abgeleitet. Ob diese Ziele den zur Verfügung stehenden finanziellen Rahmen einhalten, muss in einem weiteren Schritt überprüft werden (vgl. hierzu Bsp. 2, Abb. 20).

---

341 Vgl. Einwag/Häusler, S. 21 und Greulich/Onetti/Schade/Zaugg, S. 68.
342 Vgl. Reisner, S. 130 f.

Auch wenn die finanzwirtschaftlichen Ziele nicht die Leitziele des Krankenhauses darstellen – im Krankenhaus sind Gewinnerzielungsabsichten mit dem Status der Gemeinnützigkeit nicht vereinbar – bestimmen sie dennoch den Rahmen des unternehmerischen Handelns. Selbst Krankenhäuser können nicht in allen Unternehmensbereichen defizitär wirtschaften, da sonst das Überleben der Organisation ernsthaft gefährdet ist, was nicht im Sinne der Organisationsbeteiligten (Träger, Mitarbeiter) sein dürfte. Das Beispiel 2, in dem eine andere Perspektive die Leitfunktion übernimmt, bietet den Projektteilnehmern ein hohes Maß an kreativer Freiheit, wie die Zielfindung für eine Behandlung idealtypisch erfolgen kann. Ein anschließender Vergleich mit den finanzwirtschaftlichen Rahmenbedingungen muss jedoch zwingend erfolgen, um eine langfristige Existenz sichern zu können. Dieses Verfahren umfasst mindestens einen Arbeitsschritt mehr, da die erstrebenswerten Leistungen (Schritt I) auf ein finanzierbares Maß reduziert werden müssen (Schritt II). Das Ergebnis nach beiden Beispielen sollte identisch sein.

Hinsichtlich der Kundenperspektive müssen sich die Krankenhäuser im Rahmen des Entwicklungsprozesses der BSC mit ihren vielfältigen Kundengruppen auseinander setzen und „strategisch relevante Ziele alle Zielgruppen betreffend„[343] formulieren sowie die Zuordnung der Zieldeterminanten zu den entsprechenden Kunden verdeutlichen.[344] Unter Berücksichtigung der besonderen Umstände im Krankenhaus kann evtl. die Kundenperspektive sogar in verschiedene Subperspektiven für die unterschiedlichen Kunden unterteilt werden.[345]

3.5.3 Konzentration der Krankenhäuser auf Kernkompetenzen

Eine Kernkompetenz ist ein auf Ressourcen oder Fähigkeiten beruhendes, erfolgsrelevantes, spezifisches Wissenspotenzial einer Organisation, das der Unternehmung zu einem dauerhaften und schwer imitierbaren Wettbewerbsvorteil verhilft.[346] Das Leistungsspektrum eines Krankenhauses ist gegenüber Industrieunternehmen extrem groß. Innerhalb eines Jahres wer-

---

343 Stoll, S. 102.
344 Vgl. ebd., S. 102.
345 Vgl. Einwag/Häusler, S. 21.
346 Vgl. Staehle 1999, S. 898 f.

den in der Regel weit mehr als 100 unterschiedliche Behandlungen durchgeführt. Die Bestimmung derjenigen Behandlung, die einen Wettbewerbsvorteil begründet, gestaltet sich infolge dessen als schwierig. Die gesamten Behandlungsfälle müssen zunächst in homogene Patientengruppen zusammengefasst werden. Eine homogene Gruppe von Behandlungsfällen kann als bestimmte Anzahl von Patienten mit gleichen Diagnosen, Bedürfnissen oder Zuständen, deren Behandlungsablauf relativ ähnlich ist,[347] definiert werden (vgl. Abb. 21). Da Diagnosis Related Groups (DRG) keine pfadorientierte Größe sind,[348] stellen sie keine homogene Patientengruppe dar. Innerhalb einer DRG sind die unterschiedlichsten Behandlungen und Krankheitsverläufe zusammengefasst. Eine tiefere Analyse der Behandlungen hinsichtlich ICPM- bzw. OPS-Codierung (oder ähnlicher Codierverfahren) zur Ermittlung der Kernkompetenzen[349] ist notwendig. Durch solche Kernkompetenzen werden inhomogene DRG-Fallgruppen in homogene Fallspektren innerhalb einer DRG aufgespalten.[350]

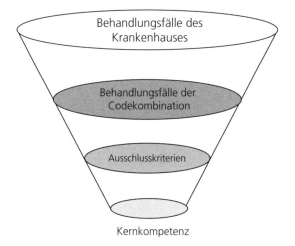

Abb. 21: Filter zur Bestimmung der Kernkompetenz

---

347 Definition erfolgt in Anlehnung an die Definition bei der Thematik der Behandlungspfade (vgl. hierzu Johnson, S. 30).
348 Vgl. Roeder/Hindle/Loskamp et al., S. 126.
349 Im Modul „klinisches Prozessmanagement" der APB Unternehmensberatung werden jedoch nur solche Kernkompetenzen analysiert, die einer DRG zugeordnet werden können.
350 Vgl. mit der Spaltung einer DRG-Fallgruppe in „klinischen Profile": Roeder/Bunzemeier/Loskamp et al., S. 292.

Die Auswahl der erfolgsrelevantesten Patientengruppe erfolgt unter Berücksichtigung der strategischen Bedeutung. Hier müssen die folgenden Kriterien berücksichtigt werden:

- *Fallschwere:* Die Behandlung wird in dem Analysekrankenhaus überdurchschnittlich oft durchgeführt und benötigt darum besonders viele Ressourcen.
- *Erlösschwere:* Die Behandlung wird sehr hoch vergütet oder aber erfordert einen hohen Ressourceneinsatz.
- *Strategische Ausrichtung:* Das Krankenhaus hat aus strategischen Gründen ein besonderes Interesse an der Durchführung der Behandlung.

Eine solche homogene Patientengruppe bildet die Grundlage der Kernkompetenz. Sowohl bei der Entwicklung von Behandlungspfaden als auch bei der Entwicklung von Controlling- oder DRG-Instrumentarien sollten sich die Krankenhäuser zunächst auf ihre Kernkompetenzen konzentrieren, da der damit verbundene Arbeitsaufwand nicht zu unterschätzen ist. Es wird außerdem ohnehin nicht möglich sein, die Vielzahl von Patientengruppen, die nur in sehr kleiner Fallzahl auftreten, niedrig vergütet werden und/oder strategisch nicht relevant sind, abzubilden oder zu managen.[351]

---

351 Vgl. Roeder/Hindle/Loskamp et al., S. 27.

4 Methodik zur Ermittlung der Prozessleistung

Das im Folgenden beschriebene Prozesskennzahlsystem besteht aus Kennzahlen der verschiedenen Kennzahlbereiche Kosten, Zeit und Qualität. Es führt diese in der Spitzenkennzahl der Prozessleistung zusammen. Der Einsatz des Systems wird anhand des Behandlungsprozesses einer klinischen Kernkompetenz[352] dargestellt. Die Entwicklung des Kennzahlsystems vollzieht sich nach der in Abbildung 22 dargestellten Systematik.

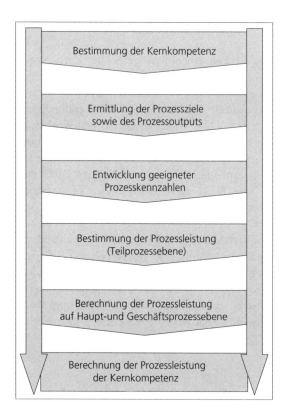

Abb. 22: Schritte zur Entwicklung eines Prozesskennzahlsystems

---

352 Vgl. Kapitel Kernkompetenz 3.5.3.

Zu Beginn wird eine medizinische Kernkompetenz als Untersuchungsobjekt bestimmt. Diese wird prozessbezogen untersucht, bevor zu jedem Teilprozess die eigentlichen Prozessziele sowie der Prozessoutput[353] in monetärer, zeitlicher und qualitativer Hinsicht ermittelt werden. Anschließend werden aus den vorliegenden Informationen Prozesskennzahlen entwickelt, die anhand verschiedener Rechenoperationen zur Prozessleistung verdichtet werden. Danach werden die Prozessleistungen aller Teilprozesse auf Haupt- und Geschäftsprozessebene ermittelt und abschließend zur Prozessleistung der Kernkompetenz zusammengefasst. Im Folgenden wird auf diese Systematik genauer eingegangen.

4.1 Bestimmung einer Kernkompetenz

Zur Bestimmung des Untersuchungsobjektes der Kernkompetenz wird eine entsprechende Analyse der Patientendaten durchgeführt. Eine Kernkompetenz bezeichnet eine homogene Patientengruppe mit derselben DRG-Einstufung, Diagnose- und Prozedurengruppe (Behandlungsgruppen).[354] Auf die Kernkompetenz als Untersuchungsgegenstand wird deshalb zurückgegriffen, weil die reine Orientierung an der DRG-Einstufung in vielen Fällen eine heterogene Grundgesamtheit an Behandlungsabläufen liefert, da verschiedenste therapeutische Verfahren in einer DRG zusammengefasst sind.[355] Würde eine DRG als Grundlage zur Kennzahlentwicklung verwendet, so wäre es unmöglich, einheitliche Kosten, Zeiten und Qualitäten zu definieren.

Zur Kernkompetenzanalyse werden alle im Krankenhaus behandelten Fälle hinsichtlich der Häufigkeit der erfolgten Fallgruppenzuweisung (DRG-Einstufung), ihrer Diagnosen (ICD-Kodierung) und durchgeführten Eingriffe (OPS-Kodierung) untersucht. Zur weiteren Eingrenzung können weitere Parameter eines Krankheitsfalles berücksichtigt werden. Dies können beispielsweise das Alter der Patienten oder aufgetretene Nebendiagnosen sein.

---

353 Vgl. Kapitel 3.3 Instrumente zur Ermittlung des Prozessoutputs.
354 Vgl. Kapitel 3.2.2 Prozessstruktur.
355 Vgl. Juhran/Roeder 2002, S. II.

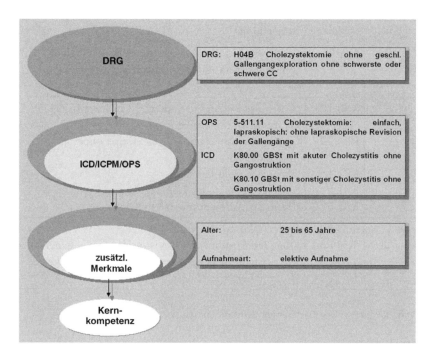

Abb. 23: Kernkompetenzbestimmung

Am Ende einer Kernkompetenzanalyse liegen homogene Gruppen aller Krankenhausfälle, geordnet nach ihrer Auftrittshäufigkeit, bezüglich der Kombination DRG-, ICD- und OPS-Kodierung zuzüglich evtl. anderer Merkmale, vor. Aus dieser tabellarischen Aufstellung können die im Krankenhaus am häufigsten behandelten Kernkompetenzen abgelesen werden. Im Folgenden ist beispielhaft die lapraskopische Cholezystektomie als klinische Kernkompetenz dargestellt. Unter einer Cholezystektomie wird die Entfernung der Gallenblase verstanden.[356] Lapraskopisch bezeichnet in diesem Zusammenhang die Methode der Entfernung. Im Rahmen einer lapraskopischen Cholezystektomie wird die Gallenblase mittel eines minimal-invasiven Eingriffs (kleine Wunde) durch die Bauchdecke entfernt. Die Kernkompetenz ergibt sich aus den in Tabelle 3 dargestellten Kriterien. Hieraus resultiert ein genau abgegrenztes Krankheitsbild sowie eine eindeutige dazu passende Behandlungsmethode.

---

356 Vgl. Häring, S. 71.

Code	Schlüssel	Bezeichnung
DRG[357]	H04B	Cholezystektomie ohne endoskopischen Gallen-wegseingriff mit äußerst schweren oder schweren CC
ICD[358]	K80.10	Gallenblasenstein mit sonstiger Cholezystitis ohne Gangobstruktionen
	K80.20	Gallenblasenstein ohne Cholezystitis ohne Gang-obstruktionen
	K81.1	Chronische Cholezystitis
	K81.8	Sonstige Formen der Cholezystitis
	K81.9	Cholezystitis, nicht näher bezeichnet
OPS[359]	5-511.1	Einfach, laparoskopisch
	5-511.11	Ohne laparoskopische Revision der Gallengänge
	5-511.12	Mit laparoskopischer Revision der Gallengänge
	5-511.1y	Nicht näher bezeichnet

Tab. 3: Kriterien zur Bestimmung der Kernkompetenz Cholezystektomie

4.2 Ermittlung der Prozessziele sowie des Prozessoutputs

Zur Entwicklung eines Prozesskennzahlsystems sind Informationen über die Ergebnisse und Leistungsfähigkeit der zu steuernden Prozesse von entscheidender Bedeutung.[360] Zu diesem Zweck wird das Prozessergebnis bzw. der Prozessoutput betrachtet, der nach erfolgreicher Prozessdurchführung vorliegen soll. Es stellt das Prozessziel dar. Die Ausprägungen des Prozessoutputs werden an den Outputschnittstellen der Prozesse hinsicht-

---

357 Vgl. Universität Münster: G-DRG 1.0 in: http://drg.uni-muenster.de/de/web-group/m.brdrg.php?version=GDRG10
358 Vgl. Universität Münster: ICD-10-SGB V Systematisches Verzeichnis Version 2.0 in: http://www.dimdi.de/de/klassi/diagnosen/icd10/htmlsgbv20/fr-icd.htm.
359 Vgl. Universität Münster: OPS-301-SGB V Systematisches Verzeichnis Version 2.1 in: http://www.dimdi.de/de/klassi/prozeduren/ops301/opshtml21/fr-ops.htm.
360 Vgl. Juhran/Roeder, S. III.

lich der verschiedenen Kennzahlbereiche erfasst.[361] Auf Grundlage des Outputziels werden Kennzahlen entwickelt.

Mittels des Instrumentes der Prozesskostenrechnung wird der Prozessoutput bezüglich Kosten und Zeiten erfasst. Nach der Durchführung einer Prozesskostenrechnung liegen den Prozessverantwortlichen Ist-Prozesszeiten sowie Ist-Prozesskosten vor. Auf deren Grundlage können realistische zeitliche sowie monetäre Prozessziele entwickelt werden. Diese werden wiederum zur Entwicklung entsprechender zeitlicher sowie monetärer Prozesskennzahlen verwendet. Die qualitativen Prozessziele werden im Rahmen einer Expertenbefragung ermittelt. Zu diesem Zweck werden Interviews mit den Prozessverantwortlichen durchgeführt. Zur Bestimmung qualitativer Prozesskennzahlen ist die Erfassung des erwünschten Prozessergebnisses notwendig. Dies stellt das Objekt dar, welches nach Beendigung des Prozesses vorliegen muss. Das Prozessergebnis kann in unterschiedlichen Ausprägungen bzw. Formen vorliegen.

EDV- Service Leistungen	Informationen
• Chipkarten in den PC eingelesen • Erstellung Etiketten für diverse Mappen	• OP-Plan • Terminplanung Therapie
Produkte	**Ausgefüllte Dokumente**
• Medikamente • Salben • Röntgenbilder	• Wahlleistungsvereinbarung • Laboranordnungen • Röntgenanforderungsscheine
Interne Dienstleistungen	**Änderung Patientenzustand**
• Transport • Fort- und Weiterbildungsprogramm • Ver- und Entsorgung	• Körperpflege/Rasur • Ernährung • Gehfähigkeit herstellen • Operation durchführen

Abb. 24: Ausprägungen des qualitativen Prozessergebnisses

Die Abbildung 24 gibt die unterschiedlichen Formen des qualitativen Prozessoutputs im klinischen Bereich wieder.

---

361 Vgl. Kapitel 3.2.1 Prozesse und Prozesskennzahlen.

4.3   Entwicklung geeigneter Prozesskennzahlen

Die Bestimmung geeigneter Prozesskennzahlen erfolgt auf der Grundlage monetärer, zeitlicher und qualitativer Prozessziele. Die folgende Abbildung verdeutlicht den Weg von der Ermittlung der Prozessziele der verschiedenen Kennzahlbereiche über die Generierung der Kennzahlen bis zur Zusammenfassung im Kennzahlenpool. Dieser stellt die Auswahlgrundlage geeigneter Prozesskennzahlen dar und bildet somit die Basis zur Ermittlung der Prozessleistung.

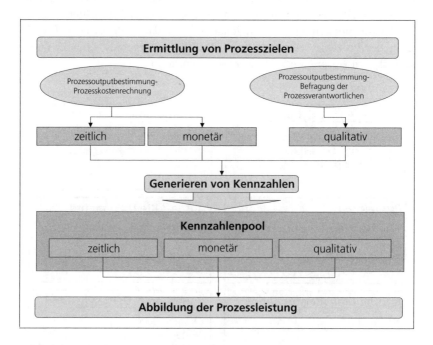

Abb. 25: Entwicklung des Kennzahlenpools

Eine Grundvoraussetzung zur Entwicklung einer Kennzahl ist ihre metrische Messbarkeit.[362] Diese muss, falls sie nicht bereits von Beginn an als eine Eigenschaft des entsprechenden Prozessziel vorhanden ist, hergestellt werden. In den Bereichen der Prozesskosten und Prozesszeiten stellt dies kein Problem dar, da monetäre sowie zeitliche Prozessziele in der Regel

---

362 Vgl. Kapitel 3.1 Kennzahlen – begriffliche Einführung.

metrisch messbar vorliegen. Somit besitzen auch die hieraus generierten Prozesskennzahlen diese Eigenschaft. Falls noch keine Prozesszeiten und -kosten vorliegen, werden diese für jeden Teilprozess nach der dargestellten Prozesskostenrechnungssystematik ermittelt.[363]

Der qualitative Prozessoutput kann sowohl nominal, ordinal als auch metrisch skaliert vorliegen. Sollte keine metrische Messbarkeit bestehen, so sollte diese während der Prozesskennzahlgenerierung hergestellt werden. Das bedeutet, dass eine Prozesskennzahl (absolute oder Verhältniszahl) gefunden werden muss, die den qualitativen Zielerreichungsgrad des Prozesses wiederspiegelt sowie gleichzeitig metrische Messbarkeit aufweist. Wenn z. B. der qualitative Prozessoutput des Aufnahmeprozesses vier korrekt ausgefüllte Dokumente darstellt, so fehlt in diesem Fall die metrische Messbarkeit, da diese nur als richtig oder falsch bzw. gar nicht ausgefüllt vorliegen können. Eine Möglichkeit metrische Messbarkeit zu erreichen, kann bspw. die Verwendung der prozentualen Fehlerquote (fehlerhaft ausgefüllte oder fehlende Dokumente) darstellen.

4.3.1 Der Kennzahlenpool

Wenn für jeden Prozess der untersuchten Kernkompetenz Prozesskennzahlen vorliegen, so werden diese im Kennzahlenpool zusammengefasst. Dieser enthält alle generierten Kennzahlen. Da er zu Beginn nur auf Basis einer oder bzw. weniger Kernkompetenzen ermittelt wurde, kann er bei weitem nicht alle klinischen Prozesskennzahlen enthalten. Daher sollte er flexibel gestaltet werden, so dass er bei der Entdeckung weiterer Prozesskennzahlen problemlos durch diese ergänzt werden kann.

Der Kennzahlenpool soll die Möglichkeit bieten, alle in der Vergangenheit ermittelten Prozesskennzahlen mit ihren zugehörigen Teilprozessen zu archivieren und diese in übersichtlicher Form darzustellen. Er soll als Unterstützungsinstrument während der Kennzahlgenerierung dienen. Er bietet die Möglichkeit zur Anpassung bereits bestehender Prozesskennzahlen auf neue Prozesse. Da viele Prozesse der Cholezystektomie mit Prozessen anderer Kernkompetenzen übereinstimmen, z. B. Ernährung des Patienten, Röntgen Thorax o. ä., lassen sich bereits im Kennzahlenpool enthaltene Kennzahlen auf Prozesse anderer Kernkompetenzen übertragen. Außerdem dient der Kennzahlenpool zur Unterstützung während der Generierung

---

363 Vgl. Kapitel 3.3.1 Monetärer und zeitlicher Prozessoutput.

neuer Prozesskennzahlen. Er bietet Anregungen bezüglich Kombinations-
möglichkeiten des Prozessoutputs zur Messung anderer als der untersuchten Prozessziele, bspw. die Kombination der Personalkosten eines Prozesses mit den Gesamtkosten eines Prozesses zur Messung des Personalkoste-
nanteils eines Prozesses.

4.3.1.1 Monetäre sowie zeitliche Aspekte des Kennzahlenpools

Als ordnendes Element zur Darstellung monetärer und zeitlicher Kennzahlen kann der Aussagegehalt der entsprechenden Kennzahlen verwendet
werden. Daher wurden im Folgenden die Kennzahlen gemäß der Gliederung durch KÜPPER kategorisiert.[364] Ergebnis sind der im Folgenden dargestellte Kosten- sowie Zeitkennzahlenpool.

Kostenkennzahlenpool

Der Kostenkennzahlenpool ist unterteilt in absolute, Gliederungs-, Bezie-
hung- und Indexkennzahlen. Unterhalb dieser Oberpunkte sind die verschiedenen Kennzahlen dargestellt. Im Folgenden sind nur die jeweiligen
Oberpunkte der Kennzahlen aufgeführt. Eine weiterführende Erläuterung
des Kostenkennzahlenpools ist im Anhang enthalten.[365]

Absolute Kostenkennzahlen
- Kosten der verschiedenen Ressourcen pro Kostenstelle des Teilprozesses
- Prozesskostensätze der Dienstarten
- Prozesskosten der Teilprozesse gegliedert nach Ressourcen
- Gesamtkosten des Teilprozesses
- Gesamtkosten der Kostenstelle des Teilprozesses
- Personalkosten des Teilprozesses
- Materialkosten des Teilprozesses

Kosten-Gliederungskennzahlen
- Anteil Ressourcenkosten des Teilprozesses an den Gesamtprozesskosten
- Personalkostenanteil des Teilprozesses
- Materialkostenanteil des Teilprozesses
- Personal-/Materialkostenverhältnis
- Verhältnis Kosten ärztlicher Dienst/Kosten Pflegedienst

---

364 Vgl. Kapitel 3.1.2 Differenzierung von Kennzahlen und Kennzahlsystemen.
365 Vgl. Anhang: Kennzahlenpool.

Kosten-Beziehungskennzahlen
- Anteil Ressourcenkosten des Teilprozesses an den Gesamtprozesskosten der Kostenstelle
- Kostenstellenanteil des Teilprozesses

Kosten-Indexkennzahlen
- Kostenindex der absoluten Kosten der Ressourcen pro Kostenstelle
- Prozesskostensatzindex der Teilprozesse
- Gesamtkostenindex des Teilprozesses
- Gesamtkostenindex der Kostenstelle
- Personalkostenindex des Teilprozesses
- Materialkostenindex des Teilprozesses

Zeitkennzahlen
Der Zeitkennzahlenpool ist unterteilt in absolute, Gliederungs- und Index-kennzahlen. Gleich der Erläuterung des Kostenkennzahlenpools befindet sich auch zur Erläuterung des Zeitkennzahlenpools eine nähere Beschreibung im Anhang.

Absolute Zeitkennzahlen
- Prozesszeiten der Teilprozesse
- Gesamtzeit des Teilprozesses
- Wartezeiten des Teilprozesses
- Rüstzeit der Teilprozesse
- Transportzeit der Teilprozesse
- Schnitt-Naht-Zeit
- Anästhesiologiezeit
- Liegezeiten

Zeit-Gliederungskennzahlen
- Zeitanteil der Dienstart an der Gesamtzeit des Teilprozesses
- Verhältnis Zeit ärztlicher Dienst/Zeit Pflegedienst

Zeit-Indexkennzahlen
- Prozesszeitindex der Teilprozesse
- Gesamtzeitindex des Teilprozesses

4.3.1.2 Qualitativer Aspekt des Kennzahlenpools

Wenn die qualitativen Prozessziele erfasst werden, liegen entsprechende Größen zur Generierung der qualitativen Prozesskennzahlen vor. Beispielhaft sind in Tabelle 4 qualitative Prozessziele der OP-Prozesse abgebildet.

TPBez.	Erläuterungen zum Teilprozess	qualitativer Prozessoutput	Kennzahlen	
Vorbereitung der OP	Alle Tätigkeiten im Zusammenhang mit der Vorbereitung auf eine OP (Raum, Instrumente, Patient)	• vollständige und schnelle Zusammenstellung der benötigten Materialien und Instrumente • bestmögliche Versorgung des Patienten • sichere Lage des Patienten • Übernahme aller ATL (Aktivitäten des täglichen Lebens) für den Patienten • OP-Tisch entsprechen		
Durchführung der OP		• sachgerechtes Instrumentieren • sich der Abläufe bewusst sein (Instrumentierender ist ein Schritt vor Operateur, Springer einen Schritt vor Instrumentierendem) • korrekte Zählkontrolle • korrekte Eingabe der Zeiten und Operateure etc. ins KIS		
Nachsorge der OP	Alle Tätigkeiten im Zusammenhang mit der Nachbereitung einer OP (Raum, Instrumente, Patient)	• abschl. Durchführung der Zählkontrolle • hygienische Voraufbereitung der Instrumente • Erfassung der Verbrauchsmaterialien und Zeiten • korrekte Entlagerung des Patienten (Lagerungsschäden überprüfen und dokumentieren) • Instrumentenaufbereitung		

Tab. 4: Qualitative Prozessziele

Meist ist es nicht möglich alle qualitativen Prozessergebnisse eindeutig und korrekt zu messen. Daher müssen teilweise Indikatoren entwickelt werden, die zur Outputmessung herangezogen werden können. Als Beispiel dient der Teilprozess „Wochenendvisite" des ärztlichen Dienstes. Ein qualitativer Prozessoutput stellt hier z. B. die korrekte und vollständige Erfassung des Gesundheitszustandes des Patienten dar. Diese entzieht sich jedoch einer eindeutigen und korrekten Messung. Zur Messung dieses Prozessziels kann jedoch der Indikator „Anteil dokumentierter Wochenendvisiten mit zugehörigeren Untersuchungsbefunden" ausgewählt werden. Anhand dieser Kennzahl wird von der Korrektheit der Prozessqualität (korrekte Durchführung der Wochenendvisite gemessen an deren korrekter Dokumentation) auf die Korrektheit der Ergebnisqualität (korrekte und vollständige Erfassung des Gesundheitszustandes des Patienten) geschlossen. Aus Gründen der Übersichtlichkeit ist der vollständige Qualitätskennzahlenpool im Anhang abgebildet.[366] Die folgende Tabelle bildet beispielhaft qualitative Kennzahlen der OP-Prozesse und der OP-Pflege ab.

Prozessverantwortlicher: OP-Pflege

Teil-prozess	Kennzahlen		
Vorbereitung der OP	Anteil der OPs die sich aufgrund verzögerter OP-Vorbereitung verschieben	Anteil der Patienten mit abgearbeiteter Checkliste (Basierend auf dem Pflegestandard)	Anteil der Patienten mit abgearbeiteter Checkliste (Basierend auf dem Pflegestandard)
Durchführung der OP	Anteil initial als falsch dokumentierter Zählkontrollen (erst falsch gezählt später korrigiert)	Anteil der falsch eingegebenen Operateure	Anteil der OPs die nicht von einer ausgebildeten Fachkraft assistiert werden.
Nachsorge der OP	Anteil der nicht korrekt aufbereiteten Siebe	Anteil der Patienten mit Lagerungsschäden	

Tab. 5: Qualitative Prozesskennzahlen der Teilprozesse der OP-Pflege

---

366 Vgl. Anhang: Kennzahlenpool.

4.3.2   Auswahl erfolgskritischer Prozesse

Die Funktion von Prozesskennzahlen ist die Steuerung von Prozessen. Diese geht immer mit dem Verbrauch an betrieblichen Ressourcen einher. Es entsteht bspw. ein Arbeitszeitverbrauch der Mitarbeiter, die mit der Steuerung beauftragt sind, sowie der Vorgesetzten, die dies zu überwachen haben. Da nicht alle Prozesse Kosten, Zeit und Qualität der Kernkompetenz so beeinflussen, dass sich der Ressourcenverbrauch rechtfertigt, der durch die Prozesssteuerung entsteht, sollten aus Gründen der Wirtschaftlichkeit nicht alle Prozesse einer Kernkompetenz gesteuert und überwacht werden. Es ist vielmehr ratsam, die zu steuernden Prozesse auf wenige erfolgskritische Prozesse zu beschränken. Unter erfolgskritischen Prozessen werden die Prozesse verstanden, die maßgeblich den Erfolg der Kernkompetenz bezogen auf übergeordnete strategische Ziele beeinflussen. Wenn bspw. das übergeordnete strategische Ziel einer Kernkompetenz die Optimierung des Deckungsbeitrages darstellt, sind erfolgskritische Prozesse solche, die ein entsprechendes Kostensenkungspotential in sich bergen.

Die Auswahl erfolgskritischer Prozesse kann anhand eines problemorientierten und anhand eines abweichungsorientierten Ansatzes erfolgen. Im Rahmen des problemorientierten Ansatzes ist das Vorhandensein von Prozessproblemen in der Kernkompetenz sowie die Erkenntnis darüber von entscheidender Bedeutung. Die erkannten Probleme weisen in diesem Fall auf einen Steuerungsbedarf hin. So sollte bspw. steuernd eingegriffen werden, wenn erkannt wird, dass die Aufnahmen der Röntgenabteilung ständig unscharf sind. Im Rahmen des abweichungsorientierter Ansatzes weist die Nichterfüllung einer Outputnorm auf den Bedarf der Prozesssteuerung hin.[367] Wenn z. B. die festgestellten Kosten einer Operation über den definierten Soll-Kosten oder den Kosten des Branchendurchschnitts liegen, so stellt dies ein Zeichen dafür dar, den Prozess der Operation steuernd zu überwachen.

---

367 Vgl. Greiling/Hofstetter, S. 57

4.4 Systematik zur Bestimmung der Prozessleistung

Da die benötigten Prozesskennzahlen aus verschiedenen Bereichen hergeleitet werden, sie jedoch zur übersichtlichen und einfachen Steuerung in einer Spitzenkennzahl verdichtet werden sollen, ist es notwendig ein geeignetes Kennzahlsystem zu entwickeln. Als Maß für die Güte eines Prozesses wird in der vorliegenden Arbeit die Prozessleistung verwendet. Diese ergibt sich aus der Qualität, der Zeitinanspruchnahme und den Kosten eines Prozesses. Die Prozessleistung kann für jede Prozessebene (Teil- Haupt und Geschäftsprozessebne) durch rechnerische Verdichtung ermittelt werden und ermöglicht somit eine übersichtliche Kennzahldarstellung und Prozesssteuerung. Die Berechnung der Prozessleistung läuft grundsätzlich nach der in der nachfolgenden Grafik beschriebenen Systematik ab.

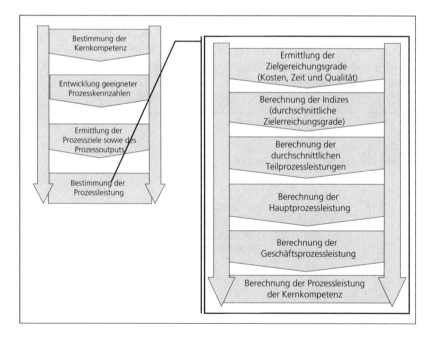

Abb. 26: Vorgehen zu Ermittlung der Prozessleistung

Nach Entwicklung der Prozesskennzahlen sowie der Bestimmung geeigneter Sollwerte wird der Zielerreichungsgrad ermittelt. Dies geschieht durch die Gegenüberstellung der Ist- und Sollwerte. Hierdurch wird die absolute

Abweichung beider Werte bestimmt, die anschließend zur Berechnung des prozentualen Zielerreichungsgrades verwendet wird. Vgl. dazu die zwei in Abbildung 27 dargestellten Formeln.

$$\left(1 - \frac{(\text{Soll} - \text{Ist})}{\text{Soll}}\right) \text{x} 100 \tag{1}$$

$$\left(1 + \frac{(\text{Soll} - \text{Ist})}{\text{Soll}}\right) \text{x} 100 \tag{2}$$

Abb. 27: Formeln zur Berechnung des Zielerreichungsgrades

Welche der beiden Formeln verwendet wird, hängt von der Ausprägung des Ist-Wertes ab. Wenn der Ist-Wert einen niedrigeren Wert als der Soll-Wert aufweisen soll, so ist die zweite Formel zu verwenden. Umgekehrt, wenn der Ist-Wert größer als der Soll-Wert zu sein hat, findet die erste Formel Verwendung. Das Resultat beider Formeln kann dreierlei Ausprägungen aufweisen. Es kann als Über- oder Unterdeckung vorliegen sowie genau den Soll-Wert darstellen. Dies ist beispielhaft in der Abbildung 28 anhand einer Unterdeckung dargestellt.

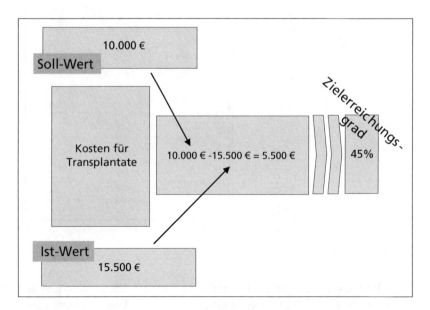

Abb. 28: Berechnung des Zielerreichungsgrades

Prozesskennzahlen sollten so definiert werden, dass ihr Soll-Wert nicht Null beträgt. Dies führt zu Berechnungsschwierigkeiten, da in diesem Fall für die genannten Formeln eine Division durch die Zahl Null stattfindet. Meist existiert nicht nur eine, sondern mehrere Prozesskennzahl pro Kennzahlbereich. Hier ermöglicht der prozentuale Zielerreichungsgrad die Verdichtung der in ihren Maßeinheiten z.T. unterschiedlichen Prozesskennzahlen zu einer übergeordneten Indexkennzahl. Das Beispiel in Abbildung 29 soll dies verdeutlichen.

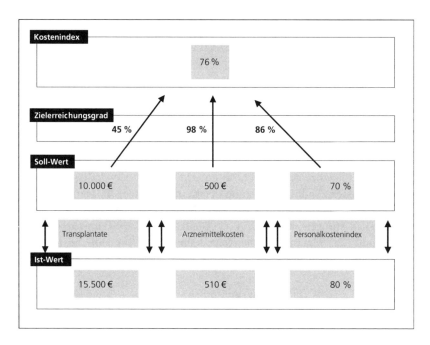

Abb. 29: Berechnung des Kostenindex

Zur Berechnung der Indizes werden die Zielerreichungsgrade der verschiedenen Prozesskennzahlen summiert und durch deren Anzahl geteilt. Durch diese Rechenoperation lässt sich der durchschnittliche Zielerreichungsgrad gemessen an den vorher definierten Zielwerten eines Prozesses bestimmen. Dieser liegt in den Ausprägungen des Kosten-, Zeit- und Qualitätsindex vor. Zur Bestimmung der Prozessleistung, ergebend aus den verschiedenen Indexkennzahlen der Kennzahlbereiche, ist eine ähnliche Rechenoperation notwendig. Diese ist in Abbildung 30 dargestellt.

95

$$\frac{\text{Kostenindex} + \text{Zeitindex} + \text{Qualitätsindex (in \%)}}{3} = \text{Prozessleistung}$$

Abb. 30: Berechnung der Prozessleistung

Durch die Verdichtung der verschiedenen Indexkennzahlen zur Prozessleistung wird die Gesamtleistungsfähigkeit eines Prozesses dargestellt. Am Grad der Prozessleistung ist zu erkennen, in welchem Maße ein Prozess seine vorher definierten Ziele erreicht hat.

Falls aufgrund krankenhausspezifischer Gegebenheiten einer bestimmten Kennzahl bzw. einem Kennzahlbereich eine höhere Gewichtung beigemessen wird, so kann dies mittels Gewichtungen im Prozesskennzahlsystem berücksichtigt werden. Werden bspw. die qualitativen Ziele einer Kernkompetenz aufgrund der Krankenhausstrategie wichtiger als Kosten und Zeitaspekte eingestuft, so kann dies z.B. anhand einer höheren Gewichtung des Qualitätsindexes während der Berechnung der Prozessleistung ausgedrückt werden.

Im Rahmen des zuvor beschriebenen Prozesskennzahlsystems besteht die Möglichkeit, die Prozessleistung jedes einzelnen Teilprozesses darzustellen und die einzelnen Ergebnisse auf Haupt- und Geschäftsprozessebene sowie später zur Prozessleistung der Kernkompetenz zu verdichten. Innerhalb dieses Verfahrens ergeben sich die Haupt-, Geschäfts- und Kernkompetenzleistungen aus den Prozessleistungen der Teilprozesse. Zur Berechnung der Hauptprozessleistung kann in diesem Fall die folgende Formel verwendet werden.

$$\frac{\sum \text{TP-Leistungen (in \%)}}{\text{Anzahl TP-Leistungen}} = \text{HP-Leistung}$$

Abb. 31: Berechnung der Hauptprozessleistung

Die Geschäftsprozessleistung als auch die Prozessleistung der Kernkompetenz werden innerhalb dieser Auswertungsmöglichkeit anhand einer ähnlichen Formel berechnet. Die Vorgehensweise dieses Verfahrens ist mit einem immensen Arbeitsaufwand verbunden. Eine weitere Möglichkeit zur Ermittlung der Prozessleistungen übergeordneter Ebenen (Haupt-, Geschäfts- und Kernkompetenzebene) besteht in der Definition eigens für diese Ebenen zu ermittelnder Kennzahlen. Diese sind unabhängig von den Prozessleistungen der ihnen untergeordneten Prozessebenen. Die Definition dieser Kennzahlen setzt voraus, dass entsprechende Prozessziele auf diesen Prozessebenen existieren, zu deren Messung Kennzahlen generiert werden können. Innerhalb dieses Konzeptes wird auf die Aggregation der Prozessleistungen von unteren auf übergeordnete Ebenen verzichtet. Jede Ebene wird für sich betrachtet und analysiert. Dieses Verfahren bietet sich an, wenn bspw. nicht alle Teilprozesse eines Hauptprozesses gesteuert werden, der Hauptprozess jedoch eine Steuerung erfahren soll. Während der Anwendung dieser Auswertungsalternative werden Haupt- und Geschäftsprozesses zur Berechnung ihrer Prozessleistungen wie Teilprozesse behandelt. Ihre Prozessleistung wird anhand der in Abb. 28 und Abb. 29 dargestellten Formeln und Systematik berechnet. Dieses Verfahren ist weniger aufwändig und ressourcenverbrauchsintensiv. Es besteht auch die Möglichkeit, beide Verfahren miteinander zu kombinieren, so dass sowohl eine Verdichtung der unteren auf übergeordnete Ebenen erfolgen kann und gleichzeitig eigene Prozesskennzahlen für Haupt- und Geschäftsprozessebene definiert werden können. Beispielhaft ist im Folgenden die Verdichtung der Bereichsindizes des Geschäftsprozesses „OP" zur Prozessleistung dargestellt.

Hauptprozess	Teilprozess	Prozessverantwortlicher	Qualitätsindex	Zeitindex	Kostenindex	Prozessleistung Teilprozess	Qualitätsindex HP	Zeitindex HP	Kostenindex HP	Prozessleistung HP	Qualitätsindex GP	Zeitindex GP	Kostenindex GP	Prozessleistung GP
OP-Vorbereitung	OP-Gespräch	Chirurg	92,05 %	100,00 %	118,05 %	103,37 %	91,25 %	78,54 %	77,52 %	82,44 %	86,10 %	88,75 %	85,09 %	86,65 %
OP-Vorbereitung	Vorbereitung der OP	Chirurg	99,90 %	50,00 %	77,33 %	75,74 %								
OP-Vorbereitung	Anästhesievorbereitung	Anästhesiepflege	87,50 %	75,00 %	65,75 %	76,08 %								
OP-Vorbereitung	Vorbereitung der OP	Pflegedienst der Chirurgie	99,00 %	50,00 %	8,67 %	52,56 %								
OP-Vorbereitung	Patiententransport OP	Pflegedienst der Chirurgie	83,33 %	83,33 %	66,10 %	77,59 %								
OP-Vorbereitung	Vorbereitung der OP	OP-Pflege	65,00 %	70,00 %	76,54 %	70,51 %								
OP-Vorbereitung	Anästhesie-Gespräch	Anästhesist	105,25 %	100,00 %	103,86 %	103,04 %								
OP-Vorbereitung	Anästhesievorbereitung	Anästhesist	98,00 %	100,00 %	103,86 %	100,62 %								

Hauptprozess	Teilprozess	Prozessverantwortlicher	Qualitätsindex	Zeitindex	Kostenindex	Prozessleistung	Qualitätsindex HP	Zeitindex HP	Kostenindex HP	Prozessleistung HP
OP-Durchführung	Durchführen der OP	Chirurg	97,17 %	90,00 %	98,75 %	95,31 %	91,00 %	93,39 %	93,99 %	92,79 %
OP-Durchführung	Durchführung der OP	OP-Pflege	102,67 %	68,00 %	78,34 %	83,00 %				
OP-Durchführung	Anästhesiedurchführung	Anästhesist	85,67 %	107,78 %	88,02 %	93,82 %				
OP-Durchführung	Anästhesiedurchführung	Anästhesiepflege	78,50 %	107,78 %	110,85 %	99,04 %				

Hauptprozess	Teilprozess	Prozessverantwortlicher	Qualitätsindex	Zeitindex	Kostenindex	Prozessleistung	Qualitätsindex HP	Zeitindex HP	Kostenindex HP	Prozessleistung HP
OP-Nachsorge	Anästhesienachsorge	Anästhesiepflege	32,33 %	100,00 %	104,56 %	78,96 %	76,05 %	94,33 %	83,76 %	84,71 %
OP-Nachsorge	Post-OP-Visite	Chirurg	103,40 %	100,00 %	94,20 %	99,20 %				
OP-Nachsorge	Nachsorge der OP	Chirurg	60,00 %	130,00 %	131,28 %	107,09 %				
OP-Nachsorge	Nachsorge der OP	OP-Pflege	90,00 %	75,00 %	65,00 %	76,67 %				
OP-Nachsorge	Anästhesienachsorge	Anästhesist	94,50 %	66,67 %	23,75 %	61,64 %				

Tab. 6: Verdichtung der Indizes und Prozessleistung

4.5 Implementierung eines Kennzahlsystems zur Managementunterstützung

Ein Kennzahlsystem besitzt wie eingehend beschrieben eine deskriptive sowie eine normative Funktion.[368] Durch die Formulierung von Zielen im Rahmen des Kennzahlsystems, also die Ausübung der normativen Funktion, gewinnt das Kennzahlsystem einen koordinativen Aspekt hinzu.[369] Dieser kann gezielt managementunterstützend eingesetzt werden, was im Folgenden näher erläutert wird.

4.5.1 Koordinationsfunktion des Prozesskennzahlsystems

Koordination erfolgt durch die Vergabe von Unterzielen an dezentrale Einheiten, die auf das Gesamtziel der Unternehmung hin gerichtet sind.[370] Die Koordination über Ziele kann nach KÜPPER vertikal sowie horizontal erfolgen.[371] Vertikale Koordination beschreibt die Steuerung über verschiedene Hierarchieebenen einer Organisation hinweg zur Lenkung untergeordneter Einheiten.[372] Mit Hilfe der horizontalen Koordination sollen Unternehmensbereiche durch die Vorgabe von Bereichszielen gesteuert werden.[373] Das Prozesskennzahlsystem dient zur Planung, Steuerung und Kontrolle von Prozessen. Damit soll es nicht zuletzt die Abkehr von der funktionsorientierten hin zur prozessorientierten Organisation unterstützen.[374] Vor diesem Hintergrund rückt der Aspekt der horizontalen Koordination zur Steuerung verschiedener funktional gegliederter Unternehmensbereiche in den Hintergrund. Die vertikale Koordinationsfunktion des Prozesskennzahlsystems erfolgt häufig in Form von Zielvereinbarungen

---

368 Vgl. Gladen, S. 18 f.
369 Vgl. Küpper, S. 364.
370 Vgl. Horváth, S. 586.
371 Vgl. Küpper, S. 364.
372 Vgl. Horváth, S. 586.
373 Vgl. ebd., S. 586.
374 Vgl. Kapitel 2.5 Prozesskennzahlen – Instrument zur Steuerung klinischer Prozesse.

(Management by Objectives[375]).[376] Management by Objectives wird als Führung durch Zielvorgaben oder Zielvereinbarung bezeichnet.[377] Steuerungsorientierte Kennzahlen können allgemein zur Unterstützung dieses Führungsinstrumentes verwendet werden.[378] Im System des Management by Objektives soll ein Zielsystem entwickelt werden, das möglichst jeder Hierarchieebene operationale Ziele zuordnet, welche zur Planung und Kontrolle verwendet werden können.[379]

Im Rahmen des Prozesskennzahlsystems besteht die Möglichkeit, jedem Prozess eine Auswahl an verschiedenen Kennzahlen zu zuordnen. Diese können als Zielgrößen eines Management by Objectives eingesetzt werden und dienen in diesem Zusammenhang als Größen zur Zielvereinbarung zwischen Führungsebene und den jeweiligen Prozessverantwortlichen auf allen Hierarchieebenen. Neben der Definition von Kennzahlen ist die Kommunikation derselbigen eine weitere wichtige Komponente zur Arbeit mit Zielvereinbarungen.[380] Nach der Messung der Kennzahlausprägungen ist es von entscheidender Bedeutung, dass beide Parteien, die an der Zielvereinbarung beteiligt waren, über den Zielerreichungsgrad informiert werden. Der Führung wird dadurch eine effektive Kontrolle ermöglicht und dem Prozessverantwortlichen ein direktes Feedback zu seiner Arbeit gewährt.[381] Im Sinne der eigentlichen Prozesssteuerung nimmt die Information über den Zustand des Prozesses eine Vorrangstellung ein, da hierdurch die eigentliche Prozesssteuerung mit der Einleitung von Korrektur- und Verbesserungsmaßnahmen zielgerichtet initiiert wird.[382]

4.5.2 Kennzahlberichte – Lieferant wichtiger Informationen

Die systematische Erfassung von Informationen und die gezielte Aufbereitung dieser Kennzahlberichte ermöglichen ein faktenbasiertes, transparen-

---

375 Vgl. Odiorne.
376 Horváth, S. 586.
377 Vgl. Gladen, S. 22.
378 Vgl. ebd., S. 22.
379 Vgl. Küpper, S. 364.
380 Horváth, S. 587.
381 Vgl. Greiling 2003, S. 691.
382 Vgl. Schmelzer/Sesselmann, S. 213.

tes Handeln und dienen damit der Umsetzung einer effektiven Planung, Steuerung und Kontrolle.[383] Dies wiederum unterstützt die Ausgestaltung eines Management by Objektives. Zur Ermittlung entsprechender Informationen bezüglich untersuchter Prozesse wird das Prozesskennzahlsystem verwendet. Damit diese Informationen ihrer Unterstützungsfunktion gerecht werden können, müssen sie aktuell, umfassend und jederzeit verfügbar vorliegen.[384] Hieraus resultieren vier Informationsproblematiken, welche durch HORVÁTH wie folgt beschrieben werden.

- Das Mengenproblem betrifft den Umfang der erforderlichen Informationen bzw. in welcher Detaillierungstiefe diese vorliegen müssen.
- Das Zeitproblem ist abhängig von den Planungs- und Kontrollzyklen, in denen die erforderlichen Informationen zur Verfügung stehen müssen. Es betrifft die Aktualität der Informationen.
- Das Qualitätsproblem betrifft die Entscheidungsrelevanz der Informationen. Es befasst sich mit der Problematik, in welchem Maße Entscheidungen auf Grundlage der ermittelten Daten getroffen werden können.
- Das Kommunikationsproblem setzt sich mit der Kanalisation des Informationsflusses auseinander, da Informationen in der Regel nicht dort entstehen, wo sie benötigt werden.[385]

Zur Lösung dieser Problematiken kann ein Reporting- bzw. Berichtssystem eingesetzt werden. Es ist für die Übermittlung oder Weiterleitung der richtigen Informationen von den Stellen der Informationsentstehung zu den Stellen der Informationsverwendung verantwortlich.[386] Daher besteht seine Aufgabe nicht nur in der Weiterleitung, sondern auch in der Auswahl, Ordnung und Strukturierung entsprechender Informationen und somit in der Lösung des Kommunikations- sowie des Mengen-, Zeit- und Qualitätsproblems.[387] Ein wichtiges Instrument bezüglich der Informationsübermittlung entsprechender Prozessinformationen bilden Prozessberichte.[388] Ihre Aufgabe ist es, die richtigen Informationen zur Planung, Steuerung und Kontrolle den verantwortlichen Mitarbeitern zur Verfügung zu stellen.[389] Sie sollen das aktuelle Leistungsniveau eines Prozesses wiedergeben und anzeigen, wie sich die Prozessleistungsdaten entwickelt haben.[390]

---

383 Vgl. Kamiske 1997, S. 87.
384 Vgl. ebd., S. 87.
385 Vgl. Horváth, S. 352.
386 Vgl. Gladen, S. 205.
387 Vgl. ebd., S. 205.
388 Vgl. Schmelzer/Sesselmann, S. 149.
389 Vgl. ebd., S. 149.
390 Vgl. ebd., S. 210.

4.5.2.1 Berichtarten

Allgemein lassen sich drei Berichtsformen hinsichtlich ihrer Informationsverwendung im Planungs-, Steuerungs- und Kontrollprozess unterscheiden:

- Standardberichte
- Abweichungsberichte
- Bedarfsberichte[391]

Standardberichte werden in regelmäßigen Zeitabständen erstellt.[392] Sie dienen der Befriedigung eines in der Vergangenheit ermittelten Informationsbedarfs und enthalten festgelegte standardisierte Informationen.[393] Durch die Standardisierung und der Zugänglichkeit eines großen Empfängerkreises, besitzen sie eine hohe Wirtschaftlichkeit.[394] Nachteilig ist zu bewerten, dass sie spezielle und aktuelle Informationsbedürfnisse nur unzureichend befriedigen können.[395] Abweichungsberichte dienen ausschließlich der Kontrolle und der Auslösung von Steuerungsmaßnahmen.[396] Sie werden nur nach Eintritt bestimmter Ereignisse (z. B. Toleranzgrenzenüberschreitungen) und daher meist unregelmäßig erstellt.[397] Das Erscheinen von Bedarfsberichten hängt von den speziellen Informationsbedürfnissen der Empfänger ab.[398] Sie erscheinen nicht regelmäßig, sondern werden fallweise angefordert.[399] Daher ist ihre Erstellung meist sehr kostenintensiv.[400] Sie befriedigen jedoch gezielt ein bestimmtes Informationsbedürfnis.[401]

4.5.2.2 Anforderungen an Berichte und Berichtssysteme

Berichtssysteme werden in der betrieblichen Praxis als Organisationsstruktur unterschiedlichster Berichtsformen verwendet.[402] Sie sollten bestimmte Anforderungen erfüllen und bestimmte Gestaltungsmerkmale aufweisen.[403] Zur praktischen Ausgestaltung eines Berichtsystems werden durch MERTENS/GRIESE folgende Anforderungen formuliert:

---

391 Vgl. Horváth, S. 607.
392 Vgl. Küpper, S. 153.
393 Vgl. Gladen, S. 215.
394 Vgl. Küpper, S. 153.
395 Vgl. ebd., S. 153.
396 Vgl. Horváth, S. 608.
397 Vgl. Küpper, S. 154.
398 Vgl. Horváth, S. 608.
399 Vgl. Gladen, S. 215.
400 Vgl. Horváth, S. 608.
401 Vgl. ebd., S. 608.
402 Vgl. Gladen, S. 205.
403 Vgl. Küpper, S. 157 ff., vgl. auch Horváth, S. 613 ff., vgl. auch Gladen, S. 208 ff.

- Die Informationsmenge soll auf den Empfänger abgestimmt sein.
- Ein Berichtssystem soll einen formal einheitlichen Aufbau besitzen. Darunter ist insbesondere eine einheitliche Gestaltung des Berichtskopfes sowie die Einhaltung der gleichen Reihenfolge von Einzel- und Summeninformationen zu verstehen.
- Informationen sollen nicht isoliert dargestellt, sondern durch Vergleichsgrößen relativiert werden. Dies können neben absoluten Zahlen vielmehr auch Plan-, Vergangenheits-, Abweichungs-, Trend-, Prognose- und Vergleichsdaten sowie Kennzahlen sein. Sie können in absoluter, relativierter und kumulierter Form dargestellt werden.
- Überblicks- und Detailinformationen sind in der Darstellung deutlich voneinander zu trennen. Idealerweise sollten zuerst summarische Informationen, dann erst detaillierte Zusatzinformationen dargestellt werden.
- Außergewöhnliche Sachverhalte sollten in Berichten besonders hervorgehoben werden.
- Graphische Darstellungen übertreffen tabellarische Darstellungen an Aussagekraft. Ihre Verwendung ist daher der tabellarischen Form vorzuziehen.[404]

Abgesehen von dieser ausführlichen Formulierung von Berichtsystemkriterien wurden durch HORVÁTH drei Mindestkriterien formuliert, die ein Einzelbericht grundsätzlich erfüllen sollte:

- Er soll mindestens drei Zahlenkategorien Plan (Soll), Ist und Erwartung einander gegenüberstellen, damit entsprechende Soll-Ist-Vergleiche stattfinden können.
- Zahlen sollten immer kommentiert werden.
- Die Auswirkung von Soll-Abweichungen soll deutlich gemacht werden.[405]

Neben der Betrachtung allgemeiner Anforderungen an Berichte und Berichtssysteme durch HORVÁTH und MERTENS/GRIESE haben SCHMELZER/SESSELMANN spezielle Anforderungen an Prozessberichte formuliert. Danach sollen Prozessberichte

- die Leistungssituation des Prozesses umfassend aufzeigen,
- die Leistungsentwicklung darstellen,
- Abweichungen von Prozesszielen ausweisen,

---

404 Vgl. Mertens/Griese, S. 71 ff.
405 Vgl. Horváth, S. 613 f.

- die Messdaten aussagekräftig aufbereiten, so dass sie auch durch Nicht-Experten leicht verstanden werden können.[406]

4.5.3 Prozessberichte

Informationen müssen aktuell, sicher, umfassend und jederzeit verfügbar vorliegen. Um diesen Anforderungen gerecht zu werden, sollte im Unternehmen ein klar strukturiertes Informations- bzw. Berichtswesen existieren.[407] Diese Prämisse gilt auch zur Steuerung klinischer Leistungsprozesse.[408] Den Schwerpunkt der Informationsversorgung bildet der Prozessbericht. Er gibt das aktuelle Leistungsniveau eines Prozesses wieder und stellt dessen Entwicklung im zeitlichen Ablauf dar.[409]

4.5.3.1 Prozessberichtinhalte und Adressaten

Es muss sicher gestellt werden, dass die Entscheidungsträger aktuelle, planungskonforme Informationen erhalten, anhand derer sie eine Abweichung von Zielwerten erkennen und den Bedarf an Gegensteuerungsmaßnahmen ableiten können.[410] Mit Beschaffung, Analyse und Weiterleitung der Prozessinformationen sollte eine Stelle im Krankenhaus betraut sein. Dies kann der Krankenhauscontroller, ein Mitarbeiter des Qualitätsmanagements oder ein eigens zu diesem Zweck eingestellter Prozessmanager bzw. eine Stelle mit ähnlichen Inhalten sein.

Die Prozessberichte sollten mindestens Soll- sowie Ist-Werte enthalten. Aus dem Vergleich zwischen Soll- und Ist-Werten ist zu erkennen, ob die bisherigen Anstrengungen ausreichen, die Prozessziele zu erreichen, oder ob verstärkt Anstrengungen unternommen werden müssen, um den gewünschten Zustand zu erreichen.[411] Über die Ergebnisse der Datenanalyse sind die an der Leistungserstellung beteiligten Mitarbeiter sowie dessen Vorgesetzte zu informieren.[412] Das bedeutet, dass die entsprechenden Pro-

---

406 Vgl. Schmelzer/Sesselmann, S. 210.
407 Vgl. Kamiske, S. 87.
408 Vgl. Schmelzer/Sesselmann, S. 209.
409 Vgl. ebd., S. 209.
410 Vgl. Breilinger-O'Reilly/Krabbe, S. 93.
411 Vgl. Schmelzer/Sesselmann, S. 209.
412 Vgl. Dolch, S. 171.

zessverantwortlichen über den Leistungsstand ihrer zu verantwortenden Prozesse in Kenntnis zu setzen sind. Dies geschieht anhand entsprechender Prozessberichte. Die Aufbereitung der Prozessinformationen muss auf den entsprechenden Empfängerkreis abgestimmt sein.[413] Die folgende Grafik stellt die verschiedenen Prozessebnen mit der Zuordnung der Prozessverantwortlichen und die Informationsverdichtung zur hierarchischen Berichterstellung dar.

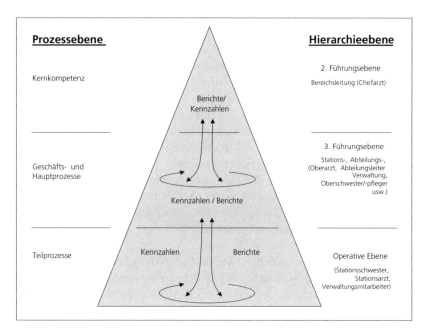

Abb. 32: Informationsverdichtung[414]

Die Inhalte des Berichtswesens ergeben sich aus dem Informationsbedarf der Berichtsempfänger und den Gegenständen der Analyse.[415] Den Mitgliedern des Krankenhausmanagements werden vielfach mehr Informationen zur Verfügung gestellt als sie in der dafür zur Verfügung stehenden Zeit aufnehmen können.[416] Wer eine Entscheidung vorzubereiten und/oder zu fällen hat, besitzt konkrete Vorstellungen darüber, welche Informatio-

---

413 Vgl. ebd., S. 171.
414 In Anlehnung an Dolch 1999, S. 171.
415 Vgl. Haubrock/Schär, S. 233.
416 Vgl. ebd., S. 232.

nen er benötigt.[417] Daher sollte vor der Erstellung eines Berichtes der Informationsbedarf des Empfängers analysiert und während der Berichterstellung berücksichtigt werden. Gemäß den Anforderungen an Prozessberichte[418] sollte eine Darstellung der aktuellen Leistungssituation sowie der Zielabweichungen erfolgen. Hierzu sind für alle im Prozessbericht dargestellten Kennzahlen der Ausgangswert, Zielwert, Ist-Wert und Trend darzustellen.[419] Als Ausgangswert dient der als Durchschnitt errechnete Wert des vorhergehenden Messzeitraumes.[420] Die Zielwerte sowie obere und untere Grenzwerte werden in der Regel einmal jährlich rechtzeitig vor Beginn des Messzeitraumes festgelegt.[421] Bei Überschreitung der Grenzwerte sind Anpassungs- und Steuerungsmaßnahmen erforderlich. Nach Selektion der Kennzahlen stehen die Informationen zur Analyse zur Verfügung.[422] Eine der zur Analyse gebräuchlichsten und in diesem Fall anwendbaren Darstellungsformen ist das Histogramm.[423] Es stellt Zeitvergleiche, z. B. Monats- oder Jahresvergleiche dar (Balkendiagramm mit Trendlinie oder Liniendiagramm) und zeigt, wie sich die Prozessleistung über längere Zeiträume entwickelt hat.[424] Durch diese Analyseform wird den speziellen Anforderungen an Prozessberichte Rechnung getragen.[425] Ein positiver Leistungstrend signalisiert, dass die durchgeführten Maßnahmen erfolgreich sind. Ist der Trend positiv, liegen aber Soll und Ist auseinander, sind zusätzliche Maßnahmen einzuleiten. Bei einem negativen Trend sind die Ursachen festzustellen und zu beseitigen.[426]

Im Folgenden wird beschrieben, wie ein Prozessberichtsystem ausgestaltet sein könnte. Es wird dargestellt, welche Adressaten angesprochen und welche Inhalte vermittelt werden sollen, um den zuvor dargestellten Anforderungen an Berichtsysteme zu genügen und eine umfassende Informationsversorgung zu sichern. Die Ausgestaltung des dargestellten Berichtsystems soll lediglich als Vorschlag betrachtet werden. Abweichend sollen und müssen andere Berichtsformen und Systeme gewählt werden, wenn dies die Gegebenheiten des jeweiligen Krankenhauses erfordern.

---

417 Vgl. ebd., S. 232.
418 Vgl. Kapitel 4.5.2.2 Anforderungen an Berichte und Berichtssysteme.
419 Vgl. Schmelzer/Sesselmann, S. 210.
420 Vgl. ebd., S. 210.
421 Vgl. ebd., S. 210.
422 Vgl. Dolch, S. 171.
423 Vgl. ebd., S. 171.
424 Vgl. Schmelzer/Sesselmann, S. 210.
425 Vgl. Kapitel 4.5.2.2 Anforderungen an Berichte und Berichtssysteme.
426 Vgl. Schmelzer/Sesselmann, S. 210.

4.5.3.2 Aufbau des Prozessberichtsystems

Unabhängig von der Analysemethode sollte der Aufbau des Prozessberichtes immer die gleiche Struktur aufweisen. Außerdem sollte eine Darstellungs- und Erläuterungsform gewählt werden, die es auch Nicht-Experten ermöglicht, den Prozessbericht zu verstehen.[427]

4.5.3.3 Prozessberichtsarten

Das im Folgenden entworfene Prozessberichtsystem besteht grundsätzlich aus zwei Berichtstypen. Dem Standardbericht und dem Abweichungsbericht, wobei der Standardbericht noch in einen Kurz- und einen Langbericht untergliedert ist. Der Langbericht stellt ausführlich alle Informationen dar, die zur Beurteilung der Leistungsfähigkeit eines Prozesses notwendig sind. Im Rahmen des Kurzberichtes wird kurz und knapp ein Überblick zum Leistungsstand eines Prozesses gewährt. Der Kurzbericht sollte automatisch an die entsprechenden Adressaten weitergeleitet werden. So kann die Informationsflut für die Empfänger reduziert werden. Der Langbericht sollte aufgrund seiner Informationsfülle sowie seiner Länge im Intranet hinterlegt und zur tieferen Analyse abrufbar sein. Am Ende dieses Berichtes wird explizit auf eventuelle Besonderheiten bzw. Soll-Abweichungen hingewiesen. Zur tieferen Analyse des Prozesses sollte der Langbericht zur Hilfe genommen bzw. ein eventueller Abweichungsbericht erstellt werden. Dieser wird angefertigt wenn bestimmte vorher definierte Soll-Werte über- oder unterschritten wurden und dessen Erstellung nach Absprache mit dem Prozessverantwortlichen und dessen Vorgesetzten für nötig empfunden wird. Abweichungsberichte stellen detailliert die Zielabweichung dar, geben Informationen zu Ursachen und enthalten bestimmte Reaktionsmöglichkeiten zur Anpassung der Werte. In der Kopfzeile des **Langberichtes** sind der Empfängerkreis, das Erstellungsdatum, der Ersteller des Berichtes sowie der Prozessname des untersuchten Prozesses enthalten. Es erfolgt eine Beschreibung der Kernkompetenz. Diese sollten mindestens den Namen der Kernkompetenz, die Kernkompetenzdaten (DRG-, ICD und ICPM-Codierung sowie mögliche andere Kriterien) und die Fallzahl der Kernkompetenz enthalten.

Anschließend werden die Einzelkennzahlen der Kriterienbereiche, die Indizes (Kosten-, Zeit- und Qualitätsindex) sowie die Prozessleistung in tabellarischer Form dargestellt. Dies gewährt eine Übersicht zu allen ausgewer-

---

427 Vgl. Kapitel 4.5.2.2 Anforderungen an Berichte und Berichtssysteme.

Prozess:	HP OP-Durchführung
Kernkompetenz:	Lapraskopische Cholezystektomie
Zusammensetzung:	DRG: H04B ICD: K80.10, K80.20, K81.1, K81.8, K81.9 OPS: 5-511.1, 5-511.11, 5-511.12, 5-511.ly
Fallzahl:	94
Berichtersteller:	Max Mustermann:
Verteiler:	Chefarzt Cirurgie, Ärztlicher Direktor
Datum:	30. 08. 2003

Abb. 33: Kopfzeilen der Prozessberichte

teten Kennzahlen und macht die Berichtsstruktur der grafischen Auswertung transparent.

Als nächster Berichtsabschnitt folgt die grafische Aufbereitung aller Prozesskennzahlen der Indizes und der Prozessleistung mit einer grafischen Darstellung ihrer Ausgangswerte, Zielwerte, Ist-Werte und Trendauswertungen. Diese ist außerordentlich wichtig, da anhand bestimmter Grafiken Sachverhalte wesentlich besser und eindrucksvoller verdeutlicht werden können als mit Hilfe von Tabellen oder eines Fließtextes.[428] Gemäß des Grundsatzes zuerst Überblick- und dann Detailinformationen darzustellen,[429] sollte zunächst die Prozessleistung dann die Indexkennzahlen und am Ende dieses Berichtsabschnittes erst Einzelkennzahlen grafisch dargestellt werden. Der Aufbau der grafischen Auswertung sollte auch einem einheitlichen Muster folgen. Zuerst wird durch ein Balkendiagramm der aktuelle Ist-Wert in Verbindung mit dem Zielwert sowie den Grenzwerten der Periode dargestellt. Diese Grafik gibt einen Überblick zum Leistungsstand des Prozesses.

Anschließend werden anhand eines Histogramms Ist-Werte dieser und vergangener Perioden miteinander verglichen, wodurch ein Trend erkennbar wird. Kosten-, Zeit- und Qualitätsindex sowie die Prozessleistung sollten in übersichtlicher Form innerhalb eines Liniendiagramms dargestellt werden, um somit den Bericht nicht unnötig durch zu viele Diagramme aufzublähen (vgl. Abbildung 35).

---

428 Vgl. Kapitel 4.5.2.2 Anforderungen an Berichte und Berichtssysteme.
429 Vgl. ebd.

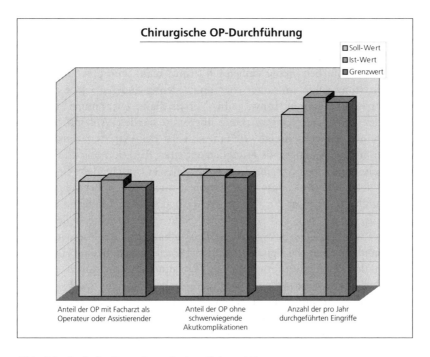

Abb. 34: Grafische Darstellung der Ist-, Ziel- und Grenzwerte

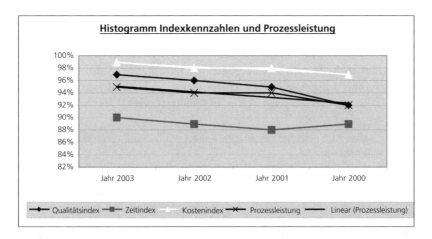

Abb. 35: Histogramm der Prozessleistung, Kosten-, Zeit- und Qualitätsindex

Abschließend wird ein zweites Histogramm (Balkendiagramm) erstellt, welches die Zielabweichungen aller Kennzahlen und eine Grenzwertüberschreitung bzw. eine -unterschreitung kenntlich macht. Grundsätzlich sollten die Balkenfarben immer einheitlich (bspw. blau) sein. Eine Grenzwertüberschreitung sollte zur Unterscheidung zu einer anderen Farbe des Balkens (bspw. rot) führen (bspw. gelb). Mittels dieses Diagramms kann der Grad der aktuellen Zielabweichung abgelesen werden. Anhand des Vergleiches mit früheren Zielabweichungen wird das evtl. Schadensausmaß und die hieraus resultierende Dringlichkeit einer Reaktion objektiv herleitbarer, als ohne einen Vergleichsmaßstab. Dies entspricht dem Grundsatz von MERTENS/GRIESE, dass Informationen nicht isoliert betrachtet, sondern durch Vergleichsgrößen relativiert werden sollen.[430] Folgend auf jede grafische Auswertung sollten Auffälligkeiten vom Berichtersteller kommentiert werden. Dies beinhaltet die Darstellung von Auslösern und Lösungsmöglichkeiten bezüglich erkannter Zielabweichungen. Hierdurch können dem Prozessverantwortlichen bestimmte Informationen gewährt werden, die ihm sonst nicht zur Verfügung stehen (Kosten- und Erlösinformationen)[431] und die er daher in seine Überlegungen zur Prozessverbesserungen einbeziehen kann. Mit Hilfe dieses Auswertungsschemas werden alle existierenden Kennzahlen des Prozesses ausgewertet. Am Ende des gesamten Berichtes sollte eine Zusammenfassung aller Grafikkommentare im Rahmen einer kurzen Stellungnahme erfolgen. Diese beschreibt alle Zielabweichungen, stellt etwaige Verbindungen zwischen verschiedenen Zielabweichungen her und zeigt Lösungsmöglichkeiten auf um die entsprechenden Prozessziele zu erreichen.

Der **Kurzbericht** informiert in komprimierter Form über den Leistungsstand eines Prozesses. Hierdurch soll die Informationsflut auf das Krankenhausmanagement und die Prozessverantwortlichen begrenzt werden.[432] Der Kurzbericht besteht aus ausgesuchten Informationen des Langberichtes. Er sollte ausschließlich die Histogramme der Zielabweichungen der Prozessleistung, des Kosten-, Zeit- und Qualitätsindex[433] sowie Zielabwei-

---

430 Vgl. Mertens/Griese, S. 71, vgl. auch Kapitel 4.5.2.2 Anforderungen an Berichte und Berichtssysteme.
431 Oftmals verfügen Mitarbeiter des ärztlichen, pflegerischen Dienstes oder Funktionsdienstes im Krankenhaus nur über geringe betriebswirtschaftliche Kenntnisse. Daher können gerade anhand dieser Stellungnahme bestimmte betriebswirtschaftliche Sachverhalte den Prozessverantwortlichen mitgeteilt werden.
432 Vgl. Kapitel 4.5.3.1 Prozessberichtinhalte und Adressaten.
433 Vgl. Abb. 35 Histogramm der Prozessleistung, Kosten-, Zeit- und Qualitätsindex.

chungsdiagramme auffälliger Kennzahlen enthalten. Die Kopfzeile des Kurzberichtes ist gleich der Kopfzeile des Langberichtes. Die Kernkompetenz sollte jedoch kürzer, nur durch den Namen der Kernkompetenz, beschrieben werden. Die Stellungnahme des Berichterstellers wird aus dem Langbericht übernommen, da sie gezielt auf Zielabweichungen aufmerksam macht und somit komprimiert über den Leistungsstand und Probleme des Prozesses berichtet.

Abweichungsberichte enthalten in ausführlicher Form Informationen zu Zielabweichungen bestimmter Kennzahlen. Sie werden erstellt, wenn ein bestimmter Grenzwert über- oder unterschritten wird und der Vorgesetzte des Prozessverantwortlichen nach Absprache dies als notwendig erachtet. Die Grenzwerte zur Erstellung eines Abweichungsberichtes können, müssen aber nicht gleich den vorher definierten Grenzwerten einer Kennzahl sein. Abweichungsberichte sollten aus Wirtschaftlichkeitsgründen nur erstellt werden, wenn sich beide Seiten, der Prozessverantwortliche und dessen Vorgesetzter, neue und wichtige Erkenntnisse von diesem versprechen. Zur Erstellung sollte genau wie im Fall des Standardberichtes der Informationsbedarf der Adressaten analysiert werden, um nicht unnötig Ressourcen zu verbrauchen. Da die Inhalte eines Abweichungsberichtes immer in Abstimmung mit den Berichtempfängern erarbeitet werden, wird an dieser Stelle ausschließlich auf die Struktur und nicht auf die eigentlichen Inhalte des Abweichungsberichtes eingegangen. Dieser sollte die gleiche Kopfzeile wie der Lang- und Kurzbericht besitzen. Die Beschreibung der Kernkompetenz sollte die gleiche Ausführlichkeit wie der Langbericht aufweisen. Im Folgenden wird die grafische Auswertung der zu untersuchenden Sachverhalte erstellt und anschließend kommentiert. Nach der grafischen Darstellung aller untersuchten Sachverhalte enthält der Abweichungsbericht eine abschließende Stellungnahme des Berichterstellers bezüglich des untersuchten Sachverhaltes. Diese sollte die untersuchten Zielabweichungen näher beschreiben, vorhandene Verbindungen zwischen verschiedenen Zielabweichungen oder Ursachen kenntlich machen und eventuelle Lösungsmöglichkeiten zur Verbesserung der Prozessleistung aufzeigen.

Wichtig, um den Anforderungen an Berichtssysteme gerecht zu werden, ist, dass bezogen auf alle drei Berichtsformen ein einheitliches Layout bezüglich Blattaufteilung, Schriftgröße und -typ, Überschrift-, Tabellen-, Grafikformate, Kopf- und Fußzeilen usw. in allen Berichten gewählt wird.[434] Außerdem sollte ein strukturiertes und transparentes Konzept entworfen werden, das alle Prozessberichte miteinander verbindet, um die

---

434 Vgl. Kapitel 4.5.2.2 Anforderungen an Berichte und Berichtssysteme.

Kommunikation der Prozessleistung an die Prozessverantwortlichen und deren Vorgesetzte zu optimieren. Hierzu bietet es sich innerhalb eines modellierten Behandlungsablaufes an, die Prozesse kenntlich zu machen, die mit Hilfe von Kennzahlen gesteuert werden, und sie mit einem Hyperlink zu belegen, der eine direkte Verbindung zum Prozessbericht des angezeigten Prozesses herstellt.

Durch die Verbindung des modellierten Behandlungsablaufs mit dem Prozessberichtsystems wird eine Prozesstransparenz auch innerhalb des Berichtsystems unterstützt und die Berichte in übersichtlicher und hierarchischer Form strukturiert. Da Prozessberichte für jeden Mitarbeiter von großem Interesse sind,[435] bietet eine optisch ansprechende und transparente Form der Darstellung die Möglichkeit, die Prozessberichte im Intranet zu veröffentlichen, so dass sie für jeden Mitarbeiter zugänglich sind. Außerdem sollten die verschiedenen Prozessberichte in einer Datenbank abgespeichert werden, um mit Hilfe einer Suchfunktion schnell einen Prozessbericht finden zu können, ohne das Prozessmodell öffnen zu müssen. Dies stellt für den im Umgang mit Prozessberichten geübten Anwender eine erhebliche Erleichterung dar, weil er zur Suche eines Berichtes nicht erst den Umweg über das Prozessmodell nehmen muss.

---

435 Vgl. Schmelzer/Sesselmann, S. 210.

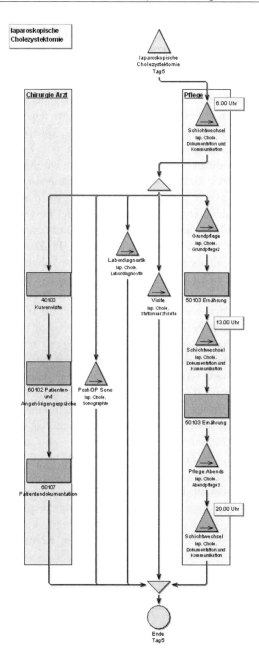

Abb. 36: Ausschnitt aus einem modellierten Behandlungsablauf mit Adonis®, ADOmed® PKR und KliPmed®

113

4.6 Kritische Würdigung des entworfenen Kennzahlsystems

Bestrebungen, ein Prozessmanagement im Krankenhaus mit dem Ziel einer Prozesssteuerung und -optimierung zu implementieren, sind in der deutschen „Krankenhauslandschaft" noch sehr jung. Bisher setzten sich nur wenige, in der Regel eher größere Einrichtungen bzw. Krankenhausträgergesellschaften, mit dieser Thematik auseinander. Die Methode der Kennzahlgenerierung sowie das Kennzahlsystem implementieren die Möglichkeit einer systematischen und umfassenden Prozesssteuerung. Durch die freie Wählbarkeit der Kennzahlen und Soll-Werte, ausgerichtet an den individuellen Zielen des Krankenhauses bzw. der Kernkompetenz, wird eine hohe Flexibilität erreicht. Diese ermöglicht es, Prozesse zielgerichtet zu steuern und krankenhausspezifische Zielvorgaben anhand von Prozessnormen im Unternehmen zu implementieren. Grundsätzlich kann gesagt werden, dass zur Implementierung einer effizienten Steuerung klinischer Prozesse bestimmte Vorraussetzungen gegeben sein müssen. Unter anderem muss die Möglichkeit bestehen, den Prozessoutput in all seinen Ausprägungen als Grundlage der Kennzahlgenerierung zu erheben. Außerdem muss in der Belegschaft des Krankenhauses die Bereitschaft zur prozessorientierten Denkweise vorhanden sein. Dies beinhaltet vor allem, dass der Behandlungsablauf des Patienten bereichsübergreifend als die eigentliche Krankenhausleistung betrachtet wird und nicht eine Fokussierung auf die einzelnen Bereichsleistungen vorherrscht. Es setzt also eine Abkehr von der funktionsorientierten und eine Hinwendung zur prozessorientierten Leistungsbetrachtung voraus, an der alle betrieblichen Bemühungen auszurichten sind. Denn ohne ganzheitliche prozessorientierte Ausrichtung aller Mitarbeiter mit Blick auf die Behandlungsabläufe können keine prozessbezogenen Zielvereinbarungen im Rahmen eines Management by Objektives steuernd eingesetzt werden. Diese Vorraussetzungen können jedoch zum jetzigen Zeitpunkt von den wenigsten deutschen Krankenhäusern erfüllt werden.

5 Entwicklung einer BSC auf der Basis eines Behandlungspfades

Hinsichtlich einer Konzentration auf die erfolgskritischen Kennzahlen für Behandlungspfade wird der vorgestellte Ansatz der Balanced Scorecard herangezogen. KAPLAN/NORTON definieren den Einsatzbereich des Instrumentes für alle Unternehmenseinheiten, die eine Mission, Strategie sowie interne und/oder externe Kunden als auch interne Prozesse[436] haben. Im Rahmen dieser Arbeit soll speziell untersucht werden, ob die Anwendung der Systematik der BSC für eine bestimmte Kernkompetenz im Krankenhaus möglich ist. Der Untersuchungsgegenstand dieser Arbeit ist ein bestimmter Behandlungspfad.

Eine ABC-Analyse des Leistungsangebots eines Krankenhauses hat gezeigt, dass 2 % des Leistungsspektrums ca. 30 % der Fälle des Krankenhauses abdecken.[437] Diese Kernleistungen gilt es zu analysieren und zu steuern. Krankenhäuser werden sich in Zukunft unter verschärften Wettbewerbsbedingungen auf ihre Kernkompetenzen konzentrieren müssen. Diese gilt es unter strategischen Gesichtspunkten gezielt zu beherrschen und zu „vermarkten". Hierzu müssen die Anforderungen der Kunden ermittelt und ins Leistungsangebot aufgenommen werden. In diesem Zusammenhang können sowohl die Patienten als auch anderer Kundengruppen, wie z. B. Einweiser, Berater, Angehörige der Patienten oder die Krankenkasse als Kunden des Krankenhauses betrachtet werden.

Die Verwendung der Systematik zur Entwicklung einer BSC auf der Ebene einzelner Geschäftsprozesse soll Ausgewogenheit und Übersichtlichkeit eines strategischen Controllinginstrumentes für operative Unternehmenseinheiten herbeiführen. Die gleichgewichtete Betrachtung von monetären und nicht-monetären Zielen innerhalb der vier Perspektiven Finanzen, Kunden, interne Prozesse sowie Potenziale garantiert eine ausgewogene Zielorientierung. Die in logischer Verbindung zueinander stehenden Ziele und damit auch die Messgrößen und Zielwerte ermöglichen die Integration des Systems in den Unternehmensalltag und garantieren die Anwendbarkeit des Kennzahlensystems.[438]

---

436 Vgl. Kaplan/Norton, S. 35.
437 Vgl. Greiling/Jücker, S. 114 f.
438 Vgl. Müller 2000, S. 70.

Die zu erarbeitende Pfad-BSC soll zu einer zielgerichteten und systematischen Verwendung der Behandlungspfade im Sinne eines Pfadcontrollings beitragen und alle beteiligten Mitarbeiter bei der Umsetzung von Zielvorgaben und -vereinbarungen für den Behandlungspfad bzw. die Behandlung unterstützen. So soll ein System entwickelt werden, das die bestehende Lücke im System der Behandlungspfade schließen kann, die durch die Notwendigkeit eines effektiven Pfad-Controllings entsteht, da hierzu noch kein geeignetes Instrument empfohlen wird.[439] Die Pfad-BSC soll für die Krankenhäuser ein strategieorientiertes Controllinginstrument darstellen, das mehrdimensional strategische Ziele verfolgt (non-profit-Gedanke), übersichtlich und nachvollziehbar für die Mitarbeiter ist, die keinen routinierten Umgang mit Kennzahlensystemen haben und die krankenhausindividuellen Behandlungsziele zur Positionierung im Wettbewerb mit Zielvorgaben und Maßnahmen konkretisiert.

5.1 Konzeptionelle Grundlagen der Pfad-BSC

Ist die Strategie eines Unternehmens auf bestimmte Kernkompetenzen und Potenziale ausgerichtet, kann der strategische Planungsprozess von der kritischen Kernkompetenz aus gestartet werden.[440] Die in Krankenhäusern entwickelten Behandlungspfade beziehen sich auf Kernkompetenzen des Hauses, mit der eine strategische Zielsetzung verfolgt werden soll. Strategisch bedeutende Behandlungspfade können somit auch die Grundlage der Entwicklung einer BSC sein, einer sog. Pfad-BSC.

Der Systematik der Pfad-BSC liegt das in Abbildung 37 dargestellte gedankliche Konstrukt zugrunde.

---

439 Vgl. Roeder/Hindle/Loskamp et al., S. 129.
440 Vgl. Kaplan/Norton, S. 36.

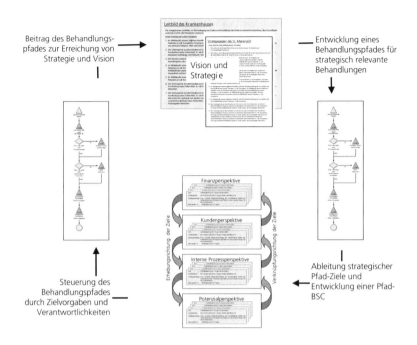

Abb. 37: Einbindung einer Pfad-BSC in die strategischen Unternehmensziele

Die Entscheidung für eine strategische Ausrichtung des Krankenhauses auf eine bestimmte Kernkompetenz bzw. eine bestimmte Patientengruppe ist die Grundlage zur Entwicklung einer Pfad-BSC. Diese strategische Ausrichtung basiert auf Analysen des Wettbewerbs, des Krankenhaus-Umfeldes, der Chancen bzw. Risiken, Stärken bzw. Schwächen[441] oder anderer Parameter. Die vor dem Hintergrund der strategischen Ausrichtung angestrebte Krankenhauskernleistung sollte in Form eines Behandlungspfades analysiert und modelliert werden. Behandlungspfade sind Instrumente zur Standardisierung der klinischen Behandlung und zur Prozesssteuerung. Sie eignen sich zur Identifikationen von Verbesserungspotenzialen.[442] Der Behandlungspfad ist ein zentrales Steuerungselement der medizinischen Behandlung mit überwiegend medizinischem Hintergrund[443] unter qualitativen, patientenorientierten und ökonomischen Aspekten sowie der notwen-

---

441 Vgl. Greiling/Jücker, S. 64 ff.
442 Vgl. Roeder/Hindle/Loskamp et al., S. 20 f.
443 Vgl. Conrad 2001a, S. 47.

digen Ressourcen.[444] Auch Behandlungspfade haben demnach eine mehrdimensionale Betrachtungsweise.

Krankenhäuser müssen ihre Kernleistungen einer Steuerung bzw. dem Management zugänglich[445] machen, um auf die Folgen des zunehmenden Wettbewerbs reagieren zu können und die Möglichkeit zur Selbstbestimmung des Leistungsangebotes durch die Krankenhäuser, unter Berücksichtigung ihres Versorgungsauftrages,[446] strategisch zu nutzen. Die BSC ermöglicht durch Übertragung von an der Strategie orientierten, perspektivischen Zielen und Messgrößen in konkrete zielkonforme Maßnahmen eine strategische Steuerung. Durch die Übertragung dieser Systematik auf die strategieorientierten Ziele eines Behandlungspfades entsteht eine BSC für einen klinischen Behandlungspfad, eine sog. Pfad-BSC. Diese Pfad-BSC leitet aus den strategischen Vorgaben der Krankenhausleitung wesentliche wettbewerbsrelevante Ziele für den ausgewählten Behandlungspfad ab. Diese werden nach dem Vorgehen zur Entwicklung einer BSC ermittelt und miteinander verknüpft, mit Messgrößen und Zielwerten bzw. -vorgaben konkretisiert und deren Realisierung durch zielfördernde Maßnahmen unterstützt. Die Ziele und Maßnahmen der Pfad-BSC unterstützen ihrerseits die Erreichung der strategischen Vorgaben und leisten damit einen Beitrag zur Erreichung der Unternehmens- bzw. Krankenhausziele.

5.2 Entwicklungskonzept der Pfad-BSC

Die Pfad-BSC verwendet die vier traditionellen Perspektiven nach KAPLAN/NORTON. Auf eine Anpassung der Perspektiven wurde verzichtet, da alle erdenklichen Ziele in diese klassischen Perspektiven integriert werden können sowie durch die Ausgestaltung von Zielverknüpfungen und Zielwerten die richtigen Akzente für die Pfad-BSC auch innerhalb dieser vier Perspektiven gesetzt werden können. Beispielsweise könnte die Erreichung von vertraglich vereinbarten Mindestmengen als Ziel der finanzwirtschaftlichen Perspektive zugeordnet werden. Zugleich – der Argumentation des Gesetzgebers folgend – würde die Erreichung der Mindestmenge die Qua-

---

444 Vgl. Roeder/Hindle/Loskamp et al., S. 22.
445 Vgl. Vera/WarnebierS. 136.
446 Vgl. Quaas, S. 30 f.

lität des Behandlungsergebnisses verbessern,[447] was wiederum ein Ziel der Kundenperspektive darstellt.

Die Entwicklung der Pfad-BSC läuft nach dem in Abbildung 38 aufgezeigten Muster ab:

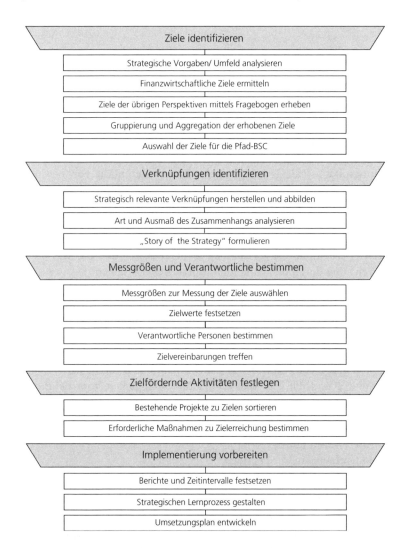

Abb. 38: Grundsätzliches Vorgehen zur Entwicklung einer Pfad-BSC

---

447 Vgl. Bruckenberger, E.: Das Prinzip Hoffnung, in: ku, 2003, Nr. 4, S. 306.

In den folgenden Kapiteln wird das allgemeine Vorgehen zur Implementierung der Pfad-BSC erläutert und die Besonderheiten der einzelnen Arbeitsschritte herausgestellt sowie die Gründe für deren abweichende Handhabung zum Konzept der BSC nach KAPLAN/NORTON dargelegt.

5.2.1 Ableitung der Ziele

Die Rahmenbedingungen zur Entwicklung einer Pfad-BSC werden durch den ausgewählten Behandlungspfad, der als Grundlage für die Zielableitung herangezogen wird, die Wettbewerbsposition des Krankenhauses, das Leitbild sowie die strategischen Geschäftsziele bestimmt. Der klinische Behandlungspfad ist als Ausgangspunkt zur Zieldefinition von besonderer Bedeutung. Die Pfad-BSC kann vor Beginn der Einführung des Behandlungspfades die Zielvorgaben vermitteln und deren Erreichung im Anschluss an die Einführung messen. Eine Pfad-BSC kann jedoch auch erst nachträglich zur Entwicklung des Behandlungspfades erarbeitet und implementiert werden, um die Zielfindung zu unterstützen und die Messung der Zielerreichung durch den Behandlungspfad sicherzustellen.

Der klinischen Behandlungspfad der Struma-Behandlung[448] wird in diesem Kapitel zur Erläuterung und vertiefenden Darstellung verwendet. Auswahlkriterium könnte beispielsweise die Fallschwere dieser Behandlung sein, wodurch dieser Behandlungspfad eine strategische Bedeutung bekommt. Zusammengefasst sind alle ein- oder beidseitigen Schilddrüsen-Resektionen und Exstirpationen eines nicht-malignen Knotens der ASA-Klassen 1 und 2 und die Therapie erfolgt in Abhängigkeit vom Befund. Die dem Pfad zugrunde liegende homogene Patientengruppe weist durchschnittlich folgende Merkmale auf:

- Ø-Alter: 52,40 Jahre
- Ø-Aufenthaltsdauer: 6,96 Tage

Im Falle dieses Beispieles wird die Pfad-BSC zeitlich parallel zum Behandlungspfad entwickelt und soll schließlich gemeinsam mit ihm eingeführt werden. Diese Konstellation bietet die Möglichkeit, kritische Momente oder mögliche Schwierigkeiten zu erläutern. Neben der Einführung des Behandlungspfades ist auch die Einführung einer Patientenversion des Behandlungspfades, eines sog. Patientenpfades, geplant. Hieraus kann der

---

448 Die detailliertere Informationen zur Struma finden sie in Anlage II.

Patient die durchzuführenden Behandlungsschritte entnehmen und seinen eigenen Beitrag zum Gelingen der Behandlung beitragen.

Am Beginn der Entwicklung einer BSC steht in der Regel die Einigung auf eine Unternehmensvision und -strategie. Im Falle der Pfad-BSC muss jedoch auf bestehende Visionen und Strategien des Krankenhauses zurückgegriffen werden, da die Formulierung von Vision und Strategie auf Ebene der Unternehmensleitung und dem Top-Management erfolgen muss und nicht auf der Ebene der Mitarbeiter. Existieren jedoch formulierte Strategien und Visionen muss auch die Pfad-BSC als Beitrag eines Geschäftsfeldes zur Gesamtleistung des Unternehmens an der Erreichung übergeordneter Vorgaben orientiert werden.

5.2.1.1   Analyse der strategischen Vorgaben und des Umfeldes

Zur Bestimmung der Ausgangssituation ist die Krankenhausumwelt zu analysieren. Hier sind vor allem die Konkurrenzsituation und die zukünftige Entwicklung dieser Behandlung von Bedeutung. Die Struma-Behandlung ist dem Fachgebiet der Endokrinologie zuzuordnen. Das Gutachten „Zukunftsorientierte Praxisstudie für die Krankenhausplanung in Nordrhein-Westfalen", das im Auftrag der Krankenhausgesellschaft Nordrhein-Westfalen sowie der Ärztekammern Nordrhein und Westfalen-Lippe entstanden ist, prognostiziert für diese Fachrichtung bis 2010 bei konstanten Verweildauern eine Zunahme der Fallzahlen von 13 %.[449] Das Beispiel bezieht sich auf ein Krankenhaus der Grund- und Regelversorgung in einem mitteldeutschen Ballungszentrum. Insgesamt behandeln elf Mitbewerber die Patienten im Stadtgebiet, hinzu kommen drei Mitbewerber aus angrenzenden Städten. Im direkten Einzugsbereich verfügt das Krankenhaus annähernd über eine Alleinstellung. Augenblicklich soll eine Kurzliegerstation eingeführt werden, in der sowohl Behandlungsfälle mit einer geringen Verweildauer stationär behandelt als auch Tagespatienten oder Patienten zur ambulanten Voruntersuchung untergebracht werden.

Am Beginn der Entwicklung einer BSC steht in der Regel die Einigung auf eine Unternehmensvision und -strategie. Im Falle der Pfad-BSC muss jedoch auf bestehende Visionen und Strategien des Krankenhauses zurückgegriffen werden, da die Formulierung von Vision und Strategie auf Ebene der Unternehmensleitung und dem Top-Management erfolgen muss und nicht auf der Ebene der Mitarbeiter. Existieren jedoch formulierte Strategien und Visionen muss auch die Pfad-BSC als Beitrag eines Geschäftsfel-

---

449 Ärztekammer Westfahlen-Lippe, S. 185.

des zur Gesamtleistung des Unternehmens an der Erreichung übergeordneter Vorgaben orientiert werden.

Das Krankenhaus besitzt kein eigenes Leitbild im Sinne eines Handlungsrahmens oder von Handlungsperspektiven für die Entscheidungen des Unternehmens.[450] Die Arbeit der Beteiligten orientiert sich jedoch am Leitbild der Muttergesellschaft. Deren Leitbild fokussiert die Grundsätze:

- Menschenbild: Achtung der Individualität und Würde des Menschen
- Zusammenarbeit: Konstruktive Konfliktlösung, klare Kompetenzen, professionsübergreifende Zusammenarbeit, Verpflichtung zum internen Dienstleistungsverhältnis
- Führung: Verantwortungsvoller Umgang mit Macht, Transparenz von Aufgabe, Zielsetzungen und Veränderungsprozessen der Einrichtung, Treffen von Zielvereinbarungen und deren Kontrolle
- Wirtschaftlichkeit: Stärkung von Kostenbewusstsein und Selbstverantwortung, wirtschaftlicher Ausgleich zwischen verschiedenen Bereichen, Arbeitseffizienz und Schaffung und Erhalt von Arbeitsplätzen
- Zukunft gestalten: politische Lobbyarbeit, Gestaltung zukunftsfähiger professioneller sozialer Dienste, Gemeinschaftsdenken, Verpflichtung zur Leitbildorientierung.

Diese Leitsätze gelten im übertragenen Sinne für das Krankenhaus und müssen bei der Ableitung strategischer Ziele für die Pfad-BSC berücksichtigt werden. Um dies sicherzustellen, erfolgt im Anschluss an die Identifikation der Ziele eine Überprüfung auf ihre Konformität mit dem Leitbild. Die festgelegten Geschäftsziele des Krankenhauses, die bei der Zielidentifikation berücksichtigt werden müssen, sind die Anstrebung einer ausgeglichenen Finanzlage und die Realisierung der bestmöglichen medizinischen Versorgung.

Die Krankenhäuser benötigen zur Entwicklung einer Pfad-BSC modellierte Behandlungspfade. Die Entwicklung und Anwendung der Pfad-BSC kann zeitgleich mit der Implementierung des Behandlungspfades erfolgen, um diesen von Beginn an zielorientiert zu steuern. Es besteht jedoch auch die Möglichkeit die Pfad-BSC im Anschluss an die Einführung der Behandlungspfade als Instrument des Pfadcontrollings nachträglich zu entwickeln und einzuführen.

5.2.1.2 Ableitung von qualitativen Zielen durch Interviews

Nach der Analyse der strategischen Rahmenbedingungen der Pfad-BSC des Krankenhauses werden nun die strategischen Ziele abgeleitet. Begin-

---

450 Vgl. Greiling/Jücker, S. 43.

nend mit der Festlegung der relevanten Perspektiven startet der Prozess der strategischen Zielsammlung, bevor im Anschluss daran drei bis vier strategische Ziele festgelegt werden.[451]

HORVÁTH & PARTNER empfehlen zur Ableitung strategischer Ziele ein Vorgehen in drei Schritten: [452]

1. Strategische Ziele entwickeln
2. Strategische Ziele auswählen und
3. Strategische Ziele dokumentieren.

Die Entwicklung der Ziele der Pfad-BSC erfolgt nach dem Top-Down-Verfahren, um zusätzliche Arbeits- und Koordinierungsbelastungen beim Klinikpersonal zu vermeiden, d. h. Ausgangspunkt für die Zielfindung ist die Finanzperspektive, da sie die Rahmenbedingungen für den Behandlungspfad festlegt.

5.2.1.3 Entwicklung strategischer Ziele

Zur Entwicklung der strategischen Ziele empfiehlt SCHEDL die folgenden Arbeitsschritte: [453]

1. Sammlung aller möglichen strategischen Ziele und Zuordnung zu den Perspektiven (mögliche Methode: Brainstorming)
2. Definition der Zielvorschläge
3. Gruppierung ähnlicher Vorschläge zu Zielgruppen (Mehrfachnennungen werden nicht berücksichtigt)

Zur Zielsammlung werden abweichend Metaplankarten verwendet. Diese haben den Vorteil, dass die darauf notierten Ideen später leichter zu gruppieren bzw. umzugruppieren sind.[454] Bei der Festlegung von strategischen Zielen sollte das Ziel nicht verbal („Zufriedenheit steigern") oder durch eine Messgrößen-Zielwert-Kombination („ROI +20 %") beschrieben werden. Derartige Formulierungen bieten Interpretationsvielfalt und sind mangels Begründung für die Beteiligten unverbindlich.[455] Das Ziel sollte in einer Kombination aus ziel- und aktionsorientierter Formulierung ausgearbeitet werden, um besser kommuniziert werden zu können.[456]

---

451 Vgl. Weber/Schäffer, S. 95.
452 Vgl. Horváth & Partner, S. 144.
453 Vgl. Schedl, S. 56 f.
454 Vgl. Holzbaur, S. 137 f.
455 Vgl. Horváth & Partner, S. 33 ff.
456 Weitere Hinweise zur Zieldefinition siehe Anlage IV.

Zur Zielidentifikation wird eine Befragung durchgeführt, wobei die „zentralen Fragen" der verschiedenen Perspektiven (vgl. Kapitel 3.4.1 Mehrdimensionale Betrachtung unternehmerischer Ziele) als Anhaltspunkt dienen. Abweichend vom BSC-Konzept nach KAPLAN/NORTON werden jedoch nicht die Mitarbeiter der Führungsebene zu den strategischen Zielen befragt, sondern die Mitarbeiter auf operativer Ebene. Diese Mitarbeiter haben tagtäglich Kontakt zu den Kunden, kennen deren Bedürfnisse, den Behandlungsablauf und den Behandlungspfad.

Zielidentifikation der Finanzperspektive

Die Ziele der Finanzperspektive werden bei Mitarbeitern aus Controlling, Medizincontrolling oder der Geschäftsleitung erfragt, da betriebswirtschaftliche Kenntnisse bei den Befragten aus ärztlichem Dienst, Pflege- und Funktionsdienst häufig nicht ausreichend vorhanden[457] sind und diese externe Vorgaben (z. B. Mindestmengenvereinbarungen mit den Krankenkassen) nicht kennen. Die Ziele der Finanzperspektive sollten sich im klassischen Modell von KAPLAN/NORTON über den gesamten Produktlebenszyklus – Wachstum, Reife und Ernte – erstrecken. Im Falle der Pfad-BSC bildet eine spezielle Kernkompetenz die Grundlage und nicht ein gesamtes strategisches Geschäftsfeld. Bei der Struma-Behandlung handelt es sich um eine bereits etablierte Behandlung. Das Krankenhaus betrachtet die Struma-Behandlung als „Cash Cow", d. h. man erhofft sich durch die Struma die Realisierung von Gewinnen.

Zur Ermittlung der finanzwirtschaftlichen Ziele werden die Befragten mit der Aufgabe konfrontiert, die finanzwirtschaftlichen Ziele zu benennen, die mit dem Behandlungspfad erzielt werden sollen. Eine Zusammenfassung der Zielvorschläge für den Behandlungspfad der Struma ergab folgende Auflistung:

1. Gewinnmaximierung, um Quersubventionierung zu ermöglichen:
   Die Struma-Behandlung ist ein wenig komplexer Eingriff, bei dem Reserven für kostspielige Behandlungen und Quersubventionen erwirtschaftet werden.

2. Kostensenkung für die Behandlung:
   Die Behandlungsleistung soll mindestens kostendeckend, aber möglichst kostengünstig erbracht werden, um so mehr Überschüsse für die Quersubventionierung realisieren zu können.

---

457 Vgl. Graff/Voelker/Gaedicke et al., S. A-1531.

3. Ausbau des Mengengerüsts bei positiven Erträgen:
   Da der Preis nicht zu beeinflussen ist, müssen die Gewinne bei positiven Erträgen über eine höhere Fallzahl der Behandlungsfälle maximiert werden.

4. Verweildauer bei gleichbleibender Qualität auf DRG-Niveau steuern:
   Durchschnittliche Verweildauer soll zwischen der unteren Grenzverweildauer und der maximalen Verweildauer liegen, ohne dabei Qualitätseinbußen zu erleiden. Dies soll durch den Ausbau der prä- und postoperativen Behandlungsstrukturen erfolgen. Hiermit soll auch eine unnötige Personalbindung bedingt durch Krankenkassennachfragen verhindert und der Erhalt des stationären Leistungsspektrums gesichert werden.

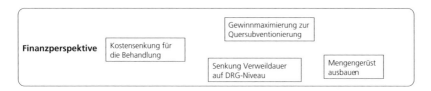

Abb. 39: Finanzwirtschaftliche Ziele

Zielidentifikation für die übrigen Perspektiven

Die Ziele der anderen Perspektiven werden bei den Mitarbeitern aus den medizinischen und pflegerischen Berufen erfragt, die täglich mit dem zu analysierenden Behandlungspfad arbeiten und diesen auch mitentwickelt haben, sie kennen die Schwachstellen und das Verbesserungspotenzial. Die Ziele der übrigen Perspektiven werden über eine Befragung von Mitarbeitern aus ärztlichem Dienst sowie Pflegedienst der Fachabteilung Chirurgie, einem Arzt der Anästhesie und den Funktionsdiensten aus OP und Anästhesie ermittelt.

Zur Orientierung und Leitung des Gesprächs wird eine Stellwand präpariert (vgl. Abb. 40), auf der die befragten Personen mit Metaplankarten ihre Zielvorschläge anbringen können. Auf der Stellwand sind die vier Perspektiven benannt, die zentralen Fragen vermerkt und die vorgegebenen Ziele der Finanzperspektive angebracht. Dieses Verfahren bietet den Befragten die Möglichkeit, ihre Zielvorschläge bereits graphisch den Zielen der jeweils übergeordneten Ebene zuzuordnen. Ein weiterer Vorteil dieser Stellwand ist, dass die Befragten das Gesamtsystem der BSC vor Augen und die zentralen Fragen und die Ziele der Finanzperspektive stets präsent haben. Die befragten Mitarbeiter notieren dazu nach den Vorgaben der fi-

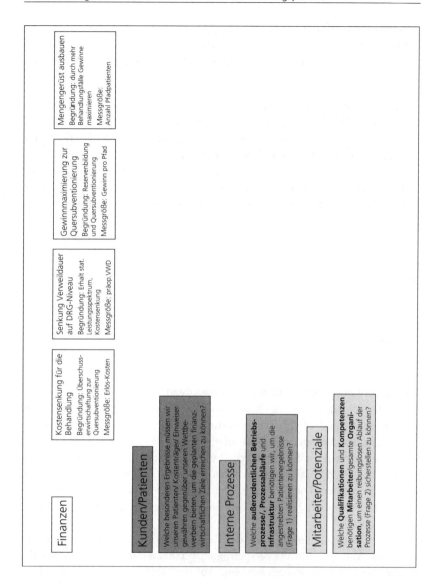

Abb. 40: Aufbau und Struktur der Stellwand zur Zielfindung

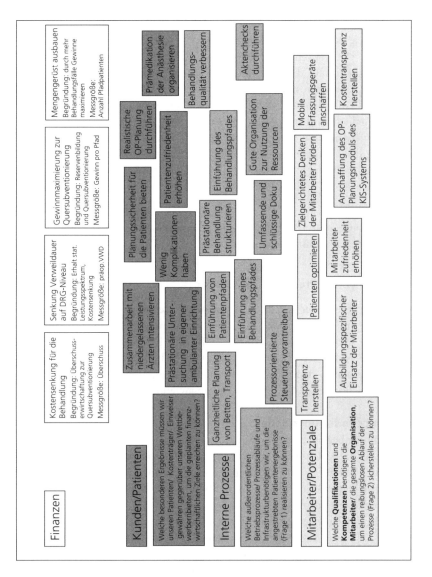

Abb. 41: Beispiel einer Zielsammlung für den Behandlungspfad der Struma

nanzwirtschaftlichen Perspektive ihre Zielvorschläge auf Metaplankarten in der entsprechenden Farbe der Perspektive und bringen sie auf der Stellwand an. Die befragten Personen sind die maßgeblichen Prozessinhaber. Die Mitarbeiter aus den Abteilungen Radiologie, Patientenverwaltung und Sterilisation wurden in diesem Fall zu den strategischen Zielen nicht befragt, da sie die Behandlung nur kurz fachlich begleiten. Diese Mitarbeiter können jedoch in den Prozess der Zielfindung integriert werden. Die Befragten werden dazu aufgefordert, zwei bis fünf wesentliche Ziele zur Erreichung der übergeordneten Perspektiven zu nennen. Die genannten Ziele sollten zum allgemeinen Verständnis kurz aber eindeutig definiert werden. Zu diesen Zielen sollte mindestens ein Messgrößenvorschlag unterbreitet werden.

Das Ergebnis dieser Befragung könnte beispielsweise die in Abbildung 41 dargestellte Sammlung verschiedener Ziele sein[458].

5.2.1.4 Vorbereitung der Zielauswahl

Zur Reduzierung der gesamten erhobenen Ziele müssen Schritte zur Strukturierung und Aggregation unternommen werden. Hier bieten sich verschiedene Modelle und Konzepte, z. B. das Kundenbegeisterungsmodell von KANO oder der HORVÁTH & PARTNER-Filter an. Diese beiden Verfahren werden in den folgenden Kapiteln kurz erläutert und auf die Zielvorschläge des Beispielkrankenhauses angewendet.

Kundenbegeisterungsmodell
Das Kundenbegeisterungsmodell eignet sich als Denkmodell zur Beurteilung von strategischen Zielvorschlägen. Die Kundenanforderungen werden in Basis-, Leistungs- und Begeisterungsanforderungen (vgl. Abbildung 42) hinsichtlich der Wirkung der Befriedigung von Kundenerwartungen auf die Kundenzufriedenheit unterteilt.[459]

Basisanforderungen sind die Grundvoraussetzungen des Geschäfts, wobei die Erfüllung dieser Anforderungen zu keiner Kundenbegeisterung führen und mangelnde oder gar fehlende Erreichung dieser Anforderungen Unzufriedenheit hervorrufen.

Ziele, die Basisanforderungen betreffen, dienen der Aufrechterhaltung des laufenden Geschäfts und nicht der grundsätzlichen Positionierung im Wettbewerb. Solche Ziele werden generell nicht in der BSC berücksichtigt,

---

458 Eine ausführliche Sammlung der Ziele inkl. der Zielbegründung und Messgrößenvorschläge siehe Anlage III.
459 nach Kano 1993, vgl. hierzu Horváth & Partner, S. 109 ff.

die Überwachung erfolgt mit diagnostischen Kennzahlen. Eine Ausnahme-situation liegt vor, wenn die Verfehlung des Ziels ein wettbewerbsgefähr-dendes Ausmaß annimmt.[460]

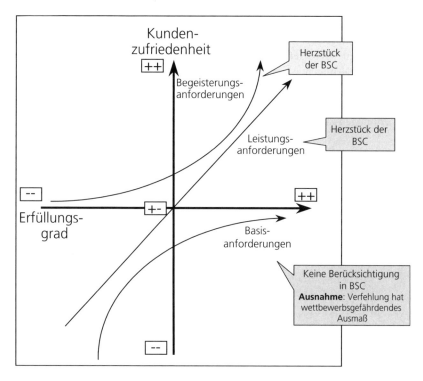

Abb. 42: Kundenbegeisterungsmodell[461]

Leistungsanforderungen werden bei den Kaufentscheidungen der Kunden berücksichtigt, wobei der Erfüllungsgrad der Kundenanforderung linearen Einfluss auf die Kundenzufriedenheit hat. Im Krankenhaus stellt die Bereit-schaft eines Patienten zur Inanspruchnahme einer medizinischen Leistung ei-ne Kaufentscheidung dar. Begeisterungsanforderungen werden bei der Kauf-entscheidung nicht berücksichtigt. Die Erfüllung dieser Anforderungen hat aber extrem positive Auswirkungen auf die Zufriedenheit der Kunden.[462]

---

460 Vgl. Horváth & Partner, S. 32 f.
461 Abbildung in Anlehnung an Horváth & Partner, S. 109.
462 Vgl. Horváth & Partner, S. 110.

Ziele, die Leistungs- und Begeisterungsanforderungen betreffen, stellen die Erfolgspotenziale eines Unternehmens dar und ermöglichen eine Marktpositionierung. Da diese Ziele strategische Schwerpunkte eines Unternehmens verdeutlichen, sind sie als strategische Ziele in die BSC zu übernehmen.[463]

Da Leistungsanforderungen bereits die Kaufentscheidung beeinflussen, sind diese insbesondere im Krankenhaus vor dem Hintergrund einer selten häufigeren Leistungsnachfrage gleichgewichtig mit den Begeisterungsanforderungen zu verfolgen (z. B. bei einer Blinddarmentfernung). Begeisterungsanforderungen hätten lediglich global betrachtet für das Krankenhaus einen hohen Wert, da eine Kundenbindung aufgebaut werden kann. Für die ermittelten Ziele des Krankenhauses ergeben sich die folgenden Zuordnungen zu den verschiedenen Anforderungen:[464]

Anforderung / Perspektive	Basisanforderungen	Leistungsanforderungen	Begeisterungsanforderungen
Kundenperspektive	• Realistische OP-Planung • Wenig Komplikationen haben	• Prästationäre Behandlung in eigener ambulanter Einrichtung • Planungssicherheit bieten	Patientenzufriedenheit erhöhen • Zusammenarbeit mit niedergelassenen Ärzten intensivieren
Interne Prozessperspektive	• Prämedikation der Anästhesie organisieren • Planung von Betten, Transport, u. a. • Qualität verbessern • Prästationäre Behandlungsstrukturen schaffen • Schlüssige, aktuelle und um-	• Einführung von Behandlungspfaden	• Einführung eines Patientenpfades • Gute Organisationsstruktur zur Ressourcennutzung • Prozessorientierte Steuerung vorantreiben

463 Vgl. ebd., S. 33.
464 Ausführliche Begründungen entnehmen sie bitte Anlage III.

Anforde-rung / Perspektive	Basisanforderungen	Leistungsanforderungen	Begeisterungsanforderungen
	fassende Dokumentation • Aktenchecks durchführen • Qualität der Behandlung verbessern		
Potenzialperspektive	• Mitarbeiterzufriedenheit erhöhen • Zielgerichtetes Denken fördern • Ausbildungsspezifischer Einsatz • Mobile Erfassungsgeräte anschaffen • Modul für OP-Planung anschaffen • Transparenz herstellen • Kostentransparenz herstellen	• Umgang mit Patienten optimieren	

Tab. 7: Zuordnung der ausgewählten Ziele zu den Anforderungsarten

Horváth & Partner-Filter

Eine weitere Möglichkeit zur Vorbereitung der Zielauswahl ist der HOR-VÁTH & PARTNER-FILTER.[465] Der Horváth & Partner-Filter soll Basisziele von strategischen Zielen differenzieren. Er berücksichtigt die Wettbewerbsrelevanz als vertikale Achse, auf der die Einflussnahme eines Zieles auf den Markterfolg dokumentiert wird. Hierbei dreht es sich um die Realisation eines wettbewerbsrelevanten Unterschieds zur Konkurrenz durch die Umsetzung des angestrebten Ziels. Die Handlungsrelevanz stellt die zweite

465 Vgl. Horváth & Partner, S. 154 ff.

Dimension auf der horizontalen Ebene des Filters dar. Sie beurteilt, inwiefern überdurchschnittliche Anstrengungen zum Erreichen eines angestrebten Ziels nötig sind. Die Handlungsrelevanz wird begründet durch:

1. grundlegende Umsetzungsprobleme bei Basiszielen mit wettbewerbsbedrohendem Charakter
2. die überdurchschnittliche Relevanz eines Ziels bei der Umsetzung der Strategie oder
3. den Angriff der Konkurrenz auf bereits erreichte Ziele.

Durch die Beurteilung der Handlungs- und Wettbewerbsrelevanz entsteht die folgende Vier-Felder-Matrix mit den Interpretationen für die Verwendung in der BSC:

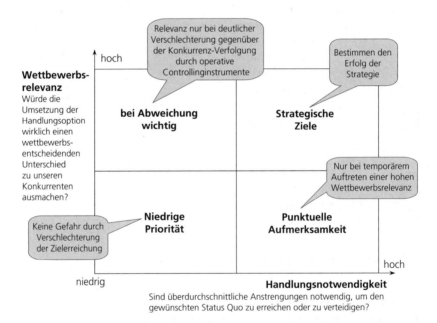

Abb. 43: Der HORVÁTH & PARTNER-FILTER[466] und Interpretationen im Sinne der BSC

Die Beurteilung der Zielvorschläge für das Krankenhaus in unserem Beispiel könnte die Zuordnungen wie in Abbildung 44 ergeben.

---

466 In Anlehnung an Horváth & Partner, S. 156.

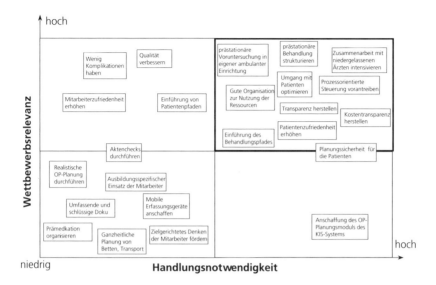

Abb. 44: Zuordnung der ausgewählten Ziele zu Handlungsnotwendigkeit und Wettbewerbsrelevanz

Bei der Zielermittlung sollten jedoch auch im Falle der Pfad-BSC ehrgeizige, aber doch erreichbare Ziele formuliert und ausgewählt werden, um den Ausbau eines Wettbewerbsvorteils sicherzustellen.

5.2.1.5   Sammlung von Zielbeispielen für die übrigen Perspektiven

Bei der Zielauswahl wurden die Ergebnisse aus dem Kundenbegeisterungsmodell und dem Horváth-Filter berücksichtigt. Alle Ziele wurden hinsichtlich der Kriterien Kundenanforderungen, Wettbewerbs- und Handlungsrelevanz als strategisch wichtig eingestuft.[467]

Ausgewählte Ziele der Kundenperspektive
In der Kundenperspektive könnten beispielsweise die folgenden Ziele ausgewählt werden:

---

467 Ausführliche Informationen und Begründungszusammenhänge der Zielauswahl nach dem Kundenbegeisterungsmodell (KBM) und Horváth & Partner-Filter sind in Anlage V, Anlage VI und Anlage VII zu finden.

133

Abb. 45: Ausgewählte Ziele der Kundenperspektive

Bei der Analyse der Aufnahmearten der Struma-Patienten stellt man einen eindeutigen Schwerpunkt bei den Einweisungen fest. 87 % der Patienten wurden von niedergelassenen Ärzten eingewiesen. Das Ziel „Zusammenarbeit mit niedergelassenen Ärzten intensivieren" ist damit für das Krankenhaus strategisch von besonderer Bedeutung. Neben den niedergelassenen Ärzten als Einweiser werden die Patienten als weitere strategisch relevante Kundengruppe betrachtet. Andere Kundengruppen werden für die Struma-Behandlung als unbedeutend angesehen, was auch unter den aktuellen Bedingungen für die Kundengruppe der Krankenkassen gilt.

Da es sich bei den Patienten des Behandlungspfades der Struma-Behandlung bereits um eine homogene Patientengruppe handelt, geht es im Fall einer Pfad-BSC nicht um die Identifikation einer Kundengruppe, sondern um die Identifikation von Produkt- und Serviceeigenschaften der Behandlung, die dem Krankenhaus einen Wettbewerbsvorteil verschaffen. Hierzu haben die Mitarbeiter Hypothesen aufgestellt, die sich aus den individuellen Erfahrungen und dem Umgang mit den Patienten ableiten. Diese sollten im Rahmen der Pfad-BSC instrumentell überprüft werden, z.B. mit einer Evaluation der Behandlung bei Entlassung oder durch eine Befragung der Erwartungen an den Krankenhausaufenthalt und die Behandlung.

Bei der Definition von Produkt- und Serviceeigenschaften in der klassischen BSC spielen die Faktoren Kosten, Zeit und Qualität eine wichtige Rolle. Der Faktor „Kosten" spielt für die Patienten im Krankenhaus keine Rolle, da sie nur als Kaufkraftträger und nicht als Käufer der Leistung auftreten. Auch für die einweisenden Ärzte stellt der Faktor „Kosten" keinen entscheidungsrelevanten Parameter dar. Bei den strategischen Zielen bezüglich der Kundengruppe Patient sollte das Hauptaugenmerk auf die Faktoren Qualität und Zeit gelegt werden:

Der Faktor „Qualität" ist in den durchgeführten Auswahlverfahren heraus gefiltert worden, da die Qualität bei den Kundenanforderungen für die Patienten zu den Basisleistungen zählte. Zudem wurde sie im Horváth & Partner-Filter zwar als wettbewerbsrelevant, aber nicht als handlungsrelevant eingestuft. Das Krankenhaus könnte demnach die Ansicht vertreten, in Bezug auf die Qualität den Anforderungen der Kunden zu genügen.

Der Faktor „Zeit" wurde gleich doppelt berücksichtigt. Zum einen in Zusammenhang mit einer Verweildauerverkürzung durch Verlagerung diagnostischer Voruntersuchungen auf eine ambulante Einheit – die Kurzliegerstation –, in der die Patienten schnell und flexibel untersucht werden. Zum anderen durch das Angebot einer Planungssicherheit für Patienten und Angehörige, die bereits zu Beginn des Krankenhausaufenthaltes über den voraussichtlichen Entlassungstermin informiert werden.

Ausgewählte Ziele der internen Prozessperspektive

Mit Hilfe des Kundenbegeisterungsmodell und dem Horváth & Partner-Filter können für die interne Prozessperspektive die folgenden fünf Ziele festgelegt werden (vgl. Abb. 46):

Abb. 46: Ausgewählte Ziele der Internen Prozessperspektive

Die Einführung von Behandlungs- und Patientenpfaden ergibt sich aus den Kundenwünschen nach einer höheren Planungssicherheit und mehr Informationen. Dies kann durch Standardisierung der Behandlung mittels Behandlungs- und Patientenpfad erreicht werden. Im engeren Sinne handelt es sich beim Ziel Einführung von Behandlungs- sowie Patientenpfaden um Maßnahmen, die das Ziel der Standardisierung bereits konkretisieren. Die anvisierten Ziele der internen Prozessperspektive können im Modell der erweiterten Wertschöpfungskette wie in Abbildung 47 den verschiedenen Phasen zugeordnet werden.

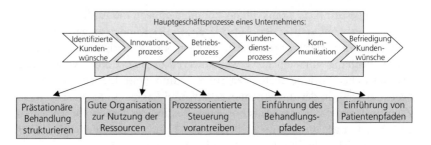

Abb. 47: Zuordnung der Ziele der Internen Prozessperspektive in das erweiterte Wertkettenmodell

Als Kundenwunsch wurde das Angebot einer prästationären Voruntersuchung und damit eine Verweildauerreduzierung identifiziert, daraus haben sich folgende Ziele ergeben. Die Strukturierung der prästationären Behandlung bezeichnet die Definition eines absolut neuen Prozesses, der dem Kundenwunsch nach einer ambulanten prästationären (Vor-) Untersuchung Rechnung trägt. Hierbei handelt es sich um einen Innovationsprozess. Gleiches gilt für die Prozesse der Schaffung einer guten Organisationsstruktur zur Nutzung der zur Verfügung stehenden Ressourcen und das Vorantreiben der prozessorientierten Steuerung, bei der der Patient im Mittelpunkt steht und als Prozessauslöser betrachtet wird. Dies macht völlig neue Prozesse erforderlich. Diese Ziele unterstützen die Einführung prästationärer Untersuchungsmöglichkeiten, die in der Kundenperspektive anvisiert wird.

Zur Einführung von Behandlungs- und Patientenpfaden bedarf es einer völligen Neuorganisation der bestehenden Betriebsprozesse und betrifft damit den Betriebsprozess der Leistungserstellung. Im Krankenhausbereich ist der Begriff „Kundendienst" als Betreuung im Anschluss an den stationären Aufenthalt zu interpretieren. In diesem Bereich strebt das Krankenhaus aktuell für den Behandlungspfad der Struma-Behandlung, auch bedingt durch die gesetzlichen Rahmenbedingungen, keine Neuerungen mit der Einführung der Pfad-BSC an. Die niedergelassenen Ärzte können ebenfalls die Nachbehandlung durchführen. Würde man diese Nachbehandlung nun im Krankenhaus durchführen, befürchten Krankenhäuser negative Auswirkungen auf die Zusammenarbeit mit den niedergelassenen Ärzten.

Ausgewählte Ziele der Potenzialperspektive
Insbesondere in sozialen Organisationen ist die Entwicklung und Qualifizierung der Mitarbeiter zu forcieren, da sie ein wesentlicher Produktions-

faktor sind.[468] Durch ihren direkten Kontakt mit den Kunden verbirgt sich hier großes Potenzial zur Identifikation von Ideen und Anregungen zur Verbesserung der Leistungen und Prozesse.[469] Diese Chance müssen die Mitarbeiter nutzen lernen. Um dieses Ziel zu erreichen, sollen die Mitarbeiter im Umgang mit den Patienten noch besser geschult werden und damit eine Optimierung in diesem Bereich erreicht werden.

Die Verbesserung der Mitarbeiterzufriedenheit wurde von den befragten Mitarbeitern nicht direkt thematisiert. Aspekte, welche die Mitarbeiterzufriedenheit verbessern, werden indirekt als Ziele formuliert, z. B. der ausbildungsspezifische Einsatz der Mitarbeiter, wodurch die Erfüllung von Aufgaben außerhalb des Tätigkeitsbereiches der Berufsgruppe vermieden werden soll. Diese Aspekte sind jedoch aus den strategischen Zielen herausgefiltert worden, dass strategisch betrachtet andere Ziele im Vordergrund stehen.

Die Forderung der Mitarbeiter zielt insbesondere auf die Erhöhung des Informationsgrades durch die Schaffung von transparenten Entscheidungs- und Kostenstrukturen. Solche Transparenz würde die Mitarbeiter bei der Umsetzung von Vorgaben unterstützen und motivieren, auch in so sensiblen Bereichen wie dem Sparkurs und den notwendigen Überstunden. Zusammengefasst ergeben sich somit für die Potenzialperspektive drei strategische Ziele:

Abb. 48: Ausgewählte Ziele der Potenzialperspektive

Strategische Ziele bezogen auf die Potenziale der Informationstechnologie o.ä. sind wegen ihrer geringen Wettbewerbsrelevanz aus den Auswahlverfahren heraus gefiltert worden. Notwendige Potenziale, die einen Wettbewerbsvorteil begründen würden, seien bereits im Krankenhaus implementiert.

---

468 Vgl. Stoll, S. 103.
469 Vgl. Friedag, S. 292.

5.2.1.6   Dokumentation strategischer Ziele

Abschließend sind die ausgewählten Ziele mit der jeweiligen Zuordnung zu den Perspektiven zu dokumentieren, wie in Abbildung 49 ersichtlich.

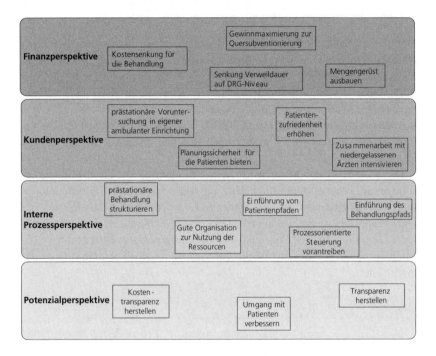

Abb. 49: Dokumentation aller ausgewählten strategischen Ziele

Im letzten Arbeitsschritt dieser Phase der Einführung der Pfad-BSC müssen die ausgewählten Ziele auf ihre Kompatibilität mit der Unternehmensstrategie bzw. dem Leitbild überprüft werden. Diese Prüfung erfolgt in Kooperation mit dem Krankenhaus, das die Kompatibilität aller Ziele bestätigt. In dem Beispielfall sind die Ziele mit dem Leitbild und den Geschäftszielen kompatibel.

5.2.2   Identifikation strategisch relevanter Verknüpfungen

Innerhalb der ausgewählten Ziele müssen nun die strategisch relevanten Verknüpfungen zwischen der Umsetzung eines strategischen Ziels und dessen Förderung zur Erreichung anderer Ziele identifiziert werden. Dann erst spiegelt die Pfad-BSC die anvisierte Strategie wider und ermöglicht deren Kommunikation im Unternehmen und deren Verbreitung im Bewusstsein der Mitarbeiter. Bei der Dokumentation müssen die Art der Verknüpfung (positiv oder negativ), die Fristigkeit der Wirkung (kurz- oder langfristig) und das Ausmaß der Verbindung (stark oder schwach) festgehalten werden. Die Verknüpfungen entstehen aus Hypothesen der Projektteilnehmer über den Gesamtzusammenhang von Ursache und Wirkung einzelner Ziele. Sie sind logisch kausal, aber nicht wissenschaftlich evaluiert.[470] Durch die Ursache-Wirkungs-Vermutungen werden gegenseitige Effekte zur Zielerreichung verdeutlicht. Die Einzelbeziehungen zwischen den Zielen müssen dokumentiert werden.

Im Rahmen der Analyse der unterstellten Verbindungen der ausgewählten strategischen Ziele des Behandlungspfades der Struma werden für das Krankenhaus die Verknüpfungen ermittelt. Die Ursache-Wirkungs-Vermutungen werden hinsichtlich der Parameter Art und Ausmaß des Zusammenhangs sowie der zeitlichen Verschiebung analysiert und dokumentiert (vgl. Abb. 50).

---

470 Vgl. Horváth & Partner, S. 43.

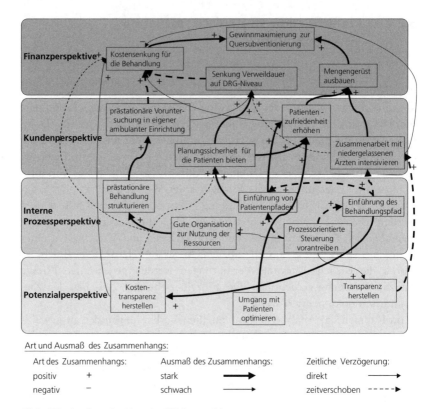

Abb. 50: Analyse der Ursache-Wirkungs-Vermutungen

Redundante und kleine kausale Beziehungen sollten zugunsten der Übersichtlichkeit vernachlässigt werden.[471] Abschließend wird eine „Story of
the Strategy" formuliert, in der die graphische Darstellung der Dokumentation verbal beschrieben wird. Dieses mehrseitige Dokument entspricht
einem Strategiepapier. Das Krankenhaus im folgenden Beispiel hat sich auf
die folgende **„Story of the Strategy"** geeinigt, wobei nur relevante Hauptverbindungen (starkes Ausmaß des Zusammenhangs) zwischen den strategischen Zielen erläutert werden:

> Das strategische Ziel, das mit der Struma-Behandlung erreicht werden soll, ist
> die **Realisierung von Gewinnen**, da es sich hierbei um eine unkomplizierte Be-
> handlung handelt. Diese Gewinne sollen innerhalb des Krankenhauses für eine
> auch im Leitbild festgeschriebenen **Quersubventionierung** zur Verfügung stehen,
> um aufwändige und kostenintensive Behandlungen zu finanzieren.

---

471 Vgl. Weber/Schäffer, S. 96.

Einflussfaktoren für die Erhöhung der Gewinne bei fixem Erlös (DRG-Entgelt) sind einerseits die Kosten und andererseits die Anzahl der Fälle. Daraus ergeben sich für das Krankenhaus die Zielvorgaben **Kostenreduktion**, um die Gewinnspanne bei einem einzelnen Fall zu erhöhen, und **Erhöhung der Fallzahl** bei positiven Erträgen der Behandlung. Durch die **Stabilisierung der Verweildauer** auf DRG-Niveau soll neben der Senkung der Behandlungskosten auch die Anzahl der Anfragen seitens der Krankenkassen wegen zu niedriger Verweildauer reduziert werden. Die Bearbeitung dieser Anfragen bindet Kapazitäten, die wieder freigesetzt werden sollen. Außerdem soll auf diese Weise auch eine Verschiebung des Leistungsspektrums in den ambulanten Bereich vermieden werden. Um die Behandlungskosten zu senken, soll ein Teil der bisher stationär erbrachten Leistungen, die **diagnostischen Voruntersuchungen**, in eine ambulante Einrichtung des Krankenhauses **ausgegliedert** werden. Hierzu müssen die erforderlichen prästationären **Strukturen gestaltet** werden, was eine **gute Organisationsstruktur** zur Nutzung der notwendigen Ressourcen voraussetzt.

Der Ausbau des Mengengerüsts soll durch eine Verbesserung der Kundenbeziehungen zu den Patienten und den niedergelassenen Ärzten erfolgen. Die **Intensivierung der Zusammenarbeit mit den niedergelassenen Ärzten** soll durch mehr Transparenz in den Entscheidungen realisiert werden. Dieses Ziel ist mit Aufwendungen für Schulungen, Telefonate, Besprechungen verbunden, was sich negativ auf die Kosten der Behandlung auswirkt, wobei die Wirkung eher gering ist. Die **Einführung eines Behandlungspfades** soll zur intensiveren Zusammenarbeit führen, die Leistungen des Krankenhauses werden durchsichtiger und stillen damit den Informationsbedarf der Einweiser. Durch den Einsatz eines Behandlungspfades wird auch mehr **Kostentransparenz** geschaffen, welche die Mitarbeiter benötigen, um zielgerichtet sparen zu können, da die Motivation zum Sparen laut den Mitarbeitern vorhanden sei.

Die Einführung des Behandlungspfades der Struma setzt jedoch ein Umdenken bei den Mitarbeitern voraus, da die funktionalen Strukturen zugunsten einer **prozessorientierten Sichtweise** abgebaut werden müssen. Hat sich die prozessorientierte Sichtweise durchgesetzt und ist der Behandlungspfad in der Praxis eingeführt, kann hieraus die **Patientenversion des Behandlungspfades** abgeleitet werden. Dieser bietet den Patienten eine gewisse **Planungssicherheit** für den Krankenhausaufenthalt und trägt ebenfalls zur **Stabilisierung der Verweildauer** bei. Diese mit der Patientenversion verbundenen Vorteile sowie die Patientenversion selber tragen zur Erhöhung der Patientenzufriedenheit bei.

Die **Steigerung der Patientenzufriedenheit** soll auch durch einen **optimierten Umgang mit den Patienten** im Sinne einer optimalen Kommunikation erreicht werden. Die Erhöhung der Patientenzufriedenheit soll sich positiv auf die Erhöhung der Fallzahlen der Struma auswirken. Wobei sich einige Maßnahmen, die zur Verbesserung der Patientenzufriedenheit ergriffen werden, durch die verursachten Kosten negativ auf das Ziel der Kostenreduzierung auswirken könnten.

Diese „Story of the Strategy" muss vom Krankenhaus bestätigt werden.

5.2.3 Bestimmung der Messgrößen und Festlegung der Verantwortlichkeiten

Im Anschluss an die Zieldefinition und den Prozess der Verknüpfung der Ziele werden – nach dem Motto „You cańt manage what You can't measure" – Messgrößen oder Kennziffern für die Abbildung der strategischen Ziele festgelegt.[472] Abgeleitet aus dem Zielsystem entsteht nun durch Festlegung geeigneter Messgrößen ein Kennzahlensystem. Die Messgrößen sollen die Verfolgbarkeit und das Erreichen der Ziele gewährleisten. Auf diese Weise soll nach dem Motto „Was gemessen wird, dem wird Aufmerksamkeit geschenkt"[473] das Verhalten der Organisation zielgerichtet gelenkt werden.

5.2.3.1 Sammlung von Messgrößenvorschlägen

Die einzelnen Messgrößen müssen die Zielerreichung eines strategischen Ziels dokumentieren und abbilden. Um ihre Aussagefähigkeit sicherzustellen, die Akzeptanz des gesamten Kennzahlen- und Zielsystems nicht zu gefährden sowie auf diese Weise die Mitarbeiter zu motivieren, sollten die Messgrößen der Pfad-BSC leicht zu ermitteln und nachvollziehbar sein.[474] Um dies zu gewährleisten, werden die befragten Personen in den Mitarbeitergesprächen damit beauftragt, eine Messgröße anzugeben bzw. zu beschreiben, welche den Entwicklungsstand und den Grad der Zielerreichung aufzeigt. Hierzu können unter anderem Kennzahlen aus der bereits beschriebenen Prozessleistung herangezogen werden (siehe Kap. 4.3 ff).

Die Hilfsfrage zur Ermittlung von möglichen Messgrößen in den Befragungen lautet: „An welcher Messgröße bzw. Kennzahl kann das Erreichen des angestrebten Ziels abgelesen werden?" Diese Hilfsfrage verdeutlicht die Besonderheiten der Messgrößen in der BSC. Hierbei geht es nicht um allgemeingültige Kennzahlen, sondern um besondere Messgrößen, welche die Zielerreichung für das ausgewählte strategische Ziel am Besten abbilden. Der Zielbezug ist also von besonderer Relevanz. Da die Verantwortung für die Entwicklung der Messgrößen an einen Mitarbeiter übertragen wird, ist es von besonderer Bedeutung, dass die Messgröße sowie deren Erfassung einfach und verständlich ist. Die Messgrößen sollten sich logisch in die Kette von Ursache und Wirkung einordnen lassen. Messgrößen, die

---

472 Vgl. Friedag, S. 291.
473 Ebd., S. 44.
474 Vgl. Ehrmann/Olfert, S. 54 f.

einen organisatorischen Wandel oder eine Verhaltensänderung unterstützen, sind in der Pfad-BSC zu bevorzugen. Die Auswahl der Messgrößen soll unter Berücksichtigung der Kriterien Erhebbarkeit und Kosten der Erhebung erfolgen, ohne dabei die Erreichung des strategischen Ziels aus den Augen zu verlieren. Sollten sich keine geeigneten Kennzahlen definieren lassen oder ist deren Erhebung zu kostenintensiv, kann auch eine verbale Beschreibung der Entwicklung in Form eines maximal zweiseitigen Memos erfolgen.[475] Die Kennzahlen der BSC benötigen Soll- und Ist-Werte, abgeleitete Maßnahmen, Übertragung der Verantwortung und zielgerichtete Motivation, damit sie nicht als „tote Zahlen" im Computer enden.[476]

5.2.3.2 Bestimmung von Messgrößen zur Abbildung der strategischen Ziele

Aus den ermittelten Messgrößenvorschlägen werden nun die geeignetsten Messgrößen ausgewählt. In den folgenden Abschnitten sollen Messgrößenvorschläge für die zuvor ausgewählten strategischen Ziele beispielhaft erläutert werden. Die Messgrößen werden stets in Ergebniskennzahlen und Leistungstreiber unterteilt, um deren Ausgewogenheit zu verdeutlichen.

Messgrößen für Ziele der Finanzwirtschaftlichen Perspektive

Für die Ziele der finanzwirtschaftlichen Perspektive wurden die folgenden Messgrößen festgelegt:

Ziel / Art der Messgröße	Bezeichnung, Auswahlbegründung und Formel der Messgröße	Ergebniskennzahl	Leistungstreiber
Gewinnmaximierung, um Quersubventionierung zu ermöglichen	Überschuss: Der Überschuss pro Behandlung über Verrechnung der Kosten mit den Erlösen gibt den Gewinnanteil der Behandlung wieder, der verrechnet mit der Fallzahl den Gewinn widerspiegelt	×	

---

475 Vgl. Kaplan/Norton, S. 97 f.
476 Vgl. Friedag/Schmidt, S. 70 ff.

Art der Mess-größe / Ziel	Bezeichnung, Auswahlbegründung und Formel der Messgröße	Ergebnis-kennzahl	Leistungs-treiber
Kostensenkung für die Behandlung	Prozesskosten: Die Prozesskosten eignen sich als Kosten am besten zur Beurteilung der Kostensenkung, da eine Veränderung der Prozesse eine Kostensenkung initiiert unabhängig von den Kosten für andere Leistungen der Station oder Abteilung	✗	
Ausbau des Mengengerüsts bei positiven Erträgen	Veränderung der Fallzahl: Die Veränderung der Fallzahl verdeutlicht direkt die Ergebnisse der durchgeführten Aktivitäten und dient als Frühindikator für den Überschuss. Die Messgröße „Veränderung der Fallzahl" kann auch mit der Veränderung der durchschnittlichen Fallzahl aller Krankenhäuser für ein Benchmarking genutzt werden.		✗
Verweildauer bei gleichbleibender Qualität auf DRG-Niveau steuern	Ø Verweildauer: Die durchschnittliche Verweildauer wurde als Ergebniskennzahl für alle Behandlungen gewählt, da sie Aufschluss über die Einhaltung des Verweildauerzeitraumes nach DRG gibt.	✗	
	Überschreiten der maximalen Verweildauer: Über diese Messgröße wird der Anteil der Fälle mit zu hoher Verweildauer bestimmt, die über der		✗

Ziel / Art der Messgröße	Bezeichnung, Auswahlbegründung und Formel der Messgröße	Ergebnis-kennzahl	Leistungs-treiber
	maximalen Verweildauer (mVWD) des DRG-Systems liegt. Diese Messgröße ist wiederum ein Frühindikator für das Ziel „Kostenreduzierung", was dadurch negativ beeinflusst wird.		×
	Unterschreiten der unteren Grenzverweildauer: Diese Messgröße ist ein Indikator für eventuelle Prüfungen der Krankenkasse, ob nicht eine ambulante Leistung vorliegt und damit eine Veränderung des stationären Leistungsspektrums einhergeht		×

Tab. 8: Messgrößenauswahl für Ziele der finanzwirtschaftlichen Perspektive

Messgrößen für Ziele der Kundenperspektive

Messgrößen zur Beurteilung der strategischen Ziele der Kundenperspektive werden in Ergebniskennzahlen und Leistungstreiber unterteilt, wobei Leistungstreiber wichtige Aspekte zur Entwicklung der Ergebniskennzahlen abbilden. Die Leistungstreiber betreffen die Produkt- und Serviceeigenschaften, die Kundenbeziehungen sowie Image und Reputation.[477]

---

477 Vgl. Friedag, S. 292.

Ziel \ Art der Messgröße	Bezeichnung und Auswahlbegründung	Ergebnis-kennzahl	Leistungs-treiber
prästationäre Voruntersuchung in eigener ambulanter Einrichtung	Index für Patientenzufriedenheit: In regelmäßigen Abständen durchgeführte Patientenbefragungen liefern Informationen über die Zufriedenheit der Patienten mit der prästationären Voruntersuchung. Dadurch kann die Entwicklung der Fallzahl der Behandlung prognostiziert werden.[478]	✕	
	Anteil Patienten mit prästationärer Voruntersuchung: Diese Messgröße gibt Aufschluss darüber, welcher Anteil der Patienten die vorstationäre Untersuchung in Anspruch nimmt bzw. in Anspruch nehmen kann.		✕
	Aufenthaltsdauer bei der Voruntersuchung: Um den Patienten durch die prästationäre Untersuchung mehr Flexibilität und Gestaltungsfreiheit zu geben, ist es wichtig, die Voruntersuchungen zügig durchzuführen. Die Aufenthaltsdauer spiegelt diesen Sachverhalt wieder. Diese Messgröße ist ein Leistungstreiber für die Patientenzufriedenheit		✕

---

478 Über den unterstellten Zusammenhang zwischen Patientenzufriedenheit und Fall der Behandlung siehe Kapitel 5.2.2.

Ziel \ Art der Messgröße	Bezeichnung und Auswahlbegründung	Ergebniskennzahl	Leistungstreiber
Planungssicherheit für Patienten und Angehörige	Anteil Pfadpatienten: Da der Behandlungspfad den Patienten Planungssicherheit bieten kann, wird der Anteil der Pfadpatienten als Indikator für die Planungssicherheit verwendet.	✕	
	Anteil Pfadabbrüche: Von den Patienten deren Behandlung nach dem Pfad verläuft, müssen einige aus verschiedenen Gründen abweichen. Der Anteil dieser Patienten ist wiederum ein Indikator für die Planungssicherheit	✕	
Patientenzufriedenheit erhöhen	Index für Patientenzufriedenheit (nähere Informationen siehe Index für Patientenzufriedenheit bei Ziel 5 prästationäre Voruntersuchung in eigener ambulanter Einrichtung)[479]	✕	
Zusammenarbeit mit niedergelassenen Ärzten intensivieren	Anzahl Kontakte Klinik – Arzt pro Patient: Die Anzahl der Kontakte wird als Leistungstreiber für die Anzahl der Einweisungen betrachtet, da der niedergelassene Arzt über seinen Patienten informiert ist und die Leistung des Krankenhauses damit transparent.		✕

---

479 Bei wiederholten Messgrößen wird jeweils auf die erste Erläuterung verwiesen.

147

Ziel	Art der Messgröße / Bezeichnung und Auswahlbegründung	Ergebnis-kennzahl	Leistungs-treiber
	Anzahl Einweisungen je Arzt: Die Anzahl der Einweisungen deutet auf das Verhältnis von Einweiser und Krankenhaus hin. Diese Messgröße ist zugleich Frühindikator für die Entwicklung der Fallzahl.	x	

Tab. 9: Messgrößenauswahl für Ziele der Kundenperspektive

Messgrößen für Ziele der Internen Prozessperspektive
Für die festgelegten Ziele der internen Prozessperspektive könnte das Krankenhaus die folgenden Messgrößen festgelegen:

Ziel	Art der Messgröße / Bezeichnung und Auswahlbegründung	Ergebnis-kennzahl	Leistungs-treiber
Einführung von Behandlungspfaden	Anteil Pfadpatienten (nähere Informationen siehe Anteil Pfadpatienten bei Ziel 6 Planungssicherheit für Patienten und Angehörige)	x	
	Anteil Pfadabbrüche (nähere Informationen siehe Anteil Pfadabbrüche bei Ziel 6 Planungssicherheit für Patienten und Angehörige)	x	
	Anteil der Pfadabbrüche je Abbruchstellen: Neben dem Anteil der Pfadabbrüche ist auch die Häufigkeit bestimmter Pfadabbruchstellen für	x	

148

Ziel \ Art der Messgröße	Bezeichnung und Auswahlbegründung	Ergebnis-kennzahl	Leistungs-treiber
	die Verbesserung der Pfade, die Patientenzufriedenheit und die Planungssicherheit von Bedeutung. Dies soll durch diese Messgröße beobachtet werden.		
Einführung eines Patientenpfades/ Einführung einer Patientenbroschüre zum Pfad	Anteil Pfadpatienten mit Patientenpfad:		
	Der Erfolg der Einführung eines Patientenpfades kann mit der Messgröße „Anteil der Pfadpatienten mit Patientenpfad" beobachtet werden. Der Anteil der Pfadpatienten mit Patientenpfad ist jedoch auch Frühindikator für die Patientenzufriedenheit und die Planungssicherheit.	✕	✕
	Index lt. Patientenzufriedenheit (nähere Informationen siehe Index für Patientenzufriedenheit bei Ziel 5 prästationäre Voruntersuchung in eigener ambulanter Einrichtung)	✕	
Prästationäre Behandlungsstrukturen schaffen	Anteil Patienten mit prästationärer Behandlung (nähere Informationen siehe Anteil Patienten mit prästationärer Behandlung bei Ziel 5 prästationäre Voruntersuchung in eigener ambulanter Einrichtung)	✕	
Gute Organisationsstruktur zur Nutzung der verfügbaren Ressourcen schaffen	Anteil Patienten mit diagnostischen Laufplänen:		
	Da eine gute Organisationsstruktur in der prästationären Untersuchung mit Hilfe von diagnosti-		✕

149

Ziel \ Art der Messgröße	Bezeichnung und Auswahlbegründung	Ergebnis-kennzahl	Leistungs-treiber
	schen Laufplänen erfolgen soll, ist der Anteil der Patienten mit solchen Laufplänen ein Indikator für die Organisationsstruktur.		
	Wartezeit bis Beginn der Untersuchung: Die Wartezeit bis Beginn einer Untersuchung ist ein Indikator für die Qualität der Organisationsstruktur und wurde deshalb als Messgröße ausgewählt.		×
Prozessorientierte Steuerung vorantreiben	Anteil Patienten mit Behandlungspfad (nähere Informationen siehe Anteil Pfadpatienten bei Ziel 6 Planungssicherheit für Patienten und Angehörige)	×	

Tab. 10: Messgrößenauswahl für Ziele der internen Prozessperspektive

Messgrößen für Ziele der Potenzialperspektive

Zur Beobachtung der Ziele der Potenzialperspektive hat das Krankenhaus die folgenden Messgrößen ausgewählt:

Ziel \ Art der Messgröße	Bezeichnung und Auswahlbegründung	Ergebnis-kennzahl	Leistungs-treiber
Umgang mit Patienten optimieren	Anteil Schulungsstunden pro Mitarbeiter: Unter der Annahme, dass ausgebildete Mitarbeiter professioneller		×

Art der Mess-größe / Ziel	Bezeichnung und Auswahlbegründung	Ergebnis-kennzahl	Leistungs-treiber
	mit Patienten (auch schwierigen) umgehen können ist die Schulungsquote ein Indikator für dieses Ziel.		
	Index lt. Patientenzufriedenheit (nähere Informationen siehe Index für Patientenzufriedenheit bei Ziel 5 prästationäre Voruntersuchung in eigener ambulanter Einrichtung)	×	
(Entscheidungs-) Transparenz herstellen	Mitarbeitereinschätzung: Die Messung der Transparenz ist sehr schwierig. Die Mitarbeiter sollen hierzu entweder die Veränderungen schriftlich fixieren oder die Entwicklung mit Hilfe einer Skala individuell bewerten.	×	
Kostentransparenz herstellen	Differenz der Kosten pro Gebrauchsartikel pro Monat: Unter der Annahme, dass bekannte Kosten eines Artikels zu einem sparsamen Umgang damit führen, kann die Kostenentwicklung dieses Artikels als Indikator für die Kostentransparenz betrachtet werden.	×	

Tab. 11: Messgrößenauswahl für Ziele der Potenzialperspektive

5.2.3.3 Definition und Erfassung der ausgewählten Kennzahlen

Auf diese Vorschläge wird bei der Definition von Messgrößen zurückgegriffen, sofern sie das Ziel abbilden und die Erhebung der Basisdaten gewährleistet ist. Diese Messgrößen müssen nun mit Hilfe von Formeln und Erläuterungen spezifiziert und aufgelistet[480] werden, um so für die Messgrößenfestlegung strukturiert zu sein. Die notwendigen Datenquellen zur Generierung der Messgrößen müssen ebenfalls identifiziert werden.[481] Die Basisdatenerfassung ist Grundlage jeder Kennzahl, da sie Genauigkeit und Aktualität der Messgröße bestimmt. Keine Kennzahl kann genauer und aktueller sein als die Genauigkeit und die Aktualität der Basisdatenerfassung.[482] Eine 100 %ige Genauigkeit bei der Erhebung der Daten ist nicht möglich. Die gegebenen Ungenauigkeiten der Informationserfassung müssen akzeptiert und bei der Interpretation beachtet werden. [483] Um die Akzeptanz der Mitarbeiter zu erhöhen, muss Einigkeit über den Inhalt hergestellt und die Aussagekraft der Messgröße vermittelt werden. Hierzu sind sowohl die inhaltliche und mathematische Definition als auch die Datenquelle zu dokumentieren.

Messgröße	Mathematische Definition	Datenquelle
Überschuss	(Erlös-Kosten) × Anzahl Fälle	Buch-haltung
Prozess-kosten	$\dfrac{(\text{Prozesskosten } T_2 - \text{Prozesskosten } T_1) \times 100}{\text{Prozesskosten T1}}$ (in % Veränderung zum vorherigen Zeitraum)	Buchhaltung und Prozess-kosten-rechnung
Veränderung der Fallzahl	$\dfrac{(\text{Anzahl Fälle T2} - \text{Anzahl Fälle T1}) \times 100}{\text{Anzahl Fälle T1}}$ (in % Veränderung zum vorherigen Zeitraum)	Krankenhausinformationssystem (KIS)
Ø Verweil-dauer	$\dfrac{\sum (\text{Datum Entlassung} - \text{Aufnahme})}{\text{Anzahl Patienten}}$ (in Tagen)	KIS

---

480 Sammlung der Messgrößenvorschläge mit Formeln siehe Anlage VIII.
481 Vgl. Weber/Schäffer, S. 94 ff.
482 Vgl. Friedag/Schmidt, S. 60 f.
483 Vgl. ebd., S. 60 f.

Messgröße	Mathematische Definition	Datenquelle
Überschreiten der maximalen Verweildauer	$$\frac{(\text{Anzahl Fälle VWD} > \text{mVWD}) \times 100}{\text{Anzahl Fälle insgesamt}}$$ (in %)	KIS
Unterschreiten der unteren Grenzverweildauer	$$\frac{(\text{Anzahl Fälle VWD} < \text{uGVWD}) \times 100}{\text{Anzahl Fälle insgesamt}}$$ (in %)	KIS
Patientenzufriedenheit	Index lt. Patientenbefragung	Patietenbefragung
Anteil Patienten mit prästationärer Voruntersuchung	$$\frac{\sum \text{mit prästat. Untersuchung} \times 100}{\text{Anzahl Patienten insgesamt}}$$ (in %)	KIS
Aufenthaltsdauer bei der Voruntersuchung	(Zeitpunkt Ende Voruntersuchungen) – (Zeitpunkt Anmeldung zur Voruntersuchung) (in Std.)	Erhebung der Wartezeit
Anteil Pfadpatienten	$$\frac{\text{Anzahl potenzielle Pfadpatienten} \times 100}{\text{Anzahl Pfadpatienten}}$$ (in %)	KIS
Anteil Pfadabbrüche	$$\frac{\text{Anzahl Pfadabbrüche} \times 100}{\text{Anzahl Pfadpatienten}}$$ (in %)	KIS
Anzahl Kontakte Klinik–Arzt pro Patient	Anzahl Kontakte behandelndem Arzt mit einweisendem Arzt pro Patient	KIS
Anzahl Einweisungen je Arzt	Anzahl Einweisungen je Arzt pro Zeiteinheit	Patientenbefragung

153

Messgröße	Mathematische Definition	Datenquelle
Anteil der Pfadabbrüche je Abbruchstellen	$$\frac{\text{Pfadabbrüche je Abbruchstelle} \times 100}{\text{Anzahl Abbrüche insgesamt}}$$ (in %)	Pfadcontrolling
Anteil Pfadpatienten mit Patientenpfad	$$\frac{\text{Anzahl Patienten Patientenpfad} \times 100}{\text{Anzahl Pfadpatienten}}$$ (in %)	KIS
Anteil Patienten mit diagnostischen Laufplänen	$$\frac{\text{Patienten diagn. Laufplänen} \times 100}{\text{Anzahl Patienten mit vorstationärer Behandlung}}$$ (in %)	KIS
Wartezeit bis Beginn der Untersuchung	(Zeitpunkt Beginn präst. Untersuchung) − (Zeitpunkt Anmeldung zur Untersuchung) (in Min.)	Erhebung der Wartezeit
Anteil Schulungsstunden pro Mitarbeiter	$$\frac{\text{Anzahl Schulungsteilnehmer} \times \text{Stunden}}{\text{Anzahl Mitarbeiter}}$$ (in Std.)	Mitarbeiterzeitauswertung
Mitarbeitereinschätzung	Einschätzung lt. Mitarbeiterbefragung	Mitarbeiterbefragung
Differenz der Kosten pro Gebrauchsartikel pro Monat	$$\frac{(\sum \text{Kosten Artikel A } T_2 - \sum \text{Kosten A} T_1) \times 100}{\sum \text{Kosten Artikel A Zeitraum } T_1}$$ (in % Veränderung zum vorherigen Zeitraum)	Einkauf und Rechnungswesen

Tab. 12: Mathematische Messgrößendefinition und Datenquellenbestimmung

5.2.4 Festlegung von Ziel- und Schwellenwerten

Im nächsten Arbeitsschritt müssen Zielwerte für die Messgrößen bestimmt werden, um auf diese Weise eine Steuerungsrelevanz für die Messgrößen zu erhalten. Dabei ist ein anspruchsvolles, aber doch realistisches Zielniveau für die Festlegung von Zielwerten der einzelnen Messgrößen zu finden. Treten im Verlauf der Entwicklung der Pfad-BSC Zielkonflikte zutage, können durch anspruchsvollere Zielwerte Prioritäten innerhalb der konkurrierenden Ziele gesetzt werden.[484] Die Festlegung der Zielwerte erfolgt nach HORVÁTH & PARTNER in vier Schritten:[485]

- Schaffung einer Vergleichsbasis
- Berücksichtigung der Zeitverläufe
- Schwellenwerte definieren
- Zielwerte dokumentieren.

5.2.4.1 Schaffung einer Vergleichsbasis

Eine Vergleichsbasis dient der Akzeptanz der Zielwerte und kann aus Vergangenheitswerten oder aktuellen Werten, Umfragen oder Benchmarks ermittelt werden. Die Festlegung der Zielwerte kann auf einem realistischen Zielniveau erfolgen.[486] Liegen für bestimmte Messgrößen keine Informationen zur Bestimmung des Zielniveaus vor, kann ein Zielwert auch geschätzt werden, sollte in diesem Fall aber sofort bei Vorliegen von Ist-Werten angepasst werden.[487]

Für die Pfad-BSC des Beispielkrankenhauses besteht nun das Problem, dass viele der ausgewählten strategisch ausgerichteten Messgrößen für die Pfad-BSC im Krankenhaus bisher nicht erhoben wurden. So ist z. B. zur Messung der Nutzungsintensität der Behandlungspfade der Anteil der potenziellen Pfadpatienten, die tatsächlich nach dem Pfad behandelt werden, zu ermitteln. Dies konnte bis zum heutigen Zeitpunkt nicht gemessen werden, da der Behandlungspfad noch nicht in der Praxis verwendet wird. Deshalb besteht für das Krankenhaus zunächst die Aufgabe, die Ist-Werte zu erheben und somit eine Vergleichsbasis zu schaffen. Kann das Krankenhaus für eine bestimmte Messgröße noch keinen Ist-Wert ermitteln, wird

---

484 Vgl. Horváth & Partner, S. 51.
485 Vgl. ebd., S. 214 ff.
486 Vgl. Ehrmann, S. 130.
487 Vgl. Horváth & Partner, S. 215.

dies vermerkt und der voraussichtliche Zeitpunkt der ersten Messung angegeben. Bis zu diesem Zeitpunkt wird die Festlegung des Ist-Wertes und der Vergleichsbasis aufgeschoben, da man realistische und auch in Zukunft vergleichbare Messwerte ermitteln und die Funktionalität der Pfad-BSC langfristig sicherstellen möchte.

5.2.4.2   Definition von Ziel- und Schwellenwerten

Die Festlegung der Zielwerte erfolgt bei der klassischen BSC i. d. R. für den gesamten Planungshorizont von drei bis fünf Jahren. „Gute Zielwerte sollten anspruchsvoll, ehrgeizig, aber glaubhaft erreichbar sein."[488] Die Zielwerte am Ende der Planungsperiode werden hierzu in Zielwerten für einzelne Planungsperioden, im Sinne von Meilensteinen, spezifiziert (vgl. Kap. 3.4.2). In Abhängigkeit von beeinflussenden Parametern können verschiedene Zielwertverläufe für den gleichen Zielwert zum Ende des Planungszeitraums definiert werden. Insbesondere längerfristige Ziele sollen in Etappenziele unterteilt werden.[489]

Bei einigen Zielwerten, für die momentan noch keine Ist-Werte und damit kein Vergleichsniveau bekannt sind, kann das Krankenhaus auf die Festlegung eines Zielwertes unter der aufschiebenden Bedingung der Ermittlung des Ist-Wertes zunächst verzichten. Der Anteil der Pfadpatienten, die den Pfad während des Krankenhausaufenthaltes verlassen – der Anteil der Pfadabbrüche –, kann frühestens nach Einführung des Behandlungspfades erstmalig gemessen werden. Da man noch keine Informationen über die Qualität des Behandlungspfades hat, wäre die Festlegung einer anzustrebenden Verbesserung reine Spekulation und würde damit die Aussagefähigkeit und Glaubwürdigkeit der Pfad-BSC in Frage stellen. Um dieses zu vermeiden, wurde die Festlegung des Zielwertes in diesen Fällen aufgeschoben. Bei einigen Zielwerten, für die kein Ist-Wert und kein Vergleichsniveau vorliegt, leiten sich die Zielwerte jedoch aus Standards oder anderen konkreten Zielvorstellungen ab. So nimmt man für den noch nicht eingeführten Behandlungspfad der Struma, bezüglich des Patientenanteils mit diesem Behandlungspfad einen Zielwert von 85 % der potenziellen Pfadpatienten an. Dieser Zielwert wird mit dem Behandlungspfad konkret anvisiert und kann somit als Zielwert für die Pfad-BSC formuliert werden.

Entwickelt ein Krankenhaus die Pfad-BSC im Anschluss an die Einführung eines Behandlungspfades werden sicherlich mehr relevante Messgrößen ermittelt, welche die Ermittlung der Vergleichsbasis und damit die

---

488 Horváth & Partner, S. 213.
489 Vgl. Ehrmann, S. 130.

Festlegung des Zielniveaus entscheidend erleichtern. Doch auch dort müssen vermutlich zunächst neue Messgrößen berechnet werden.

Die Festlegung von Schwellenwerten dient der Integration der Zielwerte in ein Zielvereinbarungssystem und einer tendenziellen Aussage über den Grad der Zielerreichung. Hierzu müssen untere Grenzen und verschiedene Erfüllungsgrade definiert werden.[490] Die Darstellung dieser Schwellenwerte kann z. B. über farbliche Statusanzeigen erfolgen. Abschließend sollten die Ziel- und Schwellenwerte dokumentiert und in das Reportingsystem übernommen werden. Als Schwellenwerte können z. B. der Grenzwert 1 – Zielerreichung problematisch – und der Grenzwert 2 – Zielerreichung ernsthaft gefährdet – festgelegt werden. Der Planungshorizont der Pfad-BSC sollte jedoch zunächst nicht so lang wie bei der klassischen BSC sein. Ein Planungshorizont von einem bis drei Jahren ist zunächst zu empfehlen, da sich in diesem operativeren Bereich Veränderungen schneller vollziehen.

Neben den Zielwerten werden noch Ergebniskorridore in Form von Ober- und Untergrenzen für jede Kennzahl definiert. Bei der Festlegung von Zielwerten und Ergebniskorridoren können die Messgrößenwerte aus vergangenen Perioden herangezogen werden, um einen Vergleichsmaßstab zu haben. Ausgehend von den Vergleichsmaßstäben oder von einem spezifischen Zielniveau werden dann in Kooperation mit den Befragten aus ärztlichem Dienst, Pflege- sowie Funktionsdienst die Zielwerte, Meilensteine und Ergebniskorridore festgelegt.

5.2.4.3 Zuständigkeiten regeln

Über die Festlegung von Zielwerten können die strategischen Ziele in Controlling- und Zielvereinbarungssysteme übernommen und Commitment bei den Mitarbeitern erreicht werden.[491] Um den Mitarbeitern die Verpflichtung für die Entwicklung der Messgröße und damit die Erreichung des Ziels zu übertragen, sollte je eine Person die Verantwortung und Zuständigkeit für die Zielerreichung innehaben.[492] Diese Regelung gilt auch für die Pfad-BSC. Mit den verantwortlichen Personen sind Zielvereinbarungen festzulegen. Um die Verantwortung für die Entwicklung einer Messgröße an eine bestimmte Person zu übertragen, ist es wichtig, dass diese Person die Messgröße wirklich beeinflussen kann.[493] Durch die

---

490 Vgl. ebd., S. 130.
491 Vgl. Horváth & Partner, S. 214.
492 Vgl. Ehrmann/Olfert, S. 55.
493 Vgl. Schedl, S. 62.

Übertragung der Verantwortung der Zielentwicklung an einen Mitarbeiter wird dieser zusätzlich motiviert und die Zielerreichung vorangetrieben (vgl. Kap. 3.4.2.2). Das Beispielkrankenhaus hat bei der Bestimmung der verantwortlichen Personen beispielsweise auf diejenigen zurückgegriffen, die an der Zielfindung beteiligt waren oder an den zielfördernden Aktionen entscheidend mitwirken.

5.2.4.4 Verknüpfung der Zielvereinbarungen mit einem Prämiensystem

Die Zielvereinbarungen können an ein Prämiensystem geknüpft werden, um so die Mitarbeiter zusätzlich zu motivieren. Die Entscheidung über die Verknüpfung von der Pfad-BSC mit einem Prämiensystem ist individuell für das Unternehmen zu entscheiden, wobei die Nachteile einer solchen Verbindung (vgl. Kap. 3.4.2.2) bei der Entscheidung jedoch berücksichtigt werden sollten.

5.2.4.5 Dokumentation der Messgrößen und Integration in Ursache-Wirkungs-Ketten

Im Rahmen der Dokumentation der Messgröße ist neben der Definition und der Formel auch das zu überprüfende strategische Ziel, die Verknüpfung, die notwendigen Datenquellen, die Messfrequenz sowie die messverantwortliche Person[494] zu erfassen. Die folgenden Verknüpfungen könnten für die ausgewählten Messgrößen des Beispielkrankenhauses analysiert werden:[495]

---

494 Vgl. ebd., S. 62.
495 Zur Dokumentation der Messgrößen siehe Anlage IX.

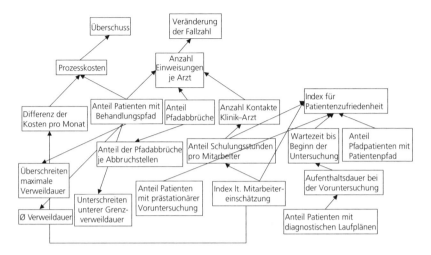

Abb. 51: Verknüpfungen der ausgewählten Messgrößen

5.2.5 Vereinbarung zielfördernder Maßnahmen

Zur Zielerreichung bzw. -entwicklung werden strategische Initiativen verwendet. Strategische Initiativen „sind Maßnahmen, Projekte, Aktivitäten und sonstige Tätigkeiten, die dazu beitragen, die strategischen Ziele umzusetzen."[496] In dieser Arbeit werden sie auch als zielfördernde Aktivitäten bezeichnet. Zielfördernde Aktivitäten übersetzen die Strategie in konkrete Aktionen, indem sie die strategischen Ziele operationalisieren.[497] Die Festlegung der zielfördernden Maßnahmen erfolgt mit der Pfad-BSC ebenso wie in der klassischen BSC zielorientiert und strategisch bedeutend.[498] Zur Festlegung der strategischen Maßnahmen werden die bestehenden Projekte des Krankenhauses notiert und strategischen Zielen zugeordnet, deren Erreichen sie fördern. Im Anschluss daran werden weitere notwendige Maßnahmen zur Realisierung der strategischen Ziele abgeleitet und festgelegt. Ist die Anzahl der strategischen Maßnahmen zu groß, um alle gleichzeitig realisieren zu können, muss das Krankenhaus Prioritäten setzen.

---

496 Vgl. Schedl, S. 65.
497 Vgl. Horváth & Partner, S. 222.
498 Vgl. ebd., S. 53.

5.2.5.1 Sammlung laufender und geplanter Projekte

Zur Festlegung der zielfördernden Aktivitäten werden zunächst alle laufenden und geplanten Projekte aufgelistet und den einzelnen strategischen Zielen zugeordnet. Zielfördernde Aktivitäten können auch die Erreichung mehrerer Ziele unterstützen.[499] Finanzwirtschaftliche Ziele können nur selten direkt durch zielfördernde Aktivitäten erreicht werden. Die Zielerreichung erfolgt vielmehr nur über die Erreichung der Ziele übrigen Perspektiven.[500] Im Beispielkrankenhaus werden momentan folgende Maßnahmen und Projekte durchgeführt:

- Einführung des Behandlungspfades
- Beschwerdemanagement
- Projekt Kurzliegerstation

Für die Erreichung der strategischen Vorgaben aus der Pfad-BSC resultierend sind die folgenden geplanten Projekte ebenfalls zielfördernd:

- Einführung der Patientenversion des Behandlungspfades
- Durchführung einer Zuweiserbefragung
- Durchführung einer Patientenbefragung
- Einführung diagnostischer Laufpläne
- Einführung der Pfad-BSC
- Einrichtung einer Hotline für niedergelassene Ärzte
- Angebot an Fortbildungen oder Infoveranstaltungen für die niedergelassenen Ärzte
- Entwicklung eines Schulungsprogramms der innerbetrieblichen Fortbildung (IBF) für Umgangsformen mit Patienten
- Veröffentlichung der Preise einzelner Verbrauchsmaterialien
- Messung der Wartezeit vor verschiedenen Untersuchungen

Die laufenden und geplanten strategischen Aktionen werden den einzelnen strategischen Zielen zugeordnet.[501]

5.2.5.2 Priorisierung zielfördernder Maßnahmen

Da alle Unternehmen nur begrenzte Ressourcen zur Verfügung haben und die Umsetzung aller denkbaren Aktivitäten darum nicht realisierbar ist[502], muss das Unternehmen Prioritäten setzen. Die Durchführung einer Nutz-

---

499 Vgl. Schedl, S. 66.
500 Vgl. ebd., S. 66.
501 Matrix der strategischen Ziele und zielfördernden Maßnahmen siehe Anlage X.
502 Vgl. Horváth & Partner, S. 222.

wertanalyse oder anderer Bewertungssysteme kann ein Unternehmen bei der Priorisierung unterstützen.[503] Entscheidungsbildende Faktoren können aber auch die strategische Bedeutung und der Ressourcenaufwand sein:[504]

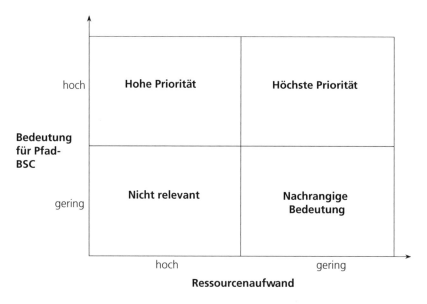

Abb. 52: Matrix nach HORVÁTH & PARTNER zur Priorisierung zielfördernder Maßnahmen[505]

Aus diesen zahlreichen Projekten sind diejenigen von größtem Wert für die Umsetzung der Pfad-BSC auszuwählen. Hierzu wird die Matrix von Horváth & Partner verwendet, in der alle zielfördernden Maßnahmen hinsichtlich Ressourcenaufwand und strategischer Relevanz in eine Vier-Felder-Matrix einsortiert werden (vgl. Abb. 53) und deren Rangordnung ermittelt werden kann. Die zielfördernden Aktionen mit höchster Priorität, d. h. mit geringem Ressourcenaufwand und hoher Bedeutung für die Pfad-BSC, sind die Einführung einer Patientenversion des Behandlungspfades und die Durchführung einer Zuweiserbefragung. Hierbei ist anzumerken, dass die Einführung der Patientenversion erst nach der abgeschlossenen Entwicklung der Behandlungspfade einen geringen Ressourcenverbrauch hat. Dies hat zur Folge, dass die Rangfolge der zielfördernden Aktionen

---

503 Vgl. Ehrmann, S. 135 und Horváth & Partner, S. 229 f.
504 Vgl. Horváth & Partner, S. 229.
505 Darstellung in Anlehnung an Horváth & Partner, S. 229.

insofern von der Standard-Interpretation der Matrix abweicht, dass die Einführung des Behandlungspfades vor der Einführung der Patientenversion des Behandlungspfades erfolgen muss.

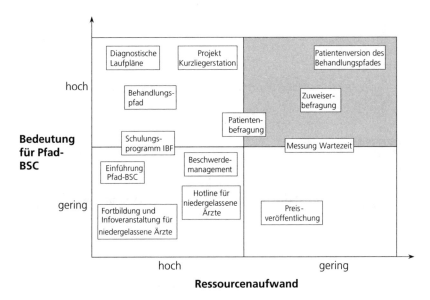

Abb. 53: Priorisierung der zielfördernden Aktionen

Innerhalb des Feldes der zielfördernden Aktionen von hoher Priorität, d. h. hohe Bedeutung für Pfad-BSC und hoher Ressourcenaufwand, wird die Rangfolge innerhalb des Feldes anhand der Anzahl der zu fördernden Ziele einer Aktion bestimmt.[506] Nach dieser Reihenfolge stehen die Aktionen Einführung des Behandlungspfades und das Projekt Kurzliegerstation ganz oben auf der Prioritätenliste. Danach sollte der diagnostische Laufplan eingeführt werden und im Anschluss daran die Patientenbefragung. Die Messung der Wartezeit bewirkt bei wenig Ressourcen eine große strategische Wirkung und sollte deshalb trotzdem – abweichend von der Standardinterpretation – frühzeitig durchgeführt werden.

---

506 Vgl. hierzu Anlage X.

5.2.6 Vorbereitung der Implementierung der Pfad-BSC

5.2.6.1 Entwicklung eines Informations- und Reportingsystems

Die Zielerreichung ist in zeitlich festgelegten Intervallen zu überprüfen. Hierzu werden die Messgrößenwerte ermittelt und mit den vorgegebenen Zielwerten verglichen. Die Festlegung der Messintervalle erfolgt in Abhängigkeit von der Messgröße. Die Ermittlung der Verweildauer kann beispielsweise pro Quartal erfolgen, während eine Patientenbefragung höchstens einmal pro Halbjahr erfolgen kann, da die Ergebnisse wegen der geringen Umfragemenge nicht valide sind.[507]

Die Messung der Zielerreichung erfolgt in dafür vorgesehenen Übersichten und Berichten, die den Verantwortlichen zugestellt werden. Hierzu stehen den Krankenhäusern verschiedene Darstellungsformen zur Verfügung. Eine mögliche und übersichtliche Darstellungsform der Ist- und Planwerte ist der Kiviat-Graph[508], der in Form eines Spinnennetzes die Erreichung der Planwerte zu verschiedenen Zeitpunkten verdeutlicht. Darin werden die relativen Veränderungen eines Wertes zu einem Zentralpunkt dargestellt. Eine andere Möglichkeit für die Berichte an die verantwortlichen Personen sind die Erstellung von Balkendiagrammen mit farblich gekennzeichneten Zielbereichen oder -werten. Die Ist- und Zielwerte können jedoch auch auf einzelnen Achsen eingezeichnet und dargestellt werden. Es kann in Abhängigkeit von den Zielvorgaben und Korridoren eine Einstufung in Risikoklassen – Zielerreichung unbedenklich, bedenklich, gefährdet – erfolgen. Unter Berücksichtigung der bekannten und festgelegten Ist- und Zielwerte kann für das Beispielkrankenhaus zum Zeitpunkt der Einführung der Pfad-BSC folgender Kiviat-Graph generiert werden:

---

507 Ausgangspunkt dieser Beispiele ist eine Fallzahl von 145 Fällen in 2002, pro Quartal bedeutet dies durchschnittlich 36 Fälle.

508 Vgl. Lange/Lampe, S. 107.

Zielerreichungsgrade für die Struma vom 30.06.03

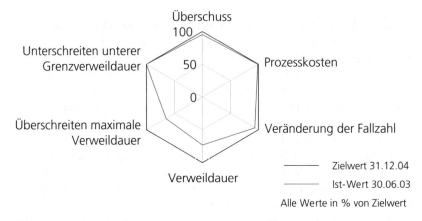

Abb. 54: Zielerreichungsgrade für die Struma vom 30. 06. 2003

Dieser Zielerreichungsbericht wird quartalsweise aktualisiert und an die verantwortlichen Personen sowie an die Geschäftsführung und geeignete Stabsstellen verteilt. Wie der Bericht zum 30. 06. 2003 für die Zielerreichung der Struma verdeutlicht, wird der Zielwert für die „Unterschreitung der unteren Grenzverweildauer" bereits jetzt erreicht. Wenn hier keine Verschlechterung für die Zukunft erwartet wird, ist dem Krankenhaus zu empfehlen, diese Messgröße aus der Pfad-BSC der Struma zu entfernen. Dieser Sachverhalt der Unterschreitung der unteren Grenzverweildauer sollte außerhalb des Kennzahlensystems der Pfad-BSC mit diagnostischen Kennzahlen überwacht werden.

5.2.6.2 Organisation des strategischen Lernprozesses

Abschließend zur Implementierung ist ein Verfahren zur Integration eines strategischen Lernprozesses zu entwickeln. Dieser strategische Lernprozess umfasst einen Prozess „des Feedbacks, der Analyse und Reflexion, durch... [den] eine Strategie überprüft und an veränderte Bedingungen angepaßt wird."[509] Er dient der regelmäßigen Überprüfung, Bestätigung und Modifizierung der integrierten Hypothesen in der BSC.[510] Solche Lernprozesse, die die Strategie und deren Modifizierung miteinbeziehen, bezeich-

---

509 Kaplan/Norton, S. 241.
510 Vgl. ebd., S. 245.

net man als Double Loop Learning.[511] Hierzu stehen den Unternehmen zahlreiche Instrumente zur Verfügung, die einzeln oder in Kombination Hinweise auf die Richtigkeit der Hypothesen liefern:

- Korrelationsanalyse: Messung der Korrelation zwischen zwei oder mehreren Variablen.
- Szenarioanalyse auf Basis des Verbindungsmodells der BSC: Erneuert und stimuliert die Überlegungen bzgl. der Treiber des strategischen Erfolgs.
- Peer Review: Analyse der Zusammenhänge durch unabhängige Dritte.
- usw. [512]

Welches Instrument jedoch in den Unternehmen eingesetzt wird, liegt in dessen Entscheidungsspielraum. Die strategischen Überlegungen sollten mindestens einmal jährlich überprüft werden. Im Konzept der Pfad-BSC erfolgt der strategische Lernprozess in festgelegten Feedbackrunden, die ebenfalls im Vier-Monats-Rhythmus zwei Wochen im Anschluss an die Übergabe der Berichte erfolgen. An den Feedbackrunden nehmen die an der Entwicklung beteiligten und die verantwortlichen Personen teil. Zusätzlich sollte die Überprüfung der Strategie und der Hypothesen einmal jährlich innerhalb eines Peer Review kritisch beleuchtet werden. Im Rahmen dieses Peer Review beurteilen unabhängige Dritte, etwa von einer anderen Station oder aus einem kooperierenden Krankenhaus, die Strategie, die Ziele, die Kennzahlen und die zielfördernden Maßnahmen und geben abschließend eine objektive Bewertung ab.

5.2.6.3 Umsetzungsplan zur Einführung der Pfad-BSC erstellen

Abschließend ist zur Entwicklung der Pfad-BSC ein Umsetzungsplan zu erstellen, in dem alle wichtigen Zeitpunkte und Ereignisse koordiniert und dokumentiert werden. Die Entwicklung des Umsetzungsplanes sollte unter Beachtung der individuellen Situation und der quartalsweisen Berichterstattung erfolgen. Für das Krankenhaus im Beispiel könnte folgender Zeitplan entwickelt werden:

---

511 Vgl. Horváth & Partner, S. 278.
512 Vgl. Hierzu Kaplan/Norton, S. 246 ff.

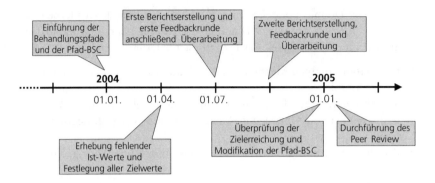

Abb. 55: Umsetzungsplan bis Ende 2004

Der Peer Review sollte von einer anderen Gruppe Mitarbeiter des Krankenhauses durchgeführt werden. Anbieten würden sich die Mitarbeiter, die an der Entwicklung der Pfad-BSC für einen anderen Behandlungspfad teilgenommen haben. Die Mitarbeiter, die an der Entwicklung der Pfad-BSC für die Struma teilgenommen haben, können dann im Gegenzug die Pfad-BSC des anderen Behandlungspfades kritisch begutachten.

5.3 Einsatzbereiche der Pfad-BSC und Stellung im Gesamtgefüge der BSC

Grundsätzlich kann die Entwicklung eines BSC-Systems für ein Unternehmen in einzelnen strategischen Geschäftsfeldern oder auf Ebene der gesamten Organisation begonnen werden. Vom jeweiligen Ausgangspunkt leitet sich ein horizontales und vertikales Scorecard-Netzwerk für das gesamte Unternehmen ab.[513] Dieses Kapitel befasst sich mit der Einordnung der Pfad-BSC in das Gesamtgefüge der BSCs eines Krankenhauses. Die Eingliederung ist abhängig vom Entwicklungsstand der Bereichs- und Unternehmens-BSC sowie der Aufbauorganisation.

---

513 Vgl. Friedag/Schmidt, S. 214.

5.3.1 Entwicklungsstand der BSC vor Beginn der Implementierung

Der Entwicklungsstand der BSC vor Beginn der Entwicklung einer Pfad-BSC bezeichnet den Grad der Tiefe vorhandener BSCs. Besitzt das Krankenhaus bereits BSCs für verschiedene Abteilungen oder für das Gesamtunternehmen, müssen sich die Ziele der Pfad-BSC an denen übergeordneter Einheiten orientieren und gleichgerichtet wirken. Entgegenlaufende Ziele in den Scorecards eines Unternehmens sind zu ersetzen.[514] Wurde weder für das Krankenhaus noch für einzelne Abteilungen oder Stationen eine BSC eingeführt, kann die Entwicklung der Pfad-BSC nur unter Berücksichtigung der strategischen Zielvorgaben sowie des Leitbildes und der Vision erfolgen. Die Entwicklung und Nutzung der Pfad-BSC ist also unabhängig von dem Vorhandensein einer BSC im Krankenhaus oder in Abteilungen.

5.3.2 Prozessorientierte vs. funktionale Aufbauorganisation

Zum einen besteht die Möglichkeit, dass ein Krankenhaus in einer prozessorientierten Aufbauorganisation strukturiert ist (z. B. „Zentrum für minimalinvasive Medizin" oder „Herzzentrum"), d. h. alle an einem Behandlungspfad beteiligten Disziplinen (Ärzte, Pflege, OP-Team) arbeiten interdisziplinär und interprofessionell in einer gemeinsamen Organisationseinheit, in welcher der gesamte Behandlungsfall therapiert wird. In diesem Fall ist die Pfad-BSC vertikal unter der BSC für die strategische Geschäftseinheit bzw. des gesamten Krankenhauses einzuordnen. Die Ziele der Pfad-BSC sollten aus den strategischen Zielen der übergeordneten BSC abgeleitet werden.

---

514 Vgl. Friedag/Schmidt, S. 215.

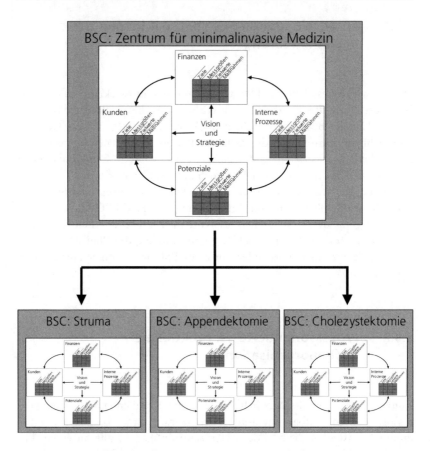

Abb. 56: Einordnung der Pfad-BSC in das Gesamtgefüge der BSC in einer prozess-orientierten Ablauforganisation

Außerdem trifft man im Krankenhaus häufig auf eine klassische, funktionale Organisationsstruktur mit einer Unterteilung nach den verschiedenen Disziplinen (Innere Medizin, Chirurgie, OP, Anästhesie usw.). In diesem Fall gestaltet sich die Einordnung der Pfad-BSC in das BSC-Gesamtsystem schwieriger. Die Pfad-BSC wird prozessorientiert entwickelt, da die Ressourcen verschiedener Abteilungen von dem klinischen Behandlungspfad in Anspruch genommen werden (vgl. hierzu Abb. 57).

Eine Mandelentfernung (Tonsillektomie) z. B., die in der bettenführenden Abteilung HNO (Hals-Nasen-Ohren) behandelt wird, beansprucht zudem die Abteilungen OP, Anästhesie sowie andere Dienste und Leistungen.

168

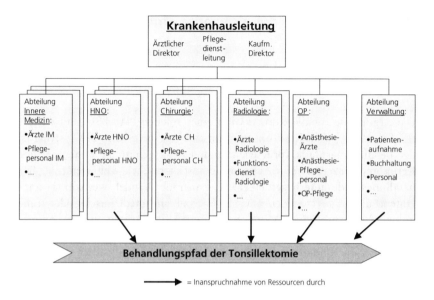

Abb. 57: Ressourceninanspruchnahme durch einen Behandlungspfad bei funktionaler Organisationsstruktur

Eine Pfad-BSC kann also nicht direkt aus der BSC einer Abteilung abgeleitet werden, sondern leitet sich vielmehr aus den Scorecards mehrerer Abteilungen ab. Im umgekehrten Fall können verschiedene Pfad-BSCs auch nicht zu einer Scorecard für die Abteilung sortiert werden, da diese zahlreiche Ziele enthalten, die einzelne betroffenen Abteilungen nicht beeinflussen können. In dieser Situation ist die Festlegung von verantwortlichen Personen – diese Personen sind meist auch die Prozessverantwortlichen – für die Kennzahlen der Scorecard problematisch, da alle beteiligten Disziplinen und Professionen einen Beitrag zur Behandlung und zu den Zielen der Scorecard haben. Die verantwortliche Person hat jedoch nicht die Kompetenz, in allen Abteilungen Einfluss auf die Zielerreichung auszuüben. So wird ein Arzt der Chirurgie keine Verantwortung für zusätzlich entstehende Kosten übernehmen wollen, die durch zu späte Anordnung einer Verlegung von der Inneren Medizin verursacht wurden.[515]

---

515 Wird ein Patient mit der Aufnahmediagnose unklarer Beschwerden im Bauchbereich in der Abteilung Innere Medizin aufgenommen und später als Appendektomie von der Chirurgie operiert, so hat der Chefarzt der Chirurgie nur Einfluss auf einen Teil der Ziele und Kennzahlen.

5.4 Evaluation des Konzepts einer Pfad-BSC

5.4.1 Anwendbarkeit einer Pfad-BSC

Die Argumente für die Konstruktion einer solchen Pfad-BSC sind vielfältig. Einerseits ist ein Kontroll- und Entwicklungsprozess in der Systematik der Behandlungspfade vorgesehen, andererseits gehört die Steuerung der Kernkompetenzen zu den Aufgaben des strategischen Managements. Behandlungspfade unterliegen einem permanenten Wandel, weshalb sie fortlaufend aktualisiert werden müssen. Hierbei sind medizinische oder technologische ebenso wie ökonomische Kriterien zu beachten und Erkenntnisse aus der Anwendung zu verarbeiten. Das Pfad-Controlling hat die Aufgaben, die Pfadabweichungen zu analysieren und selbstdefinierte Ziele zu überprüfen. Die Pfad-BSC unterstützt demnach das Pfad-Controlling wie folgt:

1. Methodische Unterstützung des Prozesses der strategischen Zielfindung für den Behandlungspfad durch das Konzept der Pfad-BSC
2. Übertragung der strategischen Ziele auf operative Einheiten des Unternehmens
3. Überprüfung der Ziele durch Messwerte und Zielgrößen, deren Entwicklungsverantwortung an Mitarbeiter übertragen wurde
4. Zielgerichtete Auswahl und Durchführung von Maßnahmen zur Zielentwicklung
5. Übersichtlichkeit und Nachvollziehbarkeit des Kennzahlensystems durch Ursache-Wirkungs-Vermutungen sowie elementare und relevante Kennzahlen
6. Integration von strategischem Lernen in den Überwachungsprozess und damit Schulung des strategischen Verständnisses

Die Pfad-BSC stellt ein strategisches Steuerungsinstrument für klinische Pfade dar. Sie bildet ein Managementinformationssystem zur Steuerung einer Schwerpunktorientierung und Spezialisierung des Krankenhauses unter speziellen wirtschaftlichen Gesichtspunkten, z. B. der Erlösoptimierung. Die Pfad-BSC – als Führungsinstrument betrachtet – ermöglicht die Absprache von Zielvereinbarungen und damit strategieorientierte Personalführung. Die Identifikation der erforderlichen Potenziale im Rahmen der Pfad-BSC ermöglicht eine bedarfsgerechte Personalentwicklung.

Das BSC-Konzept erfüllt zudem alle Anforderungen, die an ein zeitgemäßes Controllingsystem gestellt werden. Es ist nicht vergangenheits-, sondern zukunftsorientiert, ist multikriteriell sowie an der strategischen Ausrichtung orientiert und fokussiert zugleich kurzfristige Optimierungspotenziale.[516] Auch die Pfad-BSC beinhaltet perspektivisches Denken, vermeidet Suboptimierungen und fördert eine ganzheitliche Verbesserung des Pfades.

Durch die im Rahmen der Entwicklung der Pfad-BSC analysierten und dargestellten Verknüpfungen zwischen einzelnen Zielen werden vermutete Zusammenhänge zwischen Ursache und Wirkung der Parameter deutlich, die bei der Entwicklung einzelner Ziele als Hypothese genutzt werden können.

Außerdem können in Verbindung mit einer BSC rechtliche und wirtschaftliche Aspekte, wie z. B. Risikomanagement, Frühwarnsysteme o.ä., in der Pfad-BSC berücksichtigt werden: Ein Vorteil des Konzepts der BSC ist die Integration von Elementen aus dem Risikomanagement zur Kontrolle von Risiken und der gezielten Nutzung von Chancen.[517] Dabei ist die Implementierung eines Risikomanagementsystems gesetzlich vorgeschrieben (gem. § 91 Abs. 2 AktG). Dies betrifft direkt als AG strukturierte Krankenhäuser, durch die Ausstrahlungswirkung der Verpflichtung betrifft es indirekt aber auch als GmbH strukturierte Krankenhäuser.[518] Die BSC eröffnet die „Möglichkeit, das Risikomanagement gezielt zu überwachen und alle risikopolitischen Maßnahmen auf die sonstigen innerbetrieblichen Entscheidungen abzustimmen."[519]

Auch die neue Insolvenzordnung zielt auf die Abwendung einer Insolvenz durch Einleitung eines Planverfahrens in Folge eines frühzeitigen Erkennens der Krisensituation, was die Bedeutung des Risikomanagements hervorhebt. Diese Anforderungen können als Bestandteil ordnungsmäßiger Unternehmensführung betrachtet werden.[520] Das Konzept der BSC kann zur Ableitung von Frühindikatoren zur Unterstützung eines Frühaufklärungssystems herangezogen werden und so zur Nutzung von Chancenpotenzialen beitragen, deren Versäumnis eine existenzgefährdende Wirkung haben kann.[521] Diese Eigenschaften des BSC-Konzepts gelten im übertragenen Sinne auch für die Pfad-BSC.

---

516 Faißt, S. 34.
517 Vgl. Arbeitskreis „Interne Revision im Krankenhaus", S. 68.
518 Verpflichtung der Vorstände durch Einführung des KonTraG; verbindlich für Aktiengesellschaften aber Ausstrahlungswirkung auf Geschäftsführung anderer Gesellschaftsformen (vgl. Faißt, S. 33).
519 Arbeitskreis „Interne Revision im Krankenhaus", S. 73.
520 Vgl. Faißt, S. 33.
521 Vgl. Müller 2001, S. 213, 221.

5.4.2   Schwachstellen einer Pfad-BSC

Eine Schwachstelle ist der hohe Entwicklungsaufwand einer Pfad-BSC, der jedoch in der Systematik der BSC seinen Ursprung findet. Unabhängig von den Gesprächen ist für die Auswertung der Interviews, die Auswahlvorbereitung, die Ermittlung der Messgrößen und die Dokumentation ein hoher Zeitaufwand nötig. Die permanente Aufrechterhaltung der Aktualität, die regelmäßige Ermittlung der Messgrößen und Zielerreichungsgrade sowie die damit verbundenen Personalgespräche mit den Verantwortlichen benötigen im Tagesgeschäft viel Zeit. Aus diesen Gründen sollte ein Krankenhaus die Entwicklung von Pfad-BSC auf seine wesentlichen Kernkompetenzen beschränken. Im Rahmen einer Analyse der Abweichungen vom Pfad müssen diese auf Varianzen und deren Ursachen hin untersucht werden, um sie für die Zukunft zu beheben. Anpassungen oder Reaktionen auf wirtschaftliche und gesellschaftliche Veränderungen werden in der Varianzanalyse jedoch nur bei der Ursachenforschung beachtet. Die Pfad-BSC ersetzt im System der Behandlungspfade diese operative Varianz- oder Abweichungsanalyse nicht. Hierzu werden vielmehr am operativen Tagesgeschäft orientierte Informationen benötigt. Diese Informationen werden durch diagnostische Kennzahlen abgebildet und überprüft, die aber in die Pfad-BSC nicht zu integrieren sind.

5.5   Zusammenfassende Beurteilung

Die Balanced Scorecard (BSC) als modernes Managementkonzept soll die strategische Steuerung von Behandlungspfaden mit Hilfe eines Kennzahlensystems unterstützen. Die vielfältigen Vorteile des BSC-Konzepts gegenüber traditionellen Kennzahlensystemen hinsichtlich der perspektivischen Ausgewogenheit, der strikten Strategieorientierung bei Zielfindung und Messgrößenauswahl sowie der Transformation der strategischen Ausrichtung in konkrete zielfördernde Aktionen sollen für die Steuerung von Behandlungspfaden effizient genutzt werden. Vor den Hintergrund des Behandlungspfades – der eine Kernkompetenz des Krankenhauses darstellt – arbeiten die Mitarbeiter eines Krankenhauses die mit dem Pfad verbundenen, strategischen Ziele für die vier Perspektiven Finanzen, Kunden, interne Prozesse und Potenziale aus. Die strategischen Ziele sollen anspruchsvoll, aber realistisch die Entwicklung der Kernkompetenz und damit des Krankenhauses als Ganzes vorantreiben. Die Entwicklung einer solchen Pfad-BSC folgt dem Vorbild der klassischen BSC, wobei der Behandlungspfad die Grundlage zur Diskussion und Zielfindung bildet. Die Rahmenbedingungen der Entwicklung werden durch Leitbild und Strategie des Unternehmens oder der einzelnen Geschäftseinheit sowie durch die externen Rahmenbedingungen der Gesetzgebung und der Marktentwicklung vorgegeben. Durch die Ableitung der strategischen Ziele unter der Berücksichtigung der oben aufgeführten Rahmenbedingungen aus den unternehmens- und abteilungsindividuellen Vorgaben bekommt der Behandlungspfad eine strategische Bedeutung. Durch die Transformation der Ziele in geeignete, praxisorientierte Messgrößen wird die Zielerreichung messbar und nachvollziehbar gestaltet. Insbesondere geschieht dies auch für die Mitarbeiter, die im Alltag wenig Kontakt zu Steuerungs- und Kennzahlensystemen haben.

Das Erreichen der Ziele und die Entwicklung der Messgrößen erfolgt über in der Pfad-BSC festgelegte, zielfördernde Maßnahmen. Die Pfad-BSC ermöglicht auf diese Weise die Gewinnung und Überwachung individuell festgelegter Zielparameter für einen Behandlungspfad und übernimmt damit eine Teilaufgabe im Bereich des Pfadcontrollings. Der Bereich der Analyse selbstdefinierter Zielparameter wird durch die Pfad-BSC unterstützt und methodisch vorbereitet. Eine Abweichungsanalyse in Bezug auf die Pfadabweichungen bzw. -abbrüche kann allerdings durch die Pfad-BSC nicht übernommen werden, da diese operativen Charakter haben und durch diagnostische Kennzahlen, die nicht in eine BSC zu integrieren sind, abgebildet werden.

Durch die Entwicklung der Pfad-BSC im Team wird den Mitarbeitern die Möglichkeit zur Einbringung von Verbesserungsvorschlägen und Eigeninitiative gegeben und somit Commitment gefördert. Die Mitarbeiter können ihren Beitrag zur Erreichung der Unternehmensziele direkt aus der Pfad-BSC ableiten und durch festgelegte zielfördernde Maßnahmen unterstützen. Die Pfad-BSC ist folglich ein Controllinginstrument für Behandlungspfade, da sie die Aufgaben Planung, Steuerung, Kontrolle und Dokumentation strategischer Ziele und deren Umsetzung unterstützt, wenngleich auch für die Pfad-BSC gilt, dass sie nicht alle übrigen Controlling-Instrumente ersetzt. Im klinischen Alltag wird man eine solche Pfad-BSC jedoch nicht ohne Softwareunterstützung einführen. Eine gute Software erleichtert die Handhabung und reduziert den Arbeitsaufwand, derzeit gibt es mehrere Anbieter von BSC-Software (z. B. ADOmed score). Die Einführung eines Produktes, das kompatibel mit bereits bestehenden Systemen ist, wäre jedoch ratsam.

5.6　Fazit

Die Pfad-BSC war ursprünglich als Instrument des Pfad-Controllings im Sinne der Behandlungspfade erprobt worden. Zum jetzigen Zeitpunkt lässt sich festhalten, dass die Pfad-BSC lediglich einen Teil der Aufgaben des Pfad-Controllings abdecken kann und weiterhin eine Analyse der Abweichungen vom Pfad mit einem anderen Instrument durchgeführt werden muss. Dennoch eignet sich das BSC-Konzept hervorragend für den anderen Aufgabenbereich des Pfad-Controllings, die Verfolgung selbstdefinierter Ziele. Nicht nur, dass das Konzept der Pfad-BSC die Zielüberwachung umfasst, sondern auch bei der Entwicklung der Ziele, bei der Festlegung geeigneter Maßnahmen, bei der Aufbereitung der Daten sowie beim strategischen Lernprozess eine gute methodische Handhabung bietet. Ob das Konzept der Pfad-BSC mit den erwähnten Vor- und Nachteilen nachhaltig den Behandlungspfad weiterentwickelt und ob eine strategische Ausrichtung des Leistungsspektrums auf einen Behandlungspfad den Unternehmenserfolg langfristig verbessern, bleibt abzuwarten. Hierzu ist eine längere Erprobungsphase nötig.

Die Mitarbeiter des Krankenhauses, in dem das Pilotprojekt durchgeführt wurde, die an der Entwicklung der Pfad-BSC mitgewirkt haben, erproben die Pfad-BSC jedoch optimistisch. Auch wenn die Auseinandersetzung mit strategischen Zielsetzungen von den Befragten ein Umdenken erforderte – ein in der täglichen Arbeit und an operativen Verbesserungen verankertes Denken musste in neue, innovative Bahnen gelenkt und an strategischen Zielen orientiert werden– so werden sie jedoch im Rahmen des strategischen Lernprozesses ein Feedback über die Zuverlässigkeit ihrer Annahmen bekommen.

Die entwickelte Pfad-BSC für die Struma-Behandlung des Krankenhauses könnte hinsichtlich der Formulierung der strategischen Ziele noch einmal überarbeitet werden, um wirklich ziel- und aktionsorientiert formulierte Ziele zu haben, die einfacher kommuniziert werden können. Ursache dieser Schwäche ist sicherlich der fehlende Umgang der Mitarbeiter mit strategischen Zielsetzungen und die mangelnden Erfahrungen als Moderator in den Mitarbeitergesprächen.

Literatur

Ärztekammer Westfalen-Lippe (Hrsg.): BASYS und I+G Gesundheitsforschung: Zukunftsorientierte Praxisstudie für die Krankenhausplanung in Nordrhein-Westfalen, in: http://aekwl.de/public/berufspolitik/download/pdf/krankenhausplanung.pdf, 28. 07. 2003

Arbeitskreis „Interne Revision im Krankenhaus": Vom Risikomanagement zur Balanced Scorecard, in: Interne Revision, 2002, Nr. 2, S. 68–74.

Baetge, J. (Hrsg.): Bilanzanalyse, Düsseldorf 1998.

Bihr, D., Hekking, K., Krauskopf, D., Lang, J. K. (Hrsg.): Handbuch der Krankenhaus-Praxis. Unternehmensstrategien für Praktiker, Kohlhammer Verlag, Stuttgart 2001.

Binner, H.: Prozessorientierte TQM-Umsetzung, München/Wien 2000.

Birkholz, K.: Identifikation und Analyse bestehender und zukünftiger Erfolgsfaktoren im Prozess der strategischen Planung zum Aufbau einer Balanced Scorecard, Münster 2000.

Birkner, W., Kothe-Zimmermann, H.: Die modifizierte Prozesskostenrechnung – Basis für Qualität und Wirtschaftlichkeit, in: Führen & Wirtschaften im Krankenhaus (f & w), 2000, Nr. 2, S. 185–188.

Böckelmann, M., Wolf, G.: Praktische Erfahrungen mit der Balanced Scorecard-Qualität zahlt sich auch ökonomisch aus, in: Führen und Wirtschaften im Krankenhaus (f & w), 2003, Nr. 3, S. 264–266.

Bollmann, M., Beck, M.: Steigt die Qualität sinken die Kosten in: Führen & Wirtschaften im Krankenhaus (f & w), 2002, Nr. 2, S. 170–171.

Borges, P.: Kommunikation ist der Erfolgsfaktor Nr. 1, in: Führen und Wirtschaften im Krankenhaus (f & w), 2003, Nr. 3, S. 267–269.

Breilinger-O'Reilly, J., Krabbe, M.: Controlling für das Krankenhaus: Strategisch, Operativ, Funktional, Neuwied 1998.

Breu, M.: Fallorientiertes Prozessmanagement im Krankenhaus, Bayreuth 2001.

Bruckenberger, E.: Das Prinzip Hoffnung, in: Krankenhaus Umschau (ku), 2003, Nr. 4, S. 306–310.

Bruhn, M.: Qualitätssicherung im Dienstleistungsmarketing: Eine Einführung in die theoretischen und praktischen Probleme in: Bruhn, M., Strauss, B. (Hrsg.): Dienstleistungsqualität: Grundlagen, Konzepte, Methoden, 3. Aufl., Wiesbaden 2000, S. 21–48.

Buchhester, S.: Der Patient als Kunde, Patientenzufriedenheit als Dienstleistung im Gesundheitswesen, Düsseldorf 2002.

Bundesministerium für Gesundheit und Soziale Sicherung (BMGS): Informationen zum Gesetz zur Einführung des diagnose-orientierten Fallpauschalensystems für Krankenhäuser, Berlin 2002, Nr. 3

Conrad, H.: Balanced Scorecard als modernes Management-Instrument im Krankenhaus, Kulmbach 2001a.

Conrad, H.: Das Controlling-Konzept der Zukunft, in: Krankenhaus Umschau (ku), 2001b, Nr. 3, S. 172–178.

Controller Verein: Prozesskostenrechnung, Gauting/München 2001.

Dolch, K.: Rechnergestützte Informationssysteme, in: Masing, W. (Hrsg.): Handbuch Qualitätsmanagement, 4. Aufl., München 1999, S. 155–174.

Donabedian, A.: The Quality of Care, How can it be Assesed? In: Journal of the American Medical Association, Volume 260, 1988, No. 12, S. 1743–1748.

Dykes, P.: Entwurf und Einführung von interdisziplinären Versorgungspfaden – Ein Überblick, in: Dykes, P. C., Wheeler, K.: Critical Pathways- Interdisziplinäre Versorgungspfade: DRG-Management-Instrumente, Bern 2002.

Dykes, P., Slye, D.: Datenerfassung, Ergebnisbewertung und Varianzanalyse, in: Dykes, P. C., Wheeler, K.: Critical Pathways- Interdisziplinäre Versorgungspfade: DRG-Management-Instrumente, Bern 2002.

Egner, U., Verbarg, A.: Das DRG-System im Krankenhaus und seine Auswirkungen auf die Rehabilitation, in: DAngVer, 2001, Nr. 11, S. 1–6.

Ehrmann, H., Olfert, K.: Kompakt-Training Balanced Scorecard, 2. Aufl., Ludwigshafen 2002.

Eichhorn, S.: Erfolgreiches Management braucht ein prozessorientiertes Controlling in: Krankenhaus Umschau, 1996, Nr. 3, S. 174–182.

Eiff, W. v., Ziegenbein, R. (Hrsg.): Geschäftsprozessmanagement, Gütersloh 2001.

Einwag, M., Häusler, E.: Die Steuerung von Krankenhäusern über Balanced Scorecard, in: Führen und Wirtschaften im Krankenhaus (f & w), 2001, Nr. 1, S. 20–21.

Faißt, B.: Die Bedeutung des Risikomanagements für das Controlling, in: Kostenrechnungspraxis (krp), 2002, Sonderheft 1, S. 33-36.

Friedag, H., Schmidt, W.: Balanced Scorecard – mehr als ein Kennzahlensystem, 2. Aufl., Freiburg i. Br. 2000.

Friedag, H.: Die Balanced Scorecard, Alter Wein in neuen Schläuchen? in: Controller Magazin, Nr. 4, 1998, S. 291–294.

Friedrich, J.: Methoden empirischer Sozialforschung, 14. Aufl., Opladen 1980.

Füermann, T.: Prozesse managen – Der Weg zu höherer Wertschöpfung und größerer Wirtschaftlichkeit, in: Kamiske, G. F. (Hrsg.): Der Weg zur Spitze, 2. Aufl., München/Wien 2000.

Gaitanides, M., Scholz, R., Vrohlings, A.: Prozessmanagement – Grundlagen und Zielsetzungen, in: Gaitanides, M., Scholz, R., Vrohlings, A., Raster, M.: Prozessmanagement – Konzepte, Umsetzung und Erfahrungen des Reengineering, München/Wien 1994.

Georg, S.: Die Balanced Scorecard als Controlling- bzw. Managementinstrument, Aachen 1999.

O.V.: Gesetz zur wirtschaftlichen Sicherung der Krankenhäuser und zur Regelung der Krankenhauspflegesätze in: http://bundesrecht.juris.de/bundesrecht/gesetze/BJNR010090972/index.html (letzter Zugriff am 13. 8. 2003).

Gladen, W.: Kennzahlen- und Berichtssysteme, Wiesbaden 2001.

Glatzer, U.: Der Patient im Mittelpunkt? in: Klinik Management Aktuell, 2003, Nr. 8, S. 64–68.

Graff, T., Voelker, G., Gaedicke, J., Voelker, T.: Krankenhäuser: Patientenpfade als Ausweg, in: Deutsches Ärzteblatt 98, 2001, Heft 6, S. A-1531.

Greiling, M.: Mit Befehl und Gehorsam geht es nicht – Partizipative Führung als Grundlage von Veränderungsprozessen im Krankenhaus, in: Krankenhaus Umschau, 2003, Nr. 8, S. 688–691.

Greiling, M.: Pfade durch das klinische Prozessmanagement, Kohlhammer, Stuttgart 2004.

Greiling, M.: Prozesskostenrechnung im Krankenhaus – Instrumente und Umsetzung zur Kalkulation von DRG's, in: Das Krankenhaus, 2002, Nr. 6, S. 467–469.

Greiling, M., Hofstetter, J.: Patientenbehandlungspfade optimieren – Prozessmanagement im Krankenhaus, Kulmbach 2002.

Greiling, M., Jücker, C.: Strategisches Management im Krankenhaus, Methoden und Techniken zur Umsetzung in der Praxis, Kohlhammer, Stuttgart 2003.

Greiling, M., Thomas, F.: Prozessorientierung im Krankenhaus – Die Einführung der Prozesskostenrechnung als Grundlage zur Kalkulation von DRG, Düsseldorf 2000.

Greulich, A., Thiele, G., Thiex-Kreye, M.: Prozessmanagement im Krankenhaus, Heidelberg 1997.

Greulich, A.: Balanced Scorecard – praktische Umsetzung, in: Management Handbuch Krankenhaus (mhk), 2002, Beitrag 322, S. 1–33.

Greulich, A., Onetti, A., Schade, V., Zaugg, B.: Balanced Scorecard im Krankenhaus – von der Planung bis zur Umsetzung, Heidelberg 2002.

Häring, D.: Medizinisches Taschenwörterbuch, Wien/Berlin 1988.

Haubrock, M., Schär, W. (Hrsg.): Betriebswirtschaft und Management im Krankenhaus, 3. Aufl., Bern 2002.

Hensen, P., Wollert, S., Bunzemeier, H., Fürstenberg, T., Schwarz, T., Luger, T., Roeder, N.: Handlungsbedarf durch die DRG-Einführung: Vorbereitung auf den Wettbewerb, in: Das Krankenhaus, 2003, Nr. 5, S. 381–386.

Hentze, J., Huch, B., Kehres, E. (Hrsg.): Krankenhaus-Controlling: Konzepte, Methoden und Erfahrungen aus der Krankenhauspraxis, 2. Aufl., Stuttgart 2002.

Hildebrand, R.: Am Anfang steht die Entwicklung einer Unternehmensstrategie, in: Führen und Wirtschaften im Krankenhaus (f & w), 2001, Nr. 5, S. 476–480.

Holzbaur, U.: Management, Ludwigshafen 2000.

Horváth & Partner (Hrsg.): Balanced Scorecard umsetzen, 2. Aufl., Stuttgart 2001.

Horváth, P.: Controlling, 8. Aufl., München 2001.

Johnson, S.: Einführung in die interdisziplinären Versorgungspfade, in: Johnson, Sue (Hrsg.): Interdisziplinäre Versorgungspfade, Bern 2002.

Juhran, C., Roeder, N.: DRG und die Qualität der Behandlung, in: DRG im Dialog, 2002, Nr. 4, S. I–VI.

Kamiske, G. F. (Hrsg.): Bausteine des innovativen Qualitätsmanagements: erfolgreiche Praxis in deutschen Unternehmen, München/Wien 1997.

Kamiske, G. F., Malorny, C.: Kurz-Info, in: Kamiske, G. F. (Hrsg.): Bausteine des innovativen Qualitätsmanagements: erfolgreiche Praxis in deutschen Unternehmen, München/Wien 1997, S. 29–35.

Kamiske, G. F.: Qualitätsbezogene Kosten, in: Masing, W. (Hrsg.): Handbuch Qualitätsmanagement, 4. Aufl., München 1999, S. 65–72.

Kaplan, R., Norton, D.: Balanced Scorecard: Strategien erfolgreich umsetzen, dt. Ausgabe, aus dem Amerikanischen von Horváth, P., Stuttgart 1997.

Keun, F.: Einführung in die Krankenhauskostenrechnung – Anpassung an neue Rahmenbedingungen, 4. Aufl., Wiesbaden 2001.

KFPV 2002, Verordnung zum Fallpauschalensystem für Krankenhäuser, vom 17. Juli 2003 (BGBl. I S. 1461).

Kitchiner, D.: Analyse der Varianzen der interdisziplinären Versorgungspfade, in: Johnson, S. (Hrsg.): Interdisziplinäre Versorgungspfade, Bern 2002.

Kirschlinger, G.: Statistische Methoden, in: Masing, W. (Hrsg.): Handbuch Qualitätsmanagement, 4. Aufl., München/Wien 1999, S. 617–668.

Kleinsorge, P.: Geschäftsprozesse, in: Mansing, W. (Hrsg.): Handbuch Qualitätsmanagement, 4. Aufl., München/Wien 1999.

Kloock, J., Dierkes, S.: Kostenkontrolle mit der Prozesskostenrechnung, in: Berkau C., Hirschmann, P.(Hrsg.): Kostenorientiertes Geschäftsprozessmanagement, München 1996.

Kosiol, E.: Organisation der Unternehmung, 2., durchgesehene Aufl., Wiesbaden 1976.

ku-Sonderheft 8/2003, ku-profi-Reihe – Krankenhausfinanzierungsrecht aktuell, S. 1, 115–118, Redaktionsbeilage.

Kumpf, A.: Balanced Scorecard in der Praxis: in 80 Tagen zur erfolgreichen Umsetzung, Landsberg/Lech 2001.

Kunz, L.: Vorwort, in: Kunz, L. (Hrsg.): Krankenhauscontrolling in der Praxis: quantitative Methoden, Stuttgart 2002, S. 5.

Küpper, H.-U.: Controlling, Konzeptionen, Aufgaben und Instrumente, 3. Aufl., Stuttgart 2001.

Lange, W., Lampe, S.: Balanced Scorecard als ganzheitliches Führungsinstrument in Non-Profit-Organisationen, in: Kostenrechnungspraxis (krp), 2002, Nr. 2, S. 101–108.

Langenbeck, J.: Balanced Scorecard, in: Buchführung Bilanz Kostenrechnung (BBK), 2000, Nr. 9, Fach 26, S. 863–872.

Masing, W.: Das Unternehmen im Wettbewerb, in: Masing, W. (Hrsg.): Handbuch Qualitätsmanagement, 4. Aufl., München/Wien 1999, S. 3–16.

Mayer, R.: Prozesskostenrechnung und Prozess(kosten)optimierung als integrierter Ansatz – Methodik und Anwendungsempfehlungen, in: Berkau, C., Hirschmann, P. (Hrsg.): Kostenorientiertes Geschäftsprozessmanagement, München 1996, S. 43–67.

Meffert, H., Bruhn, M. (Hrsg.): Dienstleistungsmarketing, 3. Aufl., Wiesbaden 2000.

Mertens, P., Griese, J.: Integrierte Informationsverarbeitung II – Planungs- und Kontrollsysteme in der Industrie, 7. Aufl., Wiesbaden 1993.

Meyer, D.: Warum gemeinnützige Unternehmen wie erwerbswirtschaftliche behandelt werden müssen, in: Moos, G., Zacher, J. (Hrsg.): Zukunft der Sozialwirtschaft, Impulse aus Theorie und Praxis, Freiburg i. Br. 2000, S. 32 ff.

Morganski, B.: Balanced Scorecard: auf dem Weg zum Klassiker, München 2001.

Müller, A.: Systematische Gewinnung von Frühindikatoren für Früherkennungssysteme, Kostenrechnungspraxis (krp), 2001, Nr. 4, S. 212–222.

Müller, A.: Strategisches Management mit der Balanced Scorecard, Stuttgart 2000.

Odiorne, G. S.: Management by Objektives – Führung durch Vorgabe von Zielen, München 1967.

Pfeifer, T. (Hrsg.): Qualitätsmanagement – Strategien, Methoden, Techniken, 3. Aufl., München/Wien 2000.

Probst, H.: Balanced Scorecard leicht gemacht: Warum sie mit weichen Faktoren rechnen sollten, Frankfurt 2001.

Projektbericht „Kostenkalkulation", 3 M HIS Institut: http://inek.customer.msim. de/optionsmodell/GDRG_Projektbericht_Band_1.zip (letzter Zugriff am 14. 5. 2004)

Quaas, M.: Rechtliche Aspekte einer leistungsbezogenen Spezialisierung des Krankenhauses unter DRG-Bedingungen, in: Das Krankenhaus, 2003, Nr. 1, S. 28–36.

Reichmann, T. (Hrsg.): Controlling mit Kennzahlen und Managementberichten, 6. Aufl., München 2001.

Reichmann, T., Lachnit, L.: Planung, Steuerung und Kontrolle mit Hilfe von Kennzahlen, in: ZfbF, 28 Jg., 1976, S. 705–723.

Reisner, S.: Die Balanced Scorecard und ihr Nutzen für die Krankenhausleitung, in: Das Krankenhaus, 2001, Nr. 1, S. 130–134.

Rieben, E., Mildenberger, D., Conen, D.: mipp: Ein Modell integrierter Patientenpfade aus der Schweiz, in: Das Krankenhaus, 1999, Nr. 11, S. 721–724.

Roeder, N., Bunzemeier, H., Loskamp, N., Fürstenberg, T., Fiori, W., Sitterlee, C.: DRG-Transparenz durch klinische Profile, in: Das Krankenhaus, 2003, Nr. 4, S. 289–292.

Roeder, N., Hindle, D., Loskamp, N., Juhra, C., Hensen, P., Bunzemeier, H., Rochell, B.: Frischer Wind mit klinischen Behandlungspfaden (I) – Instrumente zur Verbesserung der Organisation klinischer Prozesse in: Das Krankenhaus, 2003, Nr. 1, S. 20–27

Roeder, N., Hindle, D., Loskamp, N., Juhra, C., Hensen, P., Rochell, B.: Frischer Wind mit klinischen Behandlungspfaden (II) – Instrumente zur Verbesserung der Organisation klinischer Prozesse, in: Das Krankenhaus, 2003, Nr. 2, S. 124–130.

Schedl, C.: Die Balanced Scorecard – Ein Leitfaden für die erfolgreiche Entwicklung und Implementierung, Wien 2002.

Schenkel-Häger, C.: Klinische Behandlungspfade in einer praxisorientierten Darstellung, Bendorf 2002.

Schmelzer, H.-J., Sesselmann, W.: Geschäftsprozessmanagement in der Praxis, 3. Aufl., München/Wien 2003.

Scholz, R., Vrohlings, A.: Prozess – Leistung – Tranzparenz, in: Gaitanides, M., Scholz, R., Vrohlings, A., Raster, M.: Prozessmanagement: Konzepte, Umsetzungen und Erfahrungen des Reengineering, München/Wien 1994a, S. 57–98.

Scholz, R., Vrohlings, A.: Prozess – Struktur – Transparenz, in: Gaitanides, M., Scholz, R., Vrohlings, A., Raster, M.: Prozessmanagement: Konzepte, Umsetzung und Erfahrungen des Reengineering, München/Wien 1994b, S. 37–56.

Seidenschwarz, W.: Balanced Scorecard – Ein Konzept für den zielgerichteten strategischen Wandel, in: Horváth, P. (Hrsg.): Controlling & Finance: Aufgaben, Kompetenzen und Tools effektiv koordinieren, Stuttgart 1999.

Selbmann, H.-K.: Möglichkeiten und Grenzen von Qualitätsvergleichen im Krankenhaus, in: Eiff, W. v., Saure, C. (Hrsg.): Krankenhausbetriebsvergleich, Neuwied/Kriftel/Berlin 2000, S. 409–422.

Soffe, W.: Ablaufpfade führen zu Transparenz, Qualität und Effizienz in: Führen & Wirtschaften im Krankenhaus (f & w), 2002, Nr. 2, S. 169–170.

Staehle, W. (Hrsg.): Kennzahlen und Kennzahlensysteme als Mittel der Organisation und Führung von Unternehmen, Wiesbaden 1969.

Staehle, W.: Management: eine verhaltenswissenschaftliche Perspektive, 8. Aufl., München 1999.

Statistisches Bundesamt: Gesundheit – Ausgaben und Personal Presseexemplar, Wiesbaden 2003

Steinhardt, T.: Kennzahlen im Mittelstand: Umsetzung und Vorgehensweise in: Zeitschrift für Controller, 2001, Nr. 4, S. 249–257.

Stoll, B.: Balanced Scorecard für soziale Organisationen, Regensburg 2003.

Universität Münster: G-DRG 1.0 in: http://drg.uni-muenster.de/de/webgroup/ m.brdrg.php?version=GDRG10&HDK=07 (letzter Zugriff am 20. 8. 2003)

Universität Münster: ICD-10-SGB V Systematisches Verzeichnis Version 2.0 in: http://www.dimdi.de/de/klassi/diagnosen/icd10/htmlsgbv20/fr-icd.htm (letzter Zugriff am 20. 8. 2003)

Universität Münster: OPS-301-SGB V Systematisches Verzeichnis Version 2.1 in: http://www.dimdi.de/de/klassi/prozeduren/ops301/opshtml21/fr-ops.htm (letzter Zugriff am 20. 8. 2003)

Vera, A., Warnebier, P.: Die Strategiewahl beeinflusst den Gewinn des Krankenhauses, in: Führen und Wirtschaften im Krankenhaus (f & w), 2003, Nr. 2, S. 136–138.

Weber, J., Schäffer, U.: Balanced Scorecard & Controlling, 3. Aufl., Wiesbaden 2000.

Weiler, E.: Prozessorientierung an der Schnittstelle zwischen Qualitätsmanagement und Controlling, in: Kamiske, G. F. (Hrsg.): Bausteine des innovativen Qualitätsmanagements: erfolgreiche Praxis in deutschen Unternehmen, München/-Wien 1997, S. 375–416.

Wense, D., Bischoff-Everding, C., Weismann, T.: Das Medical Pathway System, in: Führen und Wirtschaften im Krankenhaus (f & w), 15. Jahrgang, 1998, Nr. 3, S. 234–236.

Wiese, J.: Implementierung der Balanced Scorecard: Grundlagen und IT-Fachkonzept, Wiesbaden 2000.

Ziegenbein, R.: Klinisches Prozessmanagement, 2. Aufl., Gütersloh 2001.

ZVEI: ZVEI-Kennzahlensystem, 4. Aufl., Frankfurt/Main 1989.

Anhang

Anlage I: Pfade und Kennzahlen

1. Beispiel Behandlungspfade

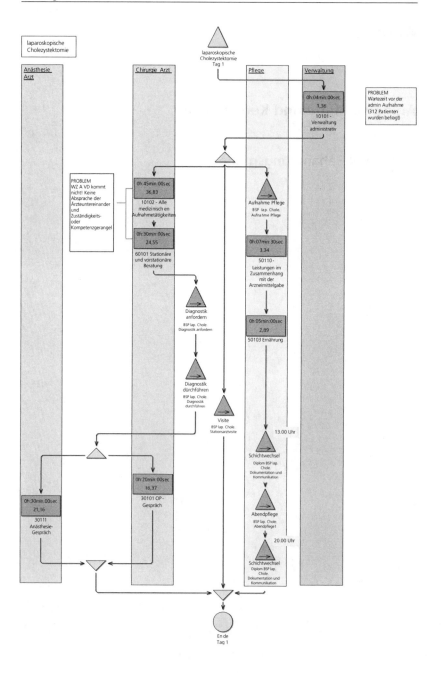

laparoskopische
Cholezystektomie

Anästhesie
Arzt

Chirurgie Arzt

laparoskopische
Cholezystektomie
Tag 1

Pflege

Verwaltung

PROBLEM
Wartezeit vor der
admin Aufnahme
(312 Patienten
wurden befragt)

0h:04min:00sec
1,36

10101 -
Verwaltung
administrativ

PROBLEM
WZ A VD kommt
nicht! Keine
Absprache der
Ärzteuntereinander
und
Zuständigkeits-
oder
Kompetenzgerangel

0h:45min:00sec
36,83

10102 - Alle
medizinisch en
Aufnahmetätigkeiten

Aufnahme Pflege
BSP lap. Chole.
Aufnahme Pflege

0h:30min:00sec
24,55

60101 Stationäre
und vorstationäre
Beratung

0h:07min:30sec
3,34

50110 -
Leistungen im
Zusammenhang
mit der
Arzneimittelgabe

Diagnostik
anfordern
BSP lap. Chole.
Diagnostik anfordern

0h:05min:00sec
2,89

50103 Ernährung

Diagnostik
dürchführen
BSP lap. Chole.
Diagnostik
durchführen

Visite
BSP lap. Chole.
Stationsarztvisite

13.00 Uhr

Schichtwechsel
Diplom BSP lap.
Chole.
Dokumentation und
Kommunikation

0h:20min:00sec
16,37

30101 OP -
Gespräch

0h:30min:00sec
21,16

30111
Anästhesie-
Gespräch

Abendpflege
BSP lap. Chole.
Abendpflege1

20.00 Uhr

Schichtwechsel
Diplom BSP lap.
Chole.
Dokumentation und
Kommunikation

En de
Tag 1

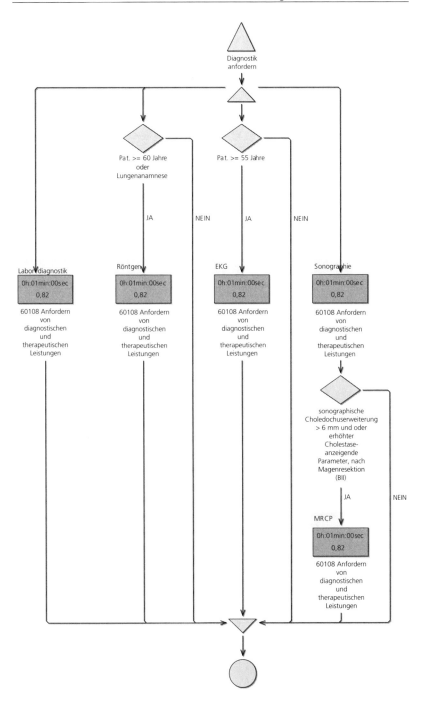

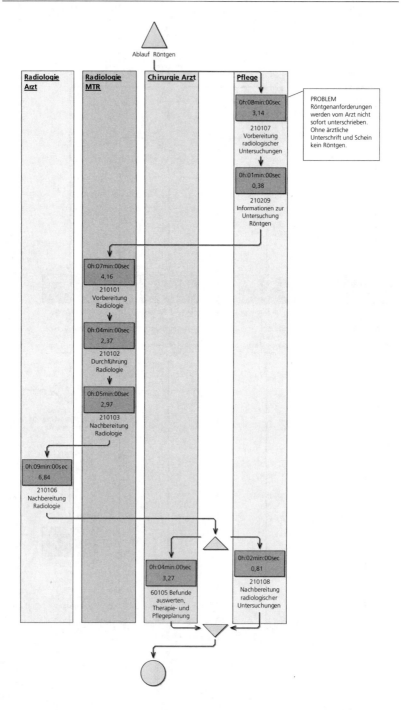

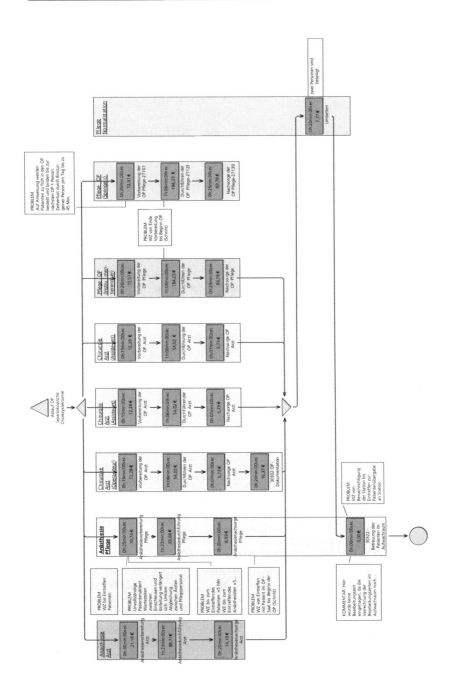

2. Kennzahlenpool

a) Kostenkennzahlenpool

Absolute Kennzahlen

Kosten der Ressourcen pro Kostenstellen
Berechnung: Summierung der Kosten der Kostenarten einer Ressource eines Teilprozesses.

Die Kostenarten der Ressourcen spiegeln eine Zusammenfassung aller Krankenhauskosten wider. Diese Vorgehensweise wird zur Unterstützung der Prozesskostenrechnung angewendet. Die Ressourcen ergeben sich aus der Kostenartenrechnung des Krankenhauses. Dieser liegen die Konten (Kostenarten) der Kontenklassen 6 und 7 der Anlage 4 zur KHBV zugrunde, worauf sich die Angaben der unten verwendeten Kontennummern stützen.[522]

Res-source	Kostenarten (Konten Anlage 4 KHBV)	Ressourcenkosten
R 01	ärztlicher Dienst	600000, 604000, 605000, 607000, 609000, 610000, 620000, 630000, 640000
R 02	Pflegedienst	600010, 600130, 600190,600510, 601010, 604010, 604130, 604190, 604510, 605010, 605130, 605190, 607010, 609010, 609510, 610010, 610130, 610190, 610510, 620010, 620130, 620190, 620510, 630010, 630130, 630190, 640010, 707650, 707710
R 03	Funktions-dienst	600030, 600530, 601030, 604030, 604530, 605030, 607030, 609030, 609530, 610030, 610530, 620030, 620530, 630030, 707730
R 04	medizinisch-technischer Dienst	600020, 600520, 601020, 604020, 604520, 605020, 607020, 609020, 609520, 610020, 610520, 620020, 630020, 640060

522 Vgl. Kontenrahmenplan nach KHBV.

Res-source	Kostenarten (Konten Anlage 4 KHBV)	Ressourcenkosten
R 05	sonstige Mitarbeiter	600040, 600050, 600060, 600070, 600550, 600570, 600730, 601050, 601070, 604040, 604050, 604060, 604070, 604100, 604570, 604730, 605040, 605050, 605060, 605070, 605100, 607070, 609070, 609570, 610040, 610050, 610060, 610070, 610100, 610550, 610570, 620040, 620050, 620060, 620070, 620570, 620730, 630050, 630060, 630070, 630730, 640050, 645100, 645200, 645900, 687200, 687250, 694200, 695000, 706000, 707410, 707420, 707430, 707440,707450, 707460, 707470, 707480, 707490
R 06	Arzneimittel	660000, 660100
R 07	medizinischer Bedarf	660300, 660400, 660600, 660700, 660800, 661000, 661200, 661500, 661700, 680200
R 08	Implantate, Blut	660200, 661300
R 09	Honorare, Untersuchungen in Fremden Instituten, Krankentransporte	660900, 660910, 660920, 660930, 661600, 661800, 695100, 780300
R 10	Allgemeine Sachkosten	650000, 650200, 657000, 660950, 671000, 680100, 682100, 682200, 682400, 683000, 686000, 687000, 687100, 687300, 687400, 687500, 688000, 688810, 689000, 689030, 689040, 689050, 690000, 690100, 690120, 690200, 690300, 691110, 694000, 696000, 696010, 696020, 696030, 696050, 696060, 696070, 696080, 696100, 696130, 696570, 697000, 698000, 699000, 706500, 706700, 706710, 706800, 706890, 706900, 706910, 706920, 706930, 706970, 707800, 707810, 710000, 720000, 720100, 720200, 720300, 720400, 720500, 720700, 720800, 720900,

187

Res- source	Kostenarten (Konten An- lage 4 KHBV)	Ressourcenkosten
		731000, 731200, 731900, 732000, 732100, 732300,, 32900, 733100, 733900, 734000, 770000, 771200, 771300, 780200, 780600, 781000, 784400, 784410, 785900, 785910, 785920, 785930, 785970, 787500, 788000, 789200, 795010, 691120, 691500, 691600, 692000, 693000, 693010, 693020, 693030, 693040, 693060, 693070

Tab. 13: Zuordnung der Kostenarten zu Ressourcen

Die unteren Kennzahlen können für einen Prozess nur gebildet werden, wenn die Kostenstelle bzw. Kostenstellen, die den Prozess belasten, auch diese Kosten enthalten.

- Ressourcenkosten „ärztlicher Dienst pro Kostenstelle" (Σ Kosten der Konten Ressource 1)
- Ressourcenkosten „Pflegedienst pro Kostenstelle" (Σ Kosten der Konten Ressource 2)
- Ressourcenkosten „Funktionsdienst pro Kostenstelle" (Σ Kosten der Konten Ressource 3)
- Ressourcenkosten „medizinisch-technischer Dienst pro Kostenstelle" (Σ Kosten der Konten Ressource 4)
- Ressourcenkosten „sonstige Mitarbeiter pro Kostenstelle" (Σ Kosten der Konten Ressource 5)
- Ressourcenkosten „Arzneimittel pro Kostenstelle" (Σ Ressource 6)
- Ressourcenkosten „medizinischer Bedarf pro Kostenstelle" (Σ Kosten der Konten Ressource 7)
- Ressourcenkosten „Implantate, Blut pro Kostenstelle" (Σ Kosten der Konten Ressource 8)
- Ressourcenkosten „Honorare, Untersuchungen in Fremden Instituten, Krankentransporte pro Kostenstelle" (Σ Kosten der Konten Ressource 9)
- Ressourcenkosten „Allgemeine Sachkosten pro Kostenstelle" (Σ Kosten der Konten Ressource 10)

Prozesskostensätze

Berechnung: Kosten der Kostenstelle geteilt durch die Kapazität der jeweiligen Kostenstelle.[523]

- Prozesskostensatz „ärztlicher Dienst pro Kostenstelle"
- Prozesskostensatz „Pflegedienst pro Kostenstelle"
- Prozesskostensatz „Funktionsdienst pro Kostenstelle"
- Prozesskostensatz „medizinisch-technischer Dienst pro Kostenstelle"
- Prozesskostensatz „sonstige Mitarbeiter pro Kostenstelle"

Prozesskosten der Teilprozesse

Die Berechnung der Personal-Prozesskosten gestaltet sich unterschiedlich zu den Nichtpersonal-Prozesskosten eines Teilprozesses. Es werden zwei unterschiedliche Berechnungen verwendet.

Berechnung Personalkosten: Multiplikation des Zeitaufwandes eines Teilprozesses einer Dienstart mit den Prozesskostensätzen der Dienstart der entsprechenden Kostenstelle.
Berechnung Materialkosten: Ergeben sich aus der jeweiligen Kostenzuordnung innerhalb der Prozesskostenrechnung.

- Prozesskosten „ärztlicher Dienst des Teilprozesses"
- Prozesskosten „Pflegedienst des Teilprozesses"
- Prozesskosten „Funktionsdienst des Teilprozesses"
- Prozesskosten „medizinisch-technischer Dienst des Teilprozesses"
- Prozesskosten „sonstige Mitarbeiter des Teilprozesses"
- Prozesskosten „Arzneimittel des Teilprozesses"
- Prozesskosten „medizinischer Bedarf des Teilprozesses"
- Prozesskosten „Implantate, Blut des Teilprozesses"
- Prozesskosten „Honorare, Untersuchungen in Fremden Instituten, Krankentransporte des Teilprozesses"
- Prozesskosten „allgemeine Sachkosten des Teilprozesses"

Gesamtkosten des Teilprozesses

Berechnung: Kumulation der Ressourcenkosten eines Teilprozesses.

Gesamtkosten der Kostenstelle

Berechnung: Kumulation der Ressourcenkosten einer Kostenstelle.

---

523 Vgl. Greiling 2004.

Personalkosten des Teilprozesses

Berechnung: Summierung der Kosten eines Teilprozesses zu den Gesamt-kosten abzüglich der Ressourcenkosten 5 bis 9[524] des gleichen Teilprozesses.

Materialkosten des Teilprozesses

Berechnung: Summierung der Kosten eines Teilprozesses zu den Gesamt-kosten abzüglich der Ressourcenkosten 1 bis 4[525] des gleichen Teilprozesses.

Gliederungskennzahlen
(Anteil an einer Gesamtmenge oder Grundgesamtheit)

Anteil Ressourcenkosten (Prozesskosten der Teilprozesse) an den Gesamtprozesskosten

Berechnung: Division der Ressourcenkosten eines Teilprozesses durch die Gesamtkosten des gleichen Teilprozesses, multipliziert mit 100.

- Anteil Ressourcenkosten „ärztlicher Dienst des Teilprozesses"
- Anteil Ressourcenkosten „Pflegedienst des Teilprozesses"
- Anteil Ressourcenkosten „Funktionsdienst des Teilprozesses"
- Anteil Ressourcenkosten „medizinisch-technischer Dienst des Teilprozesses"
- Anteil Ressourcenkosten „sonstige Mitarbeiter des Teilprozesses"
- Anteil Ressourcenkosten „Arzneimittel des Teilprozesses"
- Anteil Ressourcenkosten „medizinischer Bedarf des Teilprozesses"
- Anteil Ressourcenkosten „Implantate, Blut des Teilprozesses"
- Anteil Ressourcenkosten „Honorare, Untersuchungen in Fremden Instituten, Krankentransporte des Teilprozesses"
- Anteil Ressourcenkosten „Allgemeine Sachkosten des Teilprozesses"

Personalkostenanteil des Teilprozesses

Berechnung: Summierung der Kosten der Ressourcen 1 bis 4[526] eines Teil-prozesses geteilt durch die Gesamtkosten des gleichen Teilprozesses, multipliziert mit 100.

---

524 Vgl. Tab. 13: Zuordnung der Kostenarten zu Ressourcen.
525 Vgl. Tab. 13: Zuordnung der Kostenarten zu Ressourcen.
526 Vgl. Tab. 13: Zuordnung der Kostenarten zu Ressourcen.

Materialkostenanteil des Teilprozesses

Berechnung: Summierung der Kosten der Ressourcen 5 bis 9[527] eines Teilprozesses geteilt durch die Gesamtkosten des gleichen Teilprozesses, multipliziert mit 100.

Personal-/Materialkostenverhältnis

Berechnung: Die Personalkosten eines Teilprozesses geteilt durch Materialkosten des gleichen Teilprozesses.

Verhältnis Kosten ärztlicher Dienst/Kosten Pflegedienst

Berechnung: Die Kosten des ärztlichen Dienstes eines Teilprozesses geteilt durch die Kosten des Pflegedienstes des gleichen Teilprozesses.

Beziehungskennzahlen

(Verhältnis Prozesskosten zu Kostenstellenkosten)

Kostenstellenanteil Ressourcenkosten (Prozesskosten der Teilprozesse) an den Gesamtprozesskosten der Kostenstelle

Berechnung: Division der Ressourcenkosten eines Teilprozesses durch die Gesamtkosten der Kostenstelle des gleichen Teilprozesses, multipliziert mit 100.

- Kostenstellenanteil Ressourcenkosten „ärztlicher Dienst des Teilprozesses"
- Kostenstellenanteil Ressourcenkosten „Pflegedienst des Teilprozesses"
- Kostenstellenanteil „Ressourcenkosten „Funktionsdienst des Teilprozesses"
- Kostenstellenanteil Ressourcenkosten „medizinisch-technischer Dienst des Teilprozesses"
- Kostenstellenanteil Ressourcenkosten „sonstige Mitarbeiter des Teilprozesses"
- Kostenstellenanteil Ressourcenkosten „Arzneimittel des Teilprozesses"
- Kostenstellenanteil Ressourcenkosten „medizinischer Bedarf des Teilprozesses"
- Kostenstellenanteil Ressourcenkosten „Implantate, Blut des Teilprozesses"
- Kostenstellenanteil Ressourcenkosten „Honorare, Untersuchungen in Fremden Instituten, Krankentransporte des Teilprozesses"

---

527 Vgl. Tab. 13: Zuordnung der Kostenarten zu Ressourcen.

191

- Kostenstellenanteil Ressourcenkosten „Allgemeine Sachkosten des Teilprozesses"

Kostenstellenanteil des Teilprozesses

Berechnung: Die Gesamtkosten eines Teilprozesses geteilt durch die Gesamtkosten der entsprechenden Kostenstelle, multipliziert mit 100.

Indexkennzahlen

(Gleiche Zahlen nur zeitlich oder örtlich verschieden)

Kostenindex der absoluten Kosten der Ressourcen pro Kostenstelle

Berechnung: Die Kosten einer Kostenstelle geteilt durch die Kosten der gleichen Kostenstelle in einer zeitlich vorangegangen Periode, multipliziert mit 100.

- Kostenindex „ärztlicher Dienst pro Kostenstelle"
- Kostenindex „Pflegedienst pro Kostenstelle"
- Kostenindex „Funktionsdienst des Teilprozesses"
- Kostenindex „medizinisch-technischer Dienst pro Kostenstelle"
- Kostenindex „sonstige Mitarbeiter pro Kostenstelle"
- Kostenindex „Arzneimittel pro Kostenstelle"
- Kostenindex „medizinischer Bedarf pro Kostenstelle"
- Kostenindex „Implantate, Blut pro Kostenstelle"
- Kostenindex „Honorare, Untersuchungen in Fremden Instituten, Krankentransporte pro Kostenstelle"
- Kostenindex „Allgemeine Sachkosten pro Kostenstelle"

Prozesskostenindex der Teilprozesse

Berechnung: Die Kosten eines Teilprozesses geteilt durch die Kosten des gleichen Teilprozesses in einer zeitlich vorangegangener Periode, multipliziert mit 100.

- Prozesskostenindex „ärztlicher Dienst des Teilprozesses"
- Prozesskostenindex „Pflegedienst des Teilprozesses"
- Prozesskostenindex „Funktionsdienst des Teilprozesses"
- Prozesskostenindex „medizinisch-technischer Dienst des Teilprozesses"
- Prozesskostenindex „sonstige Mitarbeiter des Teilprozesses"
- Prozesskostenindex „Arzneimittel des Teilprozesses"
- Prozesskostenindex „medizinischer Bedarf des Teilprozesses"
- Prozesskostenindex „Implantate, Blut des Teilprozesses"
- Prozesskostenindex „Honorare, Untersuchungen in Fremden Instituten, Krankentransporte des Teilprozesses"

- Prozesskostenindex „Allgemeine Sachkosten des Teilprozesses"

Gesamtkostenindex des Teilprozesses

Berechnung: Kumulation der Ressourcenkosten eines Teilprozesses geteilt durch die Gesamtkosten der Ressource des gleichen Teilprozesses in einer zeitlich vorangegangenen Periode, multipliziert mit 100.

Gesamtkostenindex der Kostenstelle

Berechnung: Kumulation der Ressourcenkosten einer Kostenstelle geteilt durch die Ressourcenkosten der gleichen Kostenstelle in einer zeitlich vorangegangenen Periode, multipliziert mit 100.

Personalkostenindex des Teilprozesses

Berechnung: Die Gesamtkosten eines Teilprozesses abzüglich der Ressourcenkosten 5 bis 9[528] dieses Teilprozesses geteilt durch den nach der selben Formel berechneten Wert einer vorangegangenen Periode, multipliziert mit 100.

Materialkostenindex des Teilprozesses

Berechnung: Die Gesamtkosten Teilprozesses abzüglich der Ressourcenkosten 1 bis 4[529] des gleichen Teilprozesses geteilt durch den nach der selben Formel berechneten Wert einer vorangegangenen Periode, multipliziert mit 100.

b) Zeitkennzahlenpool

Absolute Kennzahlen

Prozesszeiten der Teilprozesse

Unter Prozesszeiten wird die Zeitinanspruchnahme einer Dienstart zur Leistungserstellung des Prozesses verstanden.

- Zeit „ärztlicher Dienst des Teilprozesses"
- Zeit „Pflegedienst des Teilprozesses"
- Zeit „Funktionsdienst Kostenindex"
- Zeit „medizinisch-technischer Dienst des Teilprozesses"
- Zeit „sonstige Mitarbeiter des Teilprozesses"

---

528 Vgl. Tab. 13: Zuordnung der Kostenarten zu Ressourcen.
529 Vgl. Tab. 13: Zuordnung der Kostenarten zu Ressourcen.

Gesamtzeit des Teilprozesses
Berechnung: Summierung der Prozesszeiten eines Teilprozesses

Wartezeiten des Teilprozesses
Unter Wartezeit wird die Zeit innerhalb eines Teilprozesses verstanden, innerhalb derer der Prozess ruht, also keine Leistungserstellung erfolgt und in der entweder der Kunde oder ein Prozessteilnehmer auf den Fortgang des Prozesses wartet.

- Wartezeit „ärztlicher Dienst des Teilprozesses"
- Wartezeit „Pflegedienst des Teilprozesses"
- Wartezeit „Funktionsdienst Kostenstellenanteil Ressourcenkosten"
- Wartezeit „medizinisch-technischer Dienst des Teilprozesses"
- Wartezeit „sonstige Mitarbeiter des Teilprozesses"

Rüstzeit der Teilprozesse
Rüstzeiten sind die Zeitspannen innerhalb eines Prozesses, die zur Vorbereitung der eigentlichen Leistungserstellung aufgewendet werden.

- Rüstzeit „ärztlicher Dienst des Teilprozesses"
- Rüstzeit „Pflegedienst des Teilprozesses"
- Rüstzeit „Funktionsdienst Anteil Ressourcenkosten"
- Rüstzeit „medizinisch-technischer Dienst des Teilprozesses"
- Rüstzeit „sonstige Mitarbeiter des Teilprozesses"

Transportzeit der Teilprozesse
Transportzeiten sind die Zeiten innerhalb eines Prozesses, die zur Beförderung einer Person oder eines Gegenstandes von einem zu einem anderen Ort aufgewendet werden.

- Transportzeit „ärztlicher Dienst des Teilprozesses"
- Transportzeit „Pflegedienst des Teilprozesses"
- Transportzeit „Funktionsdienst des Teilprozesses"
- Transportzeit „medizinisch-technischer Dienst des Teilprozesses"
- Transportzeit „sonstige Mitarbeiter des Teilprozesses"

Schnitt-Naht-Zeit
Unter Schnitt-Naht-Zeit wird allgemein die Zeitspanne vom ersten Schnitt einer Operation bis zum Verschließen der Wunde verstanden.

- Schnitt-Naht-Zeit „ärztlicher Dienst des Teilprozesses"
- Schnitt-Naht-Zeit „Funktionsdienst des Teilprozesses"
- Schnitt-Naht-Zeit „medizinisch-technischer Dienst des Teilprozesses"

Anästhesiologiezeit
Anästhesiologiezeit ist die Zeitspanne in der ein Patient narkotisiert ist.

- Anästhesiologiezeit „ärztlicher Dienst des Teilprozesses"
- Anästhesiologiezeit „Funktionsdienst des Teilprozesses"

Gliederungskennzahlen
(Anteil an einer Gesamtmenge oder Grundgesamtheit)

Zeitanteil der Dienstart an der Gesamtzeit des Teilprozesses
Berechnung: Division des Zeitanteils der Dienstart eines Teilprozesses durch die Gesamtzeit des Teilprozesses, multipliziert mit 100.

- Zeitanteil „ärztlicher Dienst des Teilprozesses „
- Zeitanteil „Pflegedienst des Teilprozesses"
- Zeitanteil „Funktionsdienst des Teilprozesses"
- Zeitanteil „medizinisch-technischer Dienst des Teilprozesses"
- Zeitanteil „sonstige Mitarbeiter des Teilprozesses"

Verhältnis Zeit ärztlicher Dienst/Zeit Pflegedienst
Berechnung: Die Zeit des ärztlichen Dienstes des Teilprozesses geteilt durch die Zeit des Pflegedienstes des Teilprozesses

Indexkennzahlen
(Gleiche Zahlen nur zeitlich oder örtlich verschieden)

Prozesszeitindex der Teilprozesse
Berechnung: Zeiten des Teilprozesses einer Dienstart geteilt durch die Zeiten des Teilprozesses dieser Dienstart in einer zeitlich vorangegangener Periode, multipliziert mit 100.

- Zeitindex „ärztlicher Dienst des Teilprozesses"
- Zeitindex „Pflegedienst des Teilprozesses"
- Zeitindex „Funktionsdienst des Teilprozesses"
- Zeitindex „medizinisch-technischer Dienst des Teilprozesses"
- Zeitindex „sonstige Mitarbeiter des Teilprozesses"

Gesamtzeitindex des Teilprozesses
Berechnung: Summierung der Zeiten der verschiedenen Dienstarten eines Teilprozesses geteilt durch die Zeiten der gleichen Dienstarten des selben Teilprozesses einer vorangegangenen Periode, multipliziert mit 100.

c) Qualitätskennzahlenpool

Darstellung des qualitativen Prozessoutput sowie aller qualitativen Kennzahlen geordnet nach Prozessverantwortlichen

Prozessverantwortlicher: Chirurg

Teilprozess	qualitatives Prozessergebnis	Kennzahlen	
Alle medizinischen Aufnahmetätigkeiten	• korrekte Erfassung des Patienten in seiner Gesamtheit • geplanter Untersuchungsverlauf des Patienten	Prozentsatz vollständig ausgefüllter Anamnesebögen	Anteil Patienten deren Untersuchungs-, Behandlungs- und Aufnahmeablauf ohne Komplikationen verläuft
Anfordern von diagnostischen und therapeutischen Leistungen	aussagefähige Anforderung	Prozentsatz Anforderungen Röntgen Thorax oder Sonographien mit konkreter Fragestellung	
OP- Gespräch	aufgeklärter Patient	Anteil der Patienten die sich vor einer OP gut aufgeklärt fühlten	Anteil vorhandener OP- Aufklärungsbögen

Prozessverantwortlicher: Chirurg

Teilprozess	qualitatives Prozessergebnis	Kennzahlen			
Post-OP-Visite	• Falls vorhanden erfasste Komplikationen • befriedigtes Sicherheitsbedürfnis des Patienten	Anteil dokumentierter Post OP Visiten mit Befunden	Anteil der Patienten die sich auch nach der OP sicher befühlten		Anteil der Patienten die sich gut informiert fühlten
Wochenend-visiten	• korrekte Erfassung des Patienten in seiner Gesamtheit • Planung der zukünftigen Befundungen sowie Therapien • befriedigtes Sicherheitsbedürfnis des Patienten • vollkommen über seinen Gesundheitszustand und weiteres Vorgehen informierter Patient	Anteil dokumentierter Visiten mit Untersuchungsbefunden	Prozentsatz zusätzlich angeordneter Untersuchungen	Anteil der Patienten die sich während der Visite sicher betreut fühlten	
Kurvenvisite vor Visite am Bett	Durchgeführte Kontrolle ob Patient ausreichend in Kurve abgebildet ist	Anteil ausreichend dokumentierter Kurven			
Dokumentation nach Visite	korrekt durchgeführte Dokumentation (Patienten ist in all seiner Gesamtheit ausreichend erfasst)	Anteil von Kurven mit ausreichender Visitendokumentation			

Prozessverantwortlicher: Chirurg					
Teilprozess	**qualitatives Prozessergebnis**	**Kennzahlen**			
Kurvenvisite	• korrekte Erfassung des Patienten in seiner Gesamtheit • Planung der zukünftigen Befundungen sowie Therapien • befriedigtes Sicherheitsbedürfnis des Patienten • vollkommen über seinen Gesundheitszustand und weiteres Vorgehen informierter Patient	Anteil dokumentierter Kurvenvisiten mit Untersuchungsbefund	Prozentsatz zusätzlich angeordneter Untersuchungen	Anteil der Patienten die sich während der Visite sicher betreut fühlten	Anteil der Patienten die sich informiert fühlten
Stationsarzt-visite	• korrekte Erfassung des Patienten in seiner Gesamtheit • Planung der zukünftigen Befundungen sowie Therapien • befriedigtes Sicherheitsbedürfnis des Patienten • vollkommen über seinen Gesundheitszustand und weiteres Vorgehen informierter Patient	Anteil dokumentierter Stationsarztvisiten mit Untersuchungsbefunden	Prozentsatz zusätzlich angeordneter Untersuchungen	Anteil der Patienten die sich während der Visite sicher betreut fühlten	Anteil der Patienten die sich informiert fühlten

Prozessverantwortlicher: Chirurg

Teilprozess	qualitatives Prozessergebnis	Kennzahlen				
Oberarztvisite	• ausgebildeter Stationsarzt • durchgeführte Qualitätskontrolle bezüglich der Fähigkeiten des Stationsarztes • korrekte Erfassung des Patienten in seiner Gesamtheit • Planung der zukünftigen Befundungen sowie Therapien • befriedigtes Sicherheitsbedürfnis des Patienten • vollkommen über seinen Gesundheitszustand und weiteres Vorgehen informierter Patient	Grad der Ausbildungszufriedenheit des Stationsarztes	Anteil dokumentierter Stationsarztvisiten mit Untersuchungsbefunden	Prozentsatz zusätzlich angeordneter Untersuchungen	Anteil der Patienten die sich während der Visite sicher betreut fühlten	Anteil der Patienten die sich informiert fühlten
Chefarztvisite	• Stationsarzt ist ausgebildet • durchgeführte Qualitätskontrolle bezüglich der Fähigkeiten des Stationsarztes und des Oberarztes • korrekte Erfassung des Patienten in seiner Gesamtheit • Planung der zukünftigen Befundungen sowie Therapien • befriedigtes Sicherheitsbedürfnis des Patienten • vollkommen über seinen Gesundheitszustand und weiteres Vorgehen informierter Patient	Grad der Ausbildungszufriedenheit des Stationsarztes	Anteil dokumentierter Stationsarztvisiten mit Untersuchungsbefunden	Prozentsatz zusätzlich angeordneter Untersuchungen	Anteil der Patienten die sich während der Visite sicher betreut fühlten	Anteil der Patienten die sich informiert fühlten

Prozessverantwortlicher: Chirurg

Teilprozess	qualitatives Prozessergebnis	Kennzahlen		
Stationäre und vorstationäre Beratung	• geplanter klinischer Aufenthalt (Bett muss frei sein, Diagnostikressourcen planen, OP planen usw.) • korrekte Erfassung des Patienten in seiner Gesamtheit • geplanter Untersuchungsverlauf des Patienten	Anteil Patienten deren Untersuchungs-, Behandlungs- und Aufnahmeablauf ohne Komplikationen verläuft	Prozentsatz vollständig ausgefüllter Anamnesebögen	Prozentsatz vollständiger Behandlungsplanungen
Patienten- und Angehörigengespräche	optimal informierter Patient sowie optimal informierte Angehörige	Anteil der Patienten und Angehörigen die sich informiert fühlten		
Abnahme von Untersuchungsmaterial durch den Arzt	• valide Abnahme des Untersuchungsmaterials • aussagefähige Untersuchungsanforderung formuliert	Prozentsatz korrekt durchgeführter Blutentnahmen	Prozentsatz Anforderungen Labor/Pathologie mit konkrete Fragestellungen	
Ärztliche Maßnahmen auf Station	• aufgeklärter Patient • korrekte komplikationslose Ausführung der Maßnahme	Anteil der Patienten die sich informiert fühlten	Prozentsatz vollständiger und korrekt ausgefüllter Aufklärungsbögen	

Prozessverantwortlicher: Chirurg

Teilprozess	qualitatives Prozessergebnis	Kennzahlen				
Befunde auswerten, Therapie- und Pflegeplanung	• vollständig dokumentierte Ergebnisse • sichergestellte Konsequenzen für alle Befunde/Ergebnisse (Keine unnötigen Untersuchungen bzw. keine Untersuchungen ohne Konsequenz)	Prozentsatz vollständig ausgefüllter Dokumentationen	Prozentsatz der Leerleistungen (Untersuchungen die keine Konsequenzen nach sich ziehen)			
Patientendokumentation	korrekt durchgeführte Dokumentation (Patient ist in all seiner Gesamtheit ausreichend erfasst)	Prozentsatz vollständig und korrekt ausgefüllter Dokumentationen				
Alle Entlassungstätigkeiten	• optimale Kodierung der Diagnosen und Prozeduren (zum erreichen des optimalen Erlöses) • informierter einweisender Arzt	Fehlerquote der Kodierung (Festgestellte Fehler bei Kodierprüfungen)	Anteil der Arztbriefe die innerhalb einer Woche das Haus verlassen			

201

Prozessverantwortlicher: Chirurg				
Teilprozess	**qualitatives Prozessergebnis**	**Kennzahlen**		
Vorbereitung der OP	bestandener Vollständigkeitsheck aller zur OP nötigen Unterlagen (z. B. Patienteneinwilligung, Prämedikation wurde verabreicht, Patient ist körperlich auf den Eingriff vorbereitet usw.)	Prozentsatz vollständig vorhandener OP-vorbereitender Unterlagen (Akte Aufklärungsbögen, Laborwerte Blutgruppe, Röntgenbild)		
Durchführen der OP	korrekte Durchführung des Eingriffs (mit minimalem Schaden den größten Behandlungserfolg für den Patienten)	Anteil der OP's mit Facharzt als Operateur oder erster Assistent	Anteil der OP ohne schwerwiegenden (mit lebensbedrohlichen Situationen oder Folgeschäden) Akutkomplikationen	Anzahl der pro Jahr durchgeführten Eingriffe

Prozessverantwortlicher: Chirurg

Teilprozess	qualitatives Prozessergebnis	Kennzahlen
Nachsorge der OP	korrekte und schlüssige (rechtlich einwandfreie – Risikomanagement) OP-Dokumentation	Prozentsatz rechtlich einwandfreier OP-Dokumentationen (geprüft durch das Risikomanagement, Operateur, Assistenz, Pfleger, Durchführung der OP)

Prozessverantwortlicher: Anästhesist

Teilprozess	qualitatives Prozessergebnis	Kennzahlen
Anästhesiegespräch	• Patient in seiner Ganzheit erfasst • Patient ein sicheres Gefühl vermittelt • indiziertes Narkoseverfahren gewählt	Anteil der mit der Narkoseaufklärung zufriedenen Patienten; Anteil vollständiger Narkoseaufklärungen
Anästhesievorbereitung	Patient sicher vorbereitet (Zugang legen u.ä.)	Anzahl der ärztlich vollständig vorbereiteten Patienten (Checkliste)
Anästhesiedurchführung	• komplikationslose Durchführung der Narkose • rechtzeitiges Erkennen von Problemen	Anteil der Patienten ohne Narkosezwischenfälle; Anteil der Patienten bei denen Komplikationen durch rechtzeitige Intervention verhindert werden konnten

Prozessverantwortlicher: Anästhesist

Teilprozess	qualitatives Prozessergebnis	Kennzahlen	
Anästhesienachsorge	• Patient ein sicheres Gefühl geben • keine Komplikationen im weiteren Verlauf	Anteil der Patienten die sich postoperativ sicher fühlten	Anteil der Patienten mit rechtzeitig erkannten Narkosekomplikationen im Anschluss an die OP

Prozessverantwortlicher: Pflege Chirurgie

Teilprozess	qualitatives Prozessergebnis	Kennzahlen		
Aufnahme in die Pflegeeinheit	• aufgenommene pflegerelevante Informationen • hergestellte Sicherheit und Vertrauen (Aufnahme laut Aufnahmestandard)	Anteil vollständig ausgefüllter Stammblätter		
Empfang und Einweisen von Patienten	orientierter Patient (Einhaltung des Aufnahmestandards)	Anteil der Patienten mit abgearbeiteter Checkliste (basierend auf dem Pflegestandard)		
Vorbereitung spezieller diagnostischer Untersuchungen/Therapie	• rechtzeitig angemeldete Untersuchung • vorbereiteter Patient	Anteil reibungsfrei geplanten Aufnahmen und Untersuchungen	Prozentsatz korrekt vorbereiteter Patienten der Kernkompetenz	
Nachbereitung spezielle Diagnostik/Therapie	korrekte zugeordnete Befunde/erkannte Patientenveränderung	Anteil korrekter Kurvenchecks		
Vorbereitung der OP	vorbereiteter Patient (nach Standard)	Anteil der Patienten mit abgearbeiteter Checkliste (basierend auf dem Pflegestandard)		

Prozessverantwortlicher: Pflege Chirurgie

Teilprozess	qualitatives Prozessergebnis	Kennzahlen		
Patiententransport OP	zeitnaher Transport	Zeitüberschreitung der Sollzeit für Patiententransport der Kernkompetenz		
Körperpflege	• zufriedener Patient • erkannte Hautveränderungen • schnellstmögliche Selbständigkeit des Patienten (festgehalten im Dokumentationsbogen und Pflegebericht pro Schicht)	Grad der Patientenzufriedenheit	Anteil der Patienten die am zweiten Post OP Tag kein Hilfe mehr benötigen	
Ausscheidungen	• Gewährleisten der Intimsphäre • Erkennen von Frequenz und Art der Ausscheidungen • Unterstützung der Toilettengänge gemäß Behandlungsstandard (nicht in diesem Krankheitsbild aber bei Entleeren/Wechseln von Blasenkathetern o. ä. Infektionsfreiheit gewährleisten, Indikation überprüfen, bei Stoma Anleitung zur Selbständigkeit)	Patientenzufriedenheit bezüglich der Intimsphäre	Anteil Patienten mit erkanntem pathologischem Ausscheidungsverhalten	Anteil der Patienten mit abgearbeiteter Checkliste (basierend auf dem Pflegestandard)
Ernährung	• Kostaufbau nach Standard • sichergestellte Ernährung des Patienten • erkannte Kostverträglichkeit und Appetit	Anteil der Patienten mit abgearbeiteter Checkliste (basierend auf dem Pflegestandard)	Grad der Patientenzufriedenheit bezüglich der Ernährung durch das Pflegepersonal	

205

Prozessverantwortlicher: Pflege Chirurgie

Teilprozess	qualitatives Prozessergebnis	Kennzahlen	
Bewegen und Lagern	• schnellstmögliche wiederhergestellte Selbstständigkeit • hergestellte Mobilität des Patienten (Index zur Messung bei anderen Diagnosen durch Mobilisationsschemata bei TEP oder Dekubitusrate)	Anteil Patienten die am zweiten Post-OP Tag mobil sind	
Kommunikation	• befriedigtes Sicherheitsbedürfnis des Patienten • informierter Patient	Anteil der Patienten die sich durch die Pflegenden sicher betreut fühlten	Anteil der Patienten die sich durch die Pflegenden gut informiert fühlten
Vitalzeichenkontrolle	• erfasste Normabweichungen • sichergestellte Dokumentation	Anteil korrekt durchgeführter Vitalzeichenkontrollen	Anteil pathologischer Vitalzeichen die zu keiner Reaktion geführt haben
Pflegetechnische Leistungen	nicht in diesem Krankheitsbild vorhanden der TP wenn doch Durchführung laut Behandlungsstandard	Anteil der Patienten mit abgearbeiteter Checkliste (basierend auf dem Pflegestandard)	
Leistungen im Zusammenhang mit Eingriffen und Maßnahmen des Arztes	nicht in diesem Krankheitsbild vorhanden der TP wenn doch Durchführung laut Behandlungsstandard	Anteil der Patienten mit abgearbeiteter Checkliste (basierend auf dem Pflegestandard)	
Äußere Anwendungen	erfasste und weitergeleitete pathologische Wundverhältnisse laut Behandlungsstandard	Anteil der Patienten mit erfassten pathologischen Wundverhältnissen	

Prozessverantwortlicher: Pflege Chirurgie

Teilprozess	qualitatives Prozessergebnis	Kennzahlen	
Leistungen im Zusammenhang mit der Arzneimittelgabe	richtige und rechtzeitige Medikamentenverabreichung	Anteil dokumentierter Komplikationen aufgrund falscher Arzneimittelvergabe	
Pflegeplanung und Pflegedokumentation	• schichtübergreifende individuelle Pflege • erfasster individueller Pflegeaufwand	Anteil der vollständig und korrekt dokumentierten Pflegeplanungen und Dokumentationen	PPR-Aufwand
Versand/Transport von Untersuchungsmaterial	zeitnaher Transport	Anteil der Blutentnahmen die nach einer Stunde im Labor sind	
Infusionstherapie	• Einhaltung der Behandlungsstandards • sichergestellte Flüssigkeitszufuhr während Nahrungskarenz • Erkennung Pathologischer Verhältnisse an der Vigo sowie Entfernung bei Entzündung	Anteil der Patienten mit abgearbeiteter Checkliste (basierend auf dem Pflegestandard)	Anteil der Patienten mit klinisch relevanten Tromboflebitiden (Venenentzündungen)
Abschluss- und Informationsgespräch mit Patienten	• informierter Patient der in seiner häuslichen Umgebung zurecht kommt • gewährleistete Weiterversorgung des Patienten	Anteil der sich informiert fühlten Patienten bezüglich der Entlassung	Anteil der Patienten mit ausreichend organisierter Entlassung (Fehlen der Kurzbrief)
Entlassung und Verlegung	• vollständig vorliegende Unterlagen • informierte weiterbehandelnde Ärzte • vorliegender Entlassungsbrief (Kurzbrief)	Anteil der vollständigen Akten	

207

Prozessverantwortlicher: Pflege Chirurgie

Teilprozess	qualitatives Prozessergebnis	Kennzahlen
Patiententransport OP	zeitnaher Transport	Anteil der Patienten mit einer Transportzeit unter 30 min.

Prozessverantwortlicher: Kardiologe sowie Radiologe

Teilprozess	qualitatives Prozessergebnis	Kennzahlen
Befundung des EKG	• korrekte Befundung • zeitnahe Befundung (am selben Tag) • bei auffälligem Befund entsprechende Informationsweiterleitung • zeitnahe Weiterleitung der Befundung an behandelnden Arzt	Anteil der Befundungen durch einen Facharzt (Facharztstandard) Anteil der EKG die zum Zeitpunkt der Prämedikation befundet sind
Durchführung Röntgen	technische Durchführung gemäß den Qualitätsrichtlinien der Bundesärztekammer (www.baek.de) und der Deutschen Röntgengesellschaft (www.drg.de) also alle Strukturen abgebildet, die auch abgebildet werden müssen	Anteil der Aufnahmen ohne technischer Fehler die zu einer Wiederholung führten
Nachbereitung Röntgen	Befund am nächsten Tag korrekt und unterschrieben auf Station	Anteil der Befunde die am nächsten Tag auf Station sind. Anteil der Befunde mit gleicher Befundung (schriftlich und in der Röntgenbesprechung)

Prozessverantwortlicher: Verwaltungsmitarbeiter

Teilprozess	qualitatives Prozessergebnis	Kennzahlen
Aufnahme administrativ	• korrekt erfasste bearbeitungsrelevante Patientendaten • ggf. geklärte Kostenübernahme • kurze Wartezeiten	Prozentsatz richtig ausgefüllter Patientenerfassungsbögen	Anteil der Patienten mit Wartezeiten unter 30 Min.
Administrative Entlassung	• korrekt erfasste entlassungsrelevante Patientendaten (Datum, poststat. Behandlung) • gesamten Selbstkostenbeiträge bezahlt	Anteil bezahlter Selbstkostenbeiträge	

Prozessverantwortlicher: OP-Pflege

Teilprozess	qualitatives Prozessergebnis	Kennzahlen
Vorbereitung der OP	• vollständige und schnelle Zusammenstellung der benötigten Materialien und Instrumente • bestmögliche Versorgung des Patienten • sichere Lagerung des Patienten • Übernahme aller ATL (Aktivitäten des täglichen Lebens) für den Patienten • OP-Tisch entsprechend des Standards richten	Anteil der OP's die sich aufgrund verzögerter OP-Vorbereitung verschieben	Anteil der Patienten mit abgearbeiteter Checkliste (Basierend auf dem Pflegestandard)	Anteil der Patienten mit abgearbeiteter Checkliste (Basierend auf dem Pflegestandard)

209

Prozessverantwortlicher: OP-Pflege

Teilprozess	qualitatives Prozessergebnis	Kennzahlen		
Durchführung der OP	• sachgerechtes Instrumentieren • sich der Abläufe bewusst sein (Instrumentierender ist einen Schritt vor Operateur, Springer einen Schritt vor Instrumentierendem) • korrekte Zählkontrolle • korrekte Eingabe der Zeiten und Operateure etc. ins ITB	Anteil initial als richtig dokumentierter Zählkontrollen (erst falsch gezählt später korrigiert)	Anteil der richtig eingegebenen Operateure	Anteil der OP's die von einer ausgebildeten Fachkraft assistiert werden.
Nachsorge der OP	• abschl. Durchführung der Zählkontrolle • hygienische Voraufbereitung der Instrumente • Erfassung der Verbrauchsmaterialien und Zeiten • korrekte Entlagerung des Patienten (Lagerungsschäden überprüfen und dokumentieren) • Instrumentenaufbereitung	Anteil der korrekt aufbereiteten Siebe	Anteil der Patienten ohne Lagerungsschäden	

Prozessverantwortlicher: Anästhesiepflege

Teilprozess	qualitatives Prozessergebnis	Kennzahlen
Anästhesievorbereitung	• angstfreier Patient • ausreichend Zeit zum Durchchecken und Aufbereiten des Beatmungsgerätes	Anteil der Patienten die sich vor der OP bezogen auf die Narkose sicher fühlen

Prozessverantwortlicher: Anästhesiepflege

Teilprozess	qualitatives Prozessergebnis	Kennzahlen		
Anästhesie-durchführung	• kontinuierlich ein Arzt eine Pflegekraft im OP • komplikationslose Narkosedurchführung	Anteil der OP's mit kontinuierlicher Betreuung durch Arzt und Pflegenden	Anteil der Patienten mit vermeidbaren Narkosezwischenfällen	
Anästhesienachsorge	• schnelle Übergabe in den Aufwachraum • komplette Übegabe aller Daten zur Stabilität des Patienten • vollständiges Durchchecken der Geräte	Anteil rechtzeitiger Übergaben	Anteil vollständiger Übergaben	Anteil der Wechselzeiten bei denen die vorgegebene Zeit aufgrund äußerer Anlässe nicht unterschritten wird

Prozessverantwortlicher: Funktionsdienst Radiologie und Kardiologie

Teilprozess	qualitatives Prozessergebnis	Kennzahlen		
Vorbereitung Kardiologie	• korrekt gelagerter Patient • korrekt angeordnete Elektroden	Anteil nicht veratmeter und nicht verzitterter EKG	richtige Maßnahmendurchführung aufgrund richtiger Vorbereitung	Anteil der unverpolten EKG
Durchführung Kardiologie	korrekt abgeleitetes EKG	Anteil der EKG mit Eichzacke		

211

Prozessverantwortlicher: Funktionsdienst Radiologie und Kardiologie

Teilprozess	qualitatives Prozessergebnis	Kennzahlen	
Nachbereitung Kardiologie	• Sicherheit des Patienten nach Untersuchung gewährleisten • entfernte Elektroden • korrekt zugeordnetes EKG zum Anforderungszettel (zum Patienten) • zeitnah übermitteltes EKG zum befundenden Arzt (noch am selben Tag)	Anteil der am selben Tag beim befundenden Arzt eintreffender EKG	Prozentsatz richtig zugeordneter EKG
Durchführung Radiologie	korrekte technische Durchführung	Anzahl der technischen richtigen Aufnahmen, die nicht wiederholt werden müssen	

Anlage II: Beschreibung der Strumabehandlung

Standardverweildauer: 6,96 Tage
Durchschnittsalter: 52,40 Jahre

Es wurden nur die Daten der **einmal** operierten Patienten berücksichtigt! Alle Patienten fallen in die ASA Klassen 1 oder 2. In der Kernkompetenz sind keine Malignome enthalten.

Folgende Diagnosen und Eingriffsarten fallen in diese Kernkompetenz: Diagnosen und Eingriffsarten

Code	Schlüssel	Bezeichnung
ICD	E04.0	Nichttoxische diffuse Struma
	E04.1	Nichttoxischer solitärer Schilddrüsenknoten
	E04.2	Nichttoxische mehrknotige Struma
	E04.8	Sonstige näher bezeichnete nichttoxische Struma
	E04.9	Nichttoxische Struma, nicht näher bezeichnet
ICPM	5-061 ff	Hemithyreoidektomie
	5-062	Andere partielle Schilddrüsenresektion
	5-062.0	Exzision von erkranktem Gewebe
	5-062.1	Exzision eines Knotens
	5-062.2	Subtotale Resektion, einseitig
	5-062.3	Subtotale Resektion, beidseitig
	5-062.4	Subtotale Resektion, einseitig mit Exzision eines Knotens der Gegenseite
	5-062.5	Subtotale Resektion, einseitig mit Hemithyreoidektomie der Gegenseite
	5-062.x	Sonstige
	5-062.y	Nicht näher bezeichnet
	5-063	Thyreoidektomie
	5-063.0	Ohne Parathyreoidektomie, ohne Monitoring des N. recurrens
	5-063.1	Ohne Parathyreoidektomie, mit Monitoring des N. recurrens
	5-063.x	Sonstige
	5-063.y	Nicht näher bezeichnet

Folgende diagnostische Maßnahmen werden für diese Kernkompetenz veranlasst:

Präoperative diagnostische Leistungen

Abteilung	Maßnahmen
Normalstation	Körperliche Untersuchung der Schilddrüse und Lymphknoten
Labor	Blutbild Gerinnung Natrium Kalium Calcium Kreatinin CRP TSH T3 T4 TSH Rezeptoren AK = TRAK bei Hyperthyreose Blutgruppe (pathologische Werte müssen kontrolliert werden)
Kardiologie	EKG (> 55Lj., bzw. bei Herzanamnese)
Röntgen	Röntgen Thorax (ab 60. Lebensjahr, darf $^1/_2$ Jahr alt sein. Bzw. bei Thoraxanamnese)
Nuklearmedizin	Szintigraphie Schilddrüse
Sonographie	Sonographie Schilddrüse

Postoperative diagnostische Leistungen

Abteilung	Maßnahmen
Labor	Blutbild (am 1. und 4. postoperativen Tag) Calcium (am 1. und 4. postoperativen Tag)

Durchgeführte Konsile

- Präoperatives HNO-Konsil
- Postoperatives HNO-Konsil nach Ziehen der Redondrainagen

Therapie

- Postoperative Hormonsubstitution
- Therapie abhängig vom Befund, ein- oder beidseitige Schilddrüsen-Resektion, Exstirpation eines Knotens

Anlage III: Zielsammlung und Zielbegründung

Finanzperspektiven		
Zielbezeichnung	Zielbegründung	Messgröße
Gewinnmaximierung, um Quersubventionierung zu ermöglichen	Die Strumabehandlung ist ein wenig komplexer Eingriff, bei dem Reserven für kostspielige Behandlungen und Quersubventionen erwirtschaftet werden sollen.	• Gewinn, Überschuss: Erlös-Kosten
Kostensenkung für die Behandlung	Die Behandlungsleistung soll mindestens kostendeckend, ansonsten möglichst kostengünstig erbracht werden. Um so mehr Überschüsse können für die Quersubventionierung realisiert werden.	• Überschuss: Erlös-Kosten
Ausbau des Mengengerüsts bei positiven Erträgen	Da der Preis nicht zu beeinflussen ist, müssen die Gewinne über eine höhere Fallzahl der Behandlungsfälle maximiert werden. Allerdings nur bei positiven Erträgen.	• Veränderung Fallzahl • Anzahl Einweisungen
Verweildauer bei gleichbleibender Qualität auf DRG-Niveau steuern	Die durchschnittliche Verweildauer soll zwischen der unteren Grenzverweildauer und der maximalen Verweildauer liegen, ohne dabei Qualitätseinbußen zu erleiden. Dies soll durch den Ausbau der prä- und postoperativen Behandlungsstrukturen erfolgen, um nicht unnötig Potenzial zu binden und das stationäre Leistungsspektrum aufrecht zu erhalten.	• Verweildauer • Anzahl Nachfragen der Krankenkasse
Kundenperspektiven		
Zielbezeichnung	Zielbegründung	Messgröße
prästationäre Voruntersuchung in eigener ambulanter Ein-	Die prästationäre Voruntersuchung in einer Ambulanz soll • die **Mitarbeiter entlasten** von Terminkoordination, Patientennach-	• Patientenzufriedenheit • Aufenthaltsdauer bei der

richtung (Kurz-liegerstation)	fragen und Suchen von Patienten, • die **Patientenzufriedenheit** durch schnell ablaufende Untersuchungen und durch die Patienten flexibel ge-staltete Termine **erhöhen** und • **Einsparungen** auf den Abteilungen durch die Verschiebung auf ambu-lante Stationen bringen, da keine Unterbringung erforderlich ist.	Voruntersu-chung • Mitarbeiterzu-friedenheit
Realistische OP-Planung durchführen	Eine realistische OP-Planung führt zu weniger verschobenen OP's, was wiederum zu • Erhöhung der Mitarbeiter-zufriedenheit • Erhöhung der Patienten-zufriedenheit • Verweildauerreduzierungen und da-mit Kostenreduzierung führt	• Anzahl ver-schobener OPs
Planungssicher-heit für Patien-ten und Ange-hörige bieten	Die Planungssicherheit bezüglich Verweildauer, OP-Tag, Entlassung usw. erhöht die Patientenzufrieden-heit.	• Anteil Pfad-patienten • Anteil Pfad-abbrüche
Wenig Kompli-kationen haben	Eine komplikationsfreie Behandlung hat positiven Einfluss auf die Zufrie-denheit der Kunden, die das Kran-kenhaus an Freunde und Verwandte weiterempfehlen. Auf diese Weise lässt sich wiederum die Fallzahl er-höhen.	• Komplika-tionsrate
Patientenzufrie-denheit erhöhen	Sind ein Patient und seine Angehöri-gen mit der Behandlung und dem Krankenhaus zufrieden, wird das Krankenhaus an Freunde und Ver-wandte weiter empfohlen und ver-breitet einen guten Ruf nach außen, d. h. einerseits es kommen mehr Pa-tienten ins Krankenhaus, andererseits kommt der Patient vielleicht beim nächsten Krankenhausaufenthalt für	• Zufriedenheit lt. Patienten-befragung • Beschwerde-häufigkeit

	eine andere Behandlung wieder in dieses Krankenhaus, was zur Erhöhung der Fallzahl insgesamt beiträgt	
Zusammenarbeit mit niedergelassenen Ärzten intensivieren	Die niedergelassenen Ärzte werden wegen ihrer Funktion als Einweiser der Patienten als Kundengruppe des Krankenhauses betrachtet. Um die Fallzahl zu erhöhen, sollte die Zusammenarbeit mit dieser Kundengruppe intensiviert werden	• Anzahl Fortbildungen • Anzahl Kontakte Klinik – Arzt • Anzahl Einweisungen
Prämedikation der Anästhesie organisieren	Wenn der gleiche Arzt prämediziert, der auch die Narkose durchführt, erhöht dies das Vertauen der Patienten und würde die Patientenzufriedenheit steigern	• Patientenzufriedenheit • Anzahl der Narkosen durch den prämedizierenden Arzt

Interne Prozessperspektiven

Zielbezeichnung	Zielbegründung	Messgröße
Einführung von Behandlungspfaden	Die mit den Behandlungspfaden einhergehende Standardisierung führt zu einer schnelleren Behandlung und Behandlungspfade fördern außerdem • **die Lösung von Schnittstellenproblemen,** • die **Planungssicherheit** für die Patienten und • die **Steuerung der Verweildauer** und die Analyse von Abweichungen (Qualität der Behandlung).	• Anteil Pfadabbrüche • Abbruchstellen des Pfades
Planung von Betten, Transport u. a.	Einrichtung von Korridoren für Diagnostik- und Behandlungsschritte hinsichtlich verschiedener Kapazitäten (Zeit, Personal, Raum)	• Zeitabschnitte für OP, Voruntersuchung
Qualität der Behandlung verbessern	Eine gute Qualität der Behandlung sorgt für zufriedene Patienten, zufriedene Mitarbeiter und zufriedene Einweiser.	• Komplikationsrate • Patientenzufriedenheit

		• Wundhei-lungsstörun-gen
Einführung eines Patienten-pfades	Der Patientenpfad soll dem Patienten • **Planungssicherheit** bieten, • **Informationen** über den Behand-lungsverlauf liefern, • **Früherkennungspotenziale** von Komplikationen durch Zusammen-arbeit mit Patienten aufdecken und • **Zufriedenheit** bieten.	• Anteil Pfad-patienten mit Patientenpfad • Patientenbe-fragung
Prästationäre Behandlungs-strukturen schaffen	Schaffung der Strukturen zur Ein-richtung einer Ambulanz oder einer ähnlichen Einrichtung für die Durch-führung der Voruntersuchungen	• Anteil Patien-ten mit vorsta-tionärer Be-handlung
Gute Organisa-tionsstruktur zur Nutzung der verfügbaren Ressourcen schaffen	Im Bereich der prästationären Be-handlung im Krankenhaus soll ein reibungsloser Ablauf sichergestellt werden, um so die Patienten schnell und ausreichend ambulant diagnos-tisch zu untersuchen.	• Patienten mit diagnostischen Laufplänen
Schlüssige, ak-tuelle und um-fassende Doku-mentation	Zur Vermeidung von Krankenkas-sennachfragen und dem Umgang mit solchen Nachfragen benötigt man ei-ne umfassende, schlüssige und ak-tuelle Dokumentation aller Diagno-sen in ITBmed.	• Anteil hin-reichender Dokumenta-tionen • Anzahl Nach-fragen der Krankenkasse
Prozessorientier-te Steuerung vo-rantreiben	Im Denken der Mitarbeiter muss sich der Prozessgedanke verankern. Hierzu ist eine Abkehr von funktio-nalen Grenzen nötig; der Patient muss als Prozessauslöser betrachtet werden.	• Wartezeit auf Untersuchung
Aktenchecks durchführen	Unvollständige Akten verzögern den OP-Ablauf. In diesem Zusammen-hang müssen die Zuständigkeiten für die Akten geregelt werden.	• Zahl der OPs mit abgearbei-teter Akten-checkliste

Potenzialperspektiven		
Zielbezeichnung	Zielbegründung	Messgröße
Mitarbeiter- zufriedenheit erhöhen	Es wird unterstellt, dass zufriedene Mitarbeiter besser arbeiten, das bedeutet zugleich weniger Fluktuation, also bleibt dem Krankenhaus qualifiziertes und gut eingearbeitetes Personal.	• Fluktuations- rate • Mitarbeiterzu- friedenheit
Zielgerichtetes Denken der Mitarbeiter fördern	Ganzheitliches, prozessorientiertes Denken muss bei den Mitarbeitern vorherrschen, dann kann eine erfolgreiche und gute Planung über Schnittstellen hinweg erfolgen. Hierbei gilt die Annahme, dass qualifiziertes Personal besser die ganzheitlichen Strukturen einschätzen kann.	• Schulungs- quote • Anteil qualifiziertes Personal
Ausbildungsspe- zifischer Einsatz der Mitarbeiter	Die Mitarbeiter brauchen keine berufsfremden Tätigkeiten mehr auszuführen, so werden die verfügbaren Ressourcen besser genutzt und die Mitarbeiterzufriedenheit erhöht.	• Tätigkeiten in fremden Einsatzbereichen
Umgang mit Patienten opti- mieren	Das Personal muss freundlicher mit den Patienten umgehen und eine professionelle Kommunikation sollte im Umgang mit den Patienten angewendet werden.	• Anteil Schulungsteilneh- mer • Beschwerden über unfreundliches Personal
Mobile Erfas- sungsgeräte für permanente Dokumentation anschaffen	Zur Einführung einer umfassenden, aktuellen und schlüssigen Dokumentation in ITBmed benötigt das Krankenhaus ausreichend mobile Erfassungsgeräte, wie z. B. den ITB-Palm. Diese müssen hierzu neu angeschafft werden.	• Anzahl ITB- Palms
Modul für OP- Planung an- schaffen	Um eine reibungslose OP-Planung sicherstellen zu können, muss ein angemessenes OP-Modul angeschafft	• Nutzung des OP-Moduls

	werden, vorzugsweise das von ITB-med. So können die OP's besser koordiniert werden, was die Mitarbeiterzufriedenheit erhöht und seltener zu Verschiebungen führt. So wird auch die Patientenzufriedenheit erhöht.	
Transparenz herstellen	Mitarbeiter sind motivierter, wenn sie wissen, warum sie etwas tun sollen (z. B. um 15:00 noch eine OP).	• Anzahl interner Mails • Anzahl Rundschreiben
Kostentransparenz herstellen	Wissen die Mitarbeiter, was eine bestimmte Tätigkeit kostet, können sie gezielt Geld sparen und sind zu Einsparungen motivierter.	Differenz der Kosten für z. B. Gebrauchsartikel pro Monat

Anlage IV: Hinweise zur Zielfindung

Die folgenden Hinweise sollten für ein besseres Gelingen der Pfad-BSC bei der Zielfindung in den Gesprächen berücksichtigt werden:

1. Formulieren Sie pro Frage die wichtigsten 2–5 erfolgskritischen, wesentlichen Ziele.
2. Begründen Sie die erfolgskritische Bedeutung des genannten Zieles kurz zum allgemeinen Verständnis.
3. Geben Sie für jedes Ziel eine Messgröße an, welche die Zielerreichung widerspiegelt und dokumentiert.
4. Orientieren Sie sich an den Leitfragen der Perspektiven und an den Zielen übergeordneter (wertfreier) Perspektiven. Die Ziele der Perspektive Kunden sollten auf die vorgegebenen Ziele der finanzwirtschaftlichen Perspektive ausgerichtet sein.
5. Die strategischen Ziele sollten nicht verbal („Zufriedenheit steigern") oder durch eine Messgrößen-Zielwert-Kombination („ROI +20 %") beschrieben werden, sondern die Formulierung sollte ziel- und aktionsorientiert sein, z. B. „Image als Partner der Patienten aufbauen."
6. Es sollten nicht nur Basisanforderungen, die zur Aufrechterhaltung des operativen Geschäfts dienen, als Ziele formuliert werden, sondern die gesetzten Ziele sollten anspruchsvoll, aber dennoch realistisch sein.
7. Kriterien zur Auswahl geeigneter Ziele sind die strategische Bedeutung, die Beeinflussbarkeit und letztlich auch die Messbarkeit.
8. Alle in der BSC verankerten Ziele und Maßnahmen müssen aus einem finanziellen und ökonomischen Gesichtspunkt haltbar sein.
9. Formulieren Sie keine gegenläufigen Ziele.

 Bitte beziehen Sie alle Ihre Angaben auf den Behandlungspfad der Struma!

Anlage V: Zielbeurteilung zur Einordnung in das Kundenbegeisterungsmodell

		Basis	Leistung	Begeisterung
Zielbezeichnung	Beurteilung des Ziels	Einordnung		
prästationäre Voruntersuchung in eigener ambulanter Einrichtung (Kurzliegerstation)	Könnten die erforderlichen Voruntersuchungen bereits vor dem stationären Aufenthalt in einer dafür vorgesehenen Ambulanz oder einer ähnlichen Einrichtung stattfinden, würde sich die Verweildauer verkürzen und die Patienten könnten diese Voruntersuchungen auf einen für sie günstigen Termin legen.	✗		
Realistische OP-Planung durchführen	Die OP-Planung wird von den Kunden als selbstverständlich erachtet, eine völlige Fehlplanung würde jedoch Verärgerung hervorrufen.	✗		
Planungssicherheit für Patienten und Angehörige bieten	Kennen Patienten und deren Angehörige bereits zu Beginn des Krankenhausaufenthaltes den voraussichtlichen Entlassungstermin, können sie besser planen und die Entlassung vorbereiten, es gäbe weniger Schnittstellen- und Koordinationsprobleme. Diese Planungssicherheit wird nur in wenigen Krankenhäusern gewährleistet und würde damit einen strategischen Wettbewerbsvorteil begründen.			✗

	Basis	Leistung	Begeisterung
Zielbezeichnung / **Beurteilung des Ziels** / **Einordnung**			
Wenig Komplikationen haben — Eine komplikationslose Behandlung wird von den Patienten als selbstverständlich erachtet. Sollte dies nicht der Fall sein, wären die Patienten und ihre Angehörigen sehr verärgert.	✕		
Patientenzufriedenheit erhöhen — Die Erhöhung der Patientenzufrieden – wodurch auch immer sie realisiert wird – ist im Sinne der Patienten, je größer die Zufriedenheit, desto größer ist auch ihre Begeisterung.			✕
Zusammenarbeit mit niedergelassenen Ärzten intensivieren — Die Zusammenarbeit bzw. Kooperation mit dem Krankenhaus ist für den einweisenden Arzt von besonderer Bedeutung. Er möchte über den Krankheitsverlauf informiert sein und den Patienten in guten Händen wissen.			✕
Prämedikation der Anästhesie organisieren — Die Patienten gehen eigentlich davon aus, dass der Arzt, der die Prämedikation durchführt auch am OP-Tag die Anästhesie durchführt. Trifft dies nicht zu, sind die Patienten verunsichert und ängstlich, dieser Zustand sollte vor einer OP verhindert werden.	✕		
Einführung von Behandlungspfaden — Eine standardisierte Behandlung ausgestattet mit Checklis-			✕

		Basis	Leistung	Begeisterung
Zielbezeichnung	**Beurteilung des Ziels**	**Einordnung**		
	ten und Hilfsmitteln zur Verbesserung der Behandlung symbolisieren dem Patienten Zuverlässigkeit. Für die Kundengruppe der niedergelassenen Ärzte wäre die Einführung von Behandlungspfaden sehr wünschenswert, da die Krankenhausleistung transparent wäre.			
Planung von Betten, Transport u. a.	Die Planung von Betten oder Transport wird von den Kunden als selbstverständlich erachtet, eine völlige Fehlplanung würde Verärgerung hervorrufen.	×		
Qualität der Behandlung verbessern	Die Patienten, die niedergelassenen Ärzte und die Krankenkassen erwarten ein hohes Maß an Qualität. Diese Qualität führt zu keiner Verbesserung der Kundenzufriedenheit, ist sie jedoch nicht gewährleistet ruft sie Verärgerung hervor.	×		
Einführung eines Patientenpfades	Die Patienten haben zunehmend mehr Bedarf an Informationen über den Behandlungsablauf. Ein Patientenpfad würde die Patienten umfassend informieren und ihre aktive Beteiligung an der Behandlung ermöglichen.			×

Zielbezeichnung	Beurteilung des Ziels	Basis	Leistung	Begeisterung
				Einordnung
Prästationäre Behandlungsstrukturen schaffen	Die Schaffung prästationärer Strukturen ist nicht direkt ein Ziel zur Erfüllung von Kundenanforderungen, sondern dient vielmehr der Erreichung des Ziels „prästationäre Voruntersuchung in eigener ambulanter Einrichtung."	✕		
Gute Organisationsstruktur zur Nutzung der verfügbaren Ressourcen schaffen	Eine gute Organisation der prästationären Behandlung ist für die Patienten sehr wünschenswert. Je reibungsloser die Untersuchungen erfolgen, um so zufriedener sind die Patienten.			✕
Schlüssige, aktuelle und umfassende Dokumentation	Die Dokumentation der Tätigkeiten ist eine Aufgabe des Personals im Krankenhaus, die auch im Sinne der Patienten und der Qualitätssicherung erfolgt. Die Patienten betrachten die Dokumentation als weniger wichtig, für niedergelassene Ärzte und Krankenkassen wichtiger.	✕		
Prozessorientierte Steuerung vorantreiben	Durch eine prozessorientierte Sichtweise avanciert der Patient zum Kunden, er rückt in den Mittelpunkt der Tätigkeiten.			✕
Aktenchecks durchführen	Ordnungsgemäß erstellte Aktenchecklisten sowie deren Einhaltung und Überprüfung sollen einen ordnungsmäßigen Ablauf der Behandlung sicherstellen,	✕		

		Basis	Leistung	Begeisterung
Zielbezeichnung	Beurteilung des Ziels	Einordnung		
	diese werden von den Patienten jedoch nicht wahrgenommen.			
Mitarbeiterzufriedenheit erhöhen	Die Mitarbeiterzufriedenheit ist für die Kunden direkt uninteressant, wobei sich eine Unzufriedenheit negativ bemerkbar macht.	×		
Zielgerichtetes Denken der Mitarbeiter fördern	Der Einsatz qualifizierten Personals wird von den Patienten erwünscht. Das ganzheitliche und zielorientierte Denken der Mitarbeiter wird von den Patienten als selbstverständlich eingestuft.	×		
Ausbildungsspezifischer Einsatz der Mitarbeiter	Der ausbildungsspezifische Einsatz ist eigentlich selbstverständlich. Wird hochqualifiziertes Personal für Tätigkeiten eingesetzt, für die es überqualifiziert ist, wird die Leistungserbringung dennoch nicht gefährdet.[530]	×		
Umgang mit Patienten optimieren	Die Freundlichkeit der Mitarbeiter wird von den Patienten freudig wahrgenommen und bei der Auswahl des Krankenhauses berücksichtigt.		×	

---

530 Leistungserbringung durch unterqualifiziertes Personal und durch dieses Ziel nicht angesprochen, und im Kundenbegeisterungsmodell nicht berücksichtigt.

		Basis	Leistung	Begeisterung
Zielbezeichnung	Beurteilung des Ziels	Einordnung		
Mobile Erfassungsgeräte für permanente Dokumentation anschaffen	Auf welche Weise die Dokumentation erfolgt ist für die Patienten unrelevant, solche mobilen Erfassungsgeräte könnten die Patienten sogar zusätzlich verunsichern.	✕		
Modul für OP-Planung anschaffen	Die OP-Planung wird von den Kunden als selbstverständlich erachtet, nur eine völlige Fehlplanung würde Verärgerung hervorrufen, operiert wird auch ohne dieses Modul.	✕		
Transparenz herstellen	Transparente Strukturen und Entscheidungen sind für Mitarbeiter und deren Motivation wichtig, sie leisten jedoch keinen Beitrag zu Erfüllung von Kundenanforderungen.	✕		
Kostentransparenz herstellen	Das Ziel der Erreichung einer transparenten Kostenstruktur ist für die Mitarbeiter wichtig. Kundenanforderungen werden hierdurch direkt nicht erfüllt, wenn dann nur indirekt über zufriedene Mitarbeiter.	✕		

Anlage VI: Zielbeurteilung zur Einordnung in den Horváth & Partner-Filter

Zielbezeichnung	Einordnung				Begründung
	Wettbewerbs-relevanz		Handlungs-notwendigkeit		
	niedrig	hoch	niedrig	hoch	
prästationäre Voruntersuchung in eigener ambulanter Einrichtung (Kurzliegerstation)		×		×	Ist für das Krankenhaus eine strategisch wichtige Entscheidung
Realistische OP-Planung durchführen	×		×		Ist nicht wettbewerbsrelevant, verursacht aktuell aber keine Probleme, kann bei negativer Ausprägung jedoch negative Folgen im Wettbewerb haben
Planungssicherheit für Patienten und Angehörige bieten		×	×		Ist für das Krankenhaus sehr wettbewerbsrelevant, und besitzt eine mittlere Handlungsnotwendigkeit
Wenig Komplikationen haben		×	×		Ist zwar wettbewerbsrelevant, verursacht aktuell aber keine Probleme
Patientenzufriedenheit erhöhen		×		×	Ist für das Krankenhaus eine strategisch wichtige Entscheidung
Zusammenarbeit mit niedergelassenen Ärzten intensivieren		×		×	Ist für das Krankenhaus eine strategisch wichtige Entscheidung
Prämedikation der Anästhesie organisieren	×		×		Ist weder wettbewerbsrelevant noch besteht eine hohe Handlungsnotwendigkeit

Zielbezeichnung	Einordnung				Begründung
	Wettbewerbsrelevanz		Handlungsnotwendigkeit		
	niedrig	hoch	niedrig	hoch	
Einführung von Behandlungspfaden		X		X	Ist für das Krankenhaus eine strategisch wichtige Entscheidung
Planung von Betten, Transport u. a.	X		X		Ist weder wettbewerbsrelevant noch besteht eine hohe Handlungsnotwendigkeit
Qualität verbessern		X	X		Ist zwar wettbewerbsrelevant, begründet in der augenblicklichen Situation jedoch keinen Handlungsbedarf
Einführung eines Patientenpfades		X	X		Ist aber trotz einer geringeren Handlungsrelevanz für das Krankenhaus eine strategisch wichtige Entscheidung
Prästationäre Behandlungsstrukturen schaffen		X		X	Ist für das Krankenhaus eine strategisch wichtige Entscheidung
Gute Organisationsstruktur zur Nutzung der verfügbaren Ressourcen schaffen		X		X	Ist für das Krankenhaus eine strategisch wichtige Entscheidung
Schlüssige, aktuelle und umfassende Dokumentation	X		X		Verursacht derzeit keine Probleme, ist aber auch zunächst nicht wettbewerbsrelevant
Prozessorientierte Steuerung vorantreiben		X		X	Ist für das Krankenhaus eine strategisch wichtige Entscheidung

Zielbezeichnung	Einordnung				Begründung
	Wettbewerbs-relevanz		Handlungs-notwendigkeit		
	niedrig	hoch	niedrig	hoch	
Aktenchecks durchführen	×		×		Ist weder wettbewerbsrelevant noch besteht eine hohe Handlungsnotwendigkeit
Mitarbeiterzufriedenheit erhöhen		×	×		Ist zwar wettbewerbsrelevant, begründet in der augenblicklichen Situation jedoch keinen Handlungsbedarf
Zielgerichtetes Denken der Mitarbeiter fördern	×		×		Ist für das Krankenhaus eine strategisch wichtige Entscheidung, hat aber eine niedrige Priorität
Ausbildungsspezifischer Einsatz der Mitarbeiter	×		×		Ist weder wettbewerbsrelevant noch besteht eine hohe Handlungsnotwendigkeit, ist ein Ziel nur die Mitarbeiter betreffend
Umgang mit Patienten optimieren		×		×	Ist für das Krankenhaus eine strategisch wichtige Entscheidung
Mobile Erfassungsgeräte für permanente Dokumentation anschaffen	×		×		Ist weder wettbewerbsrelevant noch besteht eine hohe Handlungsnotwendigkeit
Modul für OP-Planung anschaffen	×			×	Ist nicht wettbewerbsrelevant, besitzt aber in aktuellen Engpässen begründet eine hohe Handlungsrelevanz

231

Zielbezeichnung	Einordnung				Begründung
	Wettbewerbs- relevanz		Handlungs- notwendigkeit		
	niedrig	hoch	niedrig	hoch	
Transparenz herstel- len		✕		✕	Ist strategisch wichtig für die Motivation der Mit- arbeiter und daher wett- bewerbs- und handlungs- relevant
Kostentransparenz herstellen		✕		✕	Ist strategisch wichtig zur Realisation einer Kosten- senkung und daher wett- bewerbs- und handlungs- relevant

Anlage VII: Zielauswahl nach Kundenbegeisterungsmodell und Horváth & Partner-Filter

Ziel		Einordnung		Grund für Auswahl
		KBM	Hor-vath	
1.	prästationäre Voruntersuchung in eigener ambulanter Einrichtung (Kurzliegerstation)	✕	✕	Nach Anwendung beider Auswahlverfahren als strategisches Ziel identifiziert, es wird deshalb als strategisches Ziel in die Pfad-BSC aufgenommen
2.	Realistische OP-Planung durchführen			–
3.	Planungssicherheit für Patienten und Angehörige bieten	✕		Wird trotz mittlerer Handlungsrelevanz wegen der strategischen Bedeutung als strategisches Ziel in die Pfad-BSC aufgenommen
4.	Wenig Komplikationen haben			–
5.	Patientenzufriedenheit erhöhen	✕	✕	Nach Anwendung beider Auswahlverfahren als strategisches Ziel identifiziert, es wird deshalb als strategisches Ziel in die Pfad-BSC aufgenommen
6.	Zusammenarbeit mit niedergelassenen Ärzten intensivieren	✕	✕	Nach Anwendung beider Auswahlverfahren als strategisches Ziel identifiziert, es wird deshalb als strategisches Ziel in die Pfad-BSC aufgenommen

Ziel		Einordnung		Grund für Auswahl
		KBM	Hor-vath	
7.	Prämedikation der Anästhesie organisieren			–
8.	Einführung von Behandlungspfaden	✕	✕	Nach Anwendung beider Auswahlverfahren als strategisches Ziel identifiziert, es wird deshalb als strategisches Ziel in die Pfad-BSC aufgenommen
9.	Planung von Betten, Transport u. a.			–
10.	Qualität der Behandlung verbessern			–
11.	Einführung eines Patientenpfades	✕		Wird trotz niedriger Handlungsrelevanz wegen der Realisierung eines strategischen Wettbewerbsvorteils als strategisches Ziel in die Pfad-BSC aufgenommen
12.	Prästationäre Behandlungsstrukturen schaffen		✕	Sind für die Kunden zwar keine Leistungs- oder Begeisterungsanforderung, wegen der strategischen Zielsetzung des Krankenhauses wird dieses Ziel als strategisches Ziel in die Pfad-BSC aufgenommen
13.	Gute Organisationsstruktur zur Nutzung der verfügbaren Ressourcen schaffen	✕	✕	Nach Anwendung beider Auswahlverfahren als strategisches Ziel identifiziert, es wird deshalb als strategisches Ziel in die Pfad-BSC aufgenommen

Ziel		Einordnung		Grund für Auswahl
		KBM	Hor-vath	
14.	Schlüssige, aktuelle, umfassende Dokumentation			–
15.	Prozessorientierte Steuerung vorantreiben	×	×	Nach Anwendung beider Auswahlverfahren als strategisches Ziel identifiziert, es wird deshalb als strategisches Ziel in die Pfad-BSC aufgenommen
16.	Aktenchecks durchführen			–
17.	Mitarbeiterzufriedenheit erhöhen			–
18.	Zielgerichtetes Denken der Mitarbeiter fördern			–
19.	Ausbildungsspezifischer Einsatz der Mitarbeiter			–
20.	Umgang mit Patienten optimieren	×	×	Nach Anwendung beider Auswahlverfahren als strategisches Ziel identifiziert, es wird deshalb als strategisches Ziel in die Pfad-BSC aufgenommen
21.	Mobile Erfassungsgeräte für permanente Dokumentation anschaffen			–
22.	Modul für OP-Planung anschaffen			–

Ziel		Einordnung		Grund für Auswahl
		KBM	Hor-vath	
23.	Transparenz herstellen		✕	Sind für die Kunden zwar keine Leistungs- oder Begeisterungsanforderung, wegen der strategischen Zielsetzung des Krankenhauses wird dieses Ziel als strategisches Ziel in die Pfad-BSC aufgenommen
24.	Kostentransparenz herstellen		✕	Sind für die Kunden zwar keine Leistungs- oder Begeisterungsanforderung, wegen der strategischen Zielsetzung des Krankenhauses wird dieses Ziel als strategisches Ziel in die Pfad-BSC aufgenommen

Anlage VIII: Sammlung von Messgrößenvorschlägen

Art der Messgröße / Ziel	Messgrößen-bezeichnung	Formel	Ergebnis-kennzahl	Leistungs-treiber
Gewinnmaximierung, um Quersubventionierung zu ermöglichen	• Erlös	Erlös × Anzahl Fälle	X	
	• Überschuss	(Erlös-Kosten) × Anzahl Fälle	X	
Kostensenkung für die Behandlung	• Prozesskosten	Prozesskosten	X	
Ausbau des Mengengerüsts bei positiven Erträgen	• Veränderung der Fallzahl	((Anzahl Fälle T_2 – Anzahl Fälle T_1)/Anzahl Fälle T_1) × 100 (in %)		X
	• Einweisung durch Ärzte	Anzahl Einweisungen je Arzt		X
Verweildauer bei gleichbleibender Qualität auf DRG-Niveau steuern	• ∅ Verweildauer	Entlassungsdatum – Aufnahmedatum (in Tagen)	X	
	• Anzahl Nachfragen der Krankenkasse	((Anzahl Nachfragen T_2 – Anzahl Nachfragen T1)/Anzahl Nachfragen T_1) × 100 (in %)	X	

Art der Messgröße / Ziel	Messgrößenbezeichnung	Formel	Ergebniskennzahl	Leistungstreiber
	• Überschreiten maximale Verweildauer	((Anzahl Fälle VWD > mVWD)/Anzahl Fälle insgesamt) × 100 (in %)		X
	• Unterschreiten untere Grenzverweildauer	((Anzahl Fälle VWD < uGVWD)/Anzahl Fälle insgesamt) × 100 (in %)		X
prästationäre Voruntersuchung in eigener ambulanter Einrichtung	Messung Patientenzufriedenheit:			
	• Anteil Beschwerden	(Anzahl Beschwerden prästationäre Voruntersuchung/Anzahl Patienten) × 100 (in %)	X	
	• Index für Patientenzufriedenheit	Index lt. Patientenbefragung	X	
	• Anteil Patienten mit prästationärer Voruntersuchung	(Anzahl Patienten mit prästationärer Voruntersuchung/Anzahl Patienten insgesamt) × 100 (in %)		X
	• Aufenthaltsdauer bei der Voruntersuchung	(Zeitpunkt zum Ende der Voruntersuchungen) – (Zeitpunkt zur stationären Voruntersuchung) (in Std.)		X

Art der Messgröße / Ziel	Messgrößen-bezeichnung	Formel	Ergebnis-kennzahl	Leistungs-treiber
	• Mitarbeiterzufrie-denheitsindex	Index lt. Mitarbeiterbefragung	X	
Planungssicherheit für Patienten und Angehörige	• Anteil Pfadpatien-ten	(Anzahl potenzielle Pfadpatienten/Anzahl Pfad-patienten) × 100 (in %)	X	
	• Anteil Pfadabbrü-che	(Anzahl Pfadabbrüche/Anzahl Pfadpatienten) × 100 (in %)	X	
Patientenzufrieden-heit erhöhen	• Patientenzufrie-denheit	Index lt. Patientenbefragung	X	
	• Anzahl Beschwer-den	(Anzahl Beschwerden/Anzahl Patienten) × 100 (in %)	X	
Zusammenarbeit mit niedergelassenen Ärzten intensivieren	• Anzahl Fortbildun-gen	Anzahl Teilnehmer niedergelassene Ärzte an ange-botenen Fortbildungen		X
	• Anzahl Kontakte Klinik – Arzt	Anzahl Kontakte von behandelndem Arzt mit dem einweisenden Arzt		X
	• Anzahl Einweisun-gen je Arzt	Anzahl Einweisungen je Arzt	X	
Einführung von Be-handlungspfaden	• Anteil Pfadpatien-ten	(Anzahl potenzielle Pfadpatienten/Anzahl Pfad-patienten) × 100 (in %)	X	

Ziel / Art der Messgröße	Messgrößenbezeichnung	Formel	Ergebniskennzahl	Leistungstreiber
	• Anteil Pfadabbrüche	(Anzahl Pfadabbrüche/Anzahl Pfadpatienten) × 100 (in %)	X	
	• Anteil der Pfadabbrüche je Abbruchstellen	(Anzahl Pfadabbrüche der Abbruchstelle/Anzahl Abbrüche insgesamt) × 100 (in %)	X	
Einführung einer Patientenbroschüre zum Pfad	• Anteil Pfadpatienten mit Patientenpfad	(Anzahl Patienten mit Patientenpfad/Anzahl Pfadpatienten) × 100 (in %)	X	
	• Patientenzufriedenheit	Index lt. Patientenbefragung	X	
prästationäre Behandlungsstrukturen schaffen	• Anteil Patienten mit vorstationärer Behandlung	(Anzahl Patienten mit vorstationärer Behandlung/Anzahl aller Pfadpatienten) × 100 (in %)	X	
Gute Organisationsstruktur zur Nutzung der verfügbaren Ressourcen schaffen	• Anteil Patienten mit diagnostischen Laufplänen	(Anzahl Patienten mit diagnostischen Laufplänen/Anzahl Patienten mit vorstationärer Behandlung) × 100 (in %)		X
	Aufenthaltsdauer bei der Voruntersuchung	(Zeitpunkt zum Ende der Voruntersuchungen) – (Zeitpunkt zur stationären Voruntersuchung) (in Std.)		X

Art der Messgröße / Ziel	Messgrößenbezeichnung	Formel	Ergebnis-kennzahl	Leistungs-treiber
	• Wartezeit bis Beginn der Untersuchung	(Zeitpunkt zu Beginn der prästationären Untersuchung) – (Zeitpunkt der Anmeldung zu Untersuchung) (in Min.)		X
Prozessorientierte Steuerung vorantreiben	• Wartezeit auf Untersuchung	(Zeitpunkt zu Beginn der Untersuchung) – (Zeitpunkt des Termins zur Untersuchung) (in Min.)		X
	• Anteil Patienten mit Behandlungspfad	Anzahl Pfadpatienten/(Anzahl potenzieller Pfadpatienten + Anzahl Pfadpatienten) ×100 (in %)	X	
Umgang mit Patienten optimieren	• Anteil Schulungsteilnehmer	(Anzahl Schulungsteilnehmer × Anzahl Schulungsstunden)/Anzahl Mitarbeiter		X
	• Beschwerden über unfreundliches Personal	(Anzahl Beschwerden über unfreundliches Personal)/(Anzahl Patienten) × 100 (in %)	X	
Transparenz herstellen	• Veränderung der Anzahl interner E-Mails	(Anzahl E-Mails Zeitraum T_2) – (Anzahl E-Mails Zeitraum T_1)/(Anzahl E-Mails Zeitraum T_1) × 100 (in % Veränderung zum vorherigen Zeitraum)		X

Art der Messgröße / Ziel	Messgrößenbezeichnung	Formel	Ergebniskennzahl	Leistungstreiber
	• Beschreibung der Entwicklung	Einschätzung lt. Mitarbeiterbefragung	X	
	• Anzahl Rundschreiben	$((\text{Anzahl Rundschreiben Zeitraum } T_2) - (\text{Anzahl Rundschreiben Zeitraum } T_1))/(\text{Anzahl E-Mails Zeitraum } T_1) \times 100$ (in % Veränderung zum vorherigen Zeitraum)		X
Kostentransparenz herstellen	• Differenz der Kosten für z. B. Gebrauchsartikel pro Monat	$((\text{Summe Kosten Artikel X Zeitraum } T_2) - (\text{Summe Kosten Artikel X Zeitraum } T_1))/(\text{Summe Kosten Artikel X Zeitraum } T_1) \times 100$ (in % Veränderung zum vorherigen Zeitraum))	X	

Anlage IX: Messgrößendefinition

Ziel	Art der Messgröße	Messgröße	Mess-intervall	Ist-Wert	Zielwert 31.12.04	Verant-wortliche Person	Zielfördernde Aktionen
Finanzperspektive							
1	Gewinnmaximierung, um Quersubventionierung zu ermöglichen	Überschuss: (Erlös-Kosten) × Anzahl Fälle	Jahr	2932,50 – 2366,99 = 565,51	+ 5 % = 593,79	Chefarzt allg. Chirurgie (CA AC)	• keine direkten Aktionen
2	Kostensenkung für die Behandlung	Prozesskosten: Prozesskosten	Jahr	2366,99	–1,2 % = 2338,71	CA AC	• keine direkten Aktionen
3	Ausbau des Mengengerüsts bei positiven Erträgen	Veränderung der Fallzahl: ((Anzahl Fälle T2 – Anzahl Fälle T1)/Anzahl Fälle T1) × 100 (in % Veränderung zum vorherigen Zeitraum)	Quartal	Fälle in 2002 145	153	CA AC	• keine direkten Aktionen
4	Verweildauer bei gleichbleibender Qualität auf DRG-	∅ Verweildauer: Entlassungsdatum – Aufnahmedatum	Halbjahr	6,96	Mittlere VWD nach FP-	CA AC	• Einführung Behandlungspfad • Einführung

Art der Messgröße / Ziel	Messgröße	Mess-intervall	Ist-Wert	Zielwert 31.12.04	Verant-wortliche Person	Zielfördernde Aktionen
Niveau steuern	(in Tagen)			Kata-log=5,5 Tage		Pfad-BSC
	Überschreiten maximale Verweildauer: ((Anzahl Fälle VWD > mVWD)/Anzahl Fälle insgesamt) × 100 (in %)	Halbjahr	4,7 %	3,5 %	CA AC	• Einführung Behandlungspfad • Projekt Kurzliegerstation
	Unterschreiten unterer Grenzverweildauer: ((Anzahl Fälle VWD < uGVWD)/Anzahl Fälle insgesamt) × 100 (in %)	Halbjahr	0 %	0 %	CA AC	• Einführung Behandlungspfad
Kundenperspektive						
5 prästationäre Voruntersuchung in eigener ambulanter Einrichtung	Index für Patientenzufriedenheit: Index lt. Patientenbefragung	Jahr	Messung erstmals 1.Vj. 04	Zum 31.03.05 = +5 %	CA AC	• Einführung Behandlungspfad • Einführung Patientenpfad • Einführung

Ziel / Art der Messgröße	Messgröße	Mess-intervall	Ist-Wert	Zielwert 31.12.04	Verantwortliche Person	Zielfördernde Aktionen
	Anteil Patienten mit prästationärer Voruntersuchung: (Anzahl Patienten mit prästationärer Voruntersuchung/ Anzahl Patienten insgesamt) × 100 (in %)	Quartal	Messung erstmals 1.Vj. 04	< 90 % der Pfad-patienten	CA AC	diagnostischer Laufzettel • Empfehlung durch niedergelassene Ärzte
	Aufenthaltsdauer bei der Voruntersuchung: (Zeitpunkt zum Ende der Voruntersuchungen) – (Zeitpunkt zur Anmeldung zur Voruntersuchung) (in Std.)	Halbjahr	Messung erstmals 1.Vj. 04	abhängig von 1. Messung	CA AC Stations-sekretariat	• Einführung diagnostischer Laufzettel
6 Planungssicherheit für Patienten und Angehörige	Anteil Pfadpatienten: (Anzahl potenzielle Pfadpatienten/Anzahl Pfadpatienten) × 100 (in %)	Halbjahr	Messung erstmals 1.Vj. 04	< 85 %	CA AC Stations-sekretariat	• Einführung Behandlungspfad • Einführung Co-Pathways

245

Ziel / Art der Messgröße	Messgröße	Mess-intervall	Ist-Wert	Zielwert 31.12.04	Verant-wortliche Person	Zielfördernde Aktionen
	Anteil Pfadabbrüche: (Anzahl Pfadabbrüche/Anzahl Pfadpatienten) × 100 (in %)	Quartal	Messung erstmals 1.Vj. 04	abhängig von 1. Messung	CA AC	• Überarbeitung Behandlungspfad • Einführung von Co-Pathways
7 Patientenzufriedenheit erhöhen	Patientenzufriedenheit	Siehe Ziel 5				
8 Zusammenarbeit mit niedergelassenen Ärzten intensivieren	Anzahl (telefonische) Kontakte Klinik – Arzt pro Patient; Anzahl Kontakte von behandelndem Arzt mit dem einweisenden Arzt pro Patient	Quartal	Messung erstmals 1.Vj. 04	≥ 1	CA AC	• Einrichtung einer Hotline
	Anzahl Einweisungen je Arzt: Anzahl Einweisungen je Arzt pro Zeiteinheit	Quartal	Messung erstmals 1.Vj. 04	abhängig von 1. Messung		• Angebot von Fortbildungen

Ziel / Art der Messgröße	Messgröße	Mess-intervall	Ist-Wert	Zielwert 31. 12. 04	Verant-wortliche Person	Zielfördernde Aktionen
Interne Prozessperspektive						
9 Einführung von Behandlungspfaden	Anteil Pfadpatienten	Siehe Ziel 6				
	Anteil Pfadabbrüche	Siehe Ziel 6				
	Anteil der Pfadabbrüche je Abbruchstellen: (Anzahl Pfadabbrüche der Abbruchstelle/Anzahl Abbrüche insgesamt) × 100 (in %)	Halbjahr	Messung erstmals 2.Vj. 04	abhängig von 1. Messung	Qualitätsmanagementbeauftragte (QMB)	• Pfadcontrolling • Einführung Co-Pathways
10 Einführung einer Patientenbroschüre zum Pfad	Anteil Pfadpatienten mit Patientenpfad: (Anzahl Patienten mit Patientenpfad/Anzahl Pfadpatienten) × 100 (in %)	Quartal	Messung erstmals 2.Vj. 04	> 85 %	QMB CA AC	• Einführung Patientenpfad
	Patientenzufriedenheit	Siehe Ziel 5				
11 prästationäre Behandlungsstrukturen schaffen	Anteil Patienten mit prästationärer Behandlung	Siehe Ziel 5				

247

Ziel	Art der Messgröße	Messgröße	Mess-intervall	Ist-Wert	Zielwert 31.12.04	Verant-wortliche Person	Zielfördernde Aktionen
12	Gute Organisationsstruktur zur Nutzung der verfügbaren Ressourcen schaffen	Anteil Patienten mit diagnostischen Laufplänen: (Anzahl Patienten mit diagnostischen Laufplänen/Anzahl Patienten mit vorstationärer Behandlung) × 100 (in %)	Quartal	Messung erstmals 2.Vj. 04	> 85 %	CA AC QMB Stationssekretariat	• Einführung diagnostischer Laufpläne
		Wartezeit bis Beginn der Untersuchung: (Zeitpunkt zu Beginn der prästationären Untersuchung) – (Zeitpunkt des Termins zu Untersuchung) (in Min.)	Halbjahr	Messung erstmals 2.Vj. 04	< 15 Min.	CA AC Pfadverantwortlicher	• Messung der Wartezeit
13	Prozessorientierte Steuerung vorantreiben	Anteil Patienten mit Behandlungspfad	Siehe Ziel 6				

Ziel / Art der Messgröße	Messgröße	Mess-intervall	Ist-Wert	Zielwert 31.12.04	Verant-wortliche Person	Zielfördernde Aktionen
Potenzialperspektive						
14 Umgang mit Patienten optimieren	Anteil Schulungsstunden pro Mitarbeiter: (Anzahl Schulungsteilnehmer × Anzahl Schulungsstunden)/Anzahl Mitarbeiter (in Std.)	Halbjahr	Messung erstmals 2.Vj. 04	1 Mitarbeiter/Station	Pflegedienstleitung (PDL)	• Entwicklung Schulungsprogramm für innerbetriebl. Fortbildung
15 Transparenz herstellen	Mitarbeitereinschätzung: Einschätzung lt. Mitarbeiterbefragung	Halbjahr	Messung erstmals 2.Vj. 04	Verbesserung + 5 %	PDL CH CA AC QMB	• Einführung Behandlungspfad
16 Kostentransparenz herstellen	Differenz der Kosten für z. B. Gebrauchsartikel pro Monat: ((Summe Kosten Artikel A Zeitraum T_2) – (Summe Kosten Artikel A Zeitraum T_1)/(Summe Kosten Artikel A Zeitraum T_1) × 100 (in % Veränderung zum vorherigen Zeitraum)	Quartal			Controlling Einkauf	• Preise veröffentlichen

Anlage X: Matrix der strategischen Ziele und der zielfördernden Aktionen

Strategisches Ziel / Zielfördernde Aktionen	Finanzperspektive				Kundenperspektive				Interne Prozessperspektive					Potenzialperspektive		
	Gewinnmaximierung	Kostensenkung	Ausbau Mengengerüst	Verweildauer steuern	prästat. Untersuchung	Planungssicherheit	Patientenzufriedenheit	Zusammenarbeit	Behandlungspfade	Patientenbroschüre	prästat. Strukturen	Gute Organisationsstruktur	Prozessor. Steuerung	Umgang Patienten	Transparenz	Kostentransparenz
Projekt Kurzliegerstation		×	×	×			×	×				×	×			
Behandlungspfad		×	×			×		×	×	×			×		×	
Patientenversion des Behandlungspfades			×		×	×				×						
Patientenbefragung							×							×		
Zuweiserbefragung			×					×								
Diagnostische Laufpläne					×	×							×			
Beschwerdemanagement										×	×			×		
Einführung Pfad-BSC				×												
Fortbildung/Information niedergelassene Ärzte			×					×								
Hotline für niedergelassene Ärzte			×					×								
Messung der Wartezeit											×					
Schulungsprogramm IBF														×		
Veröffentlichung der Preise																×

Fachliteratur Krankenhaus

Michael Greiling (Hrsg.)

Pfade durch das Klinische Prozessmanagement

Methodik und aktuelle Diskussionen

2004. 288 Seiten. Kart.
€ 34,80

ISBN 3-17-018021-5

In der aktuellen Krankenhaussituation – mit verpflichtender Einführung der Abrechnung nach Fallpauschalen ab 1.1.2004 – besteht ein Spannungsverhältnis zwischen Qualität der medizinischen Behandlung, Zeit- und Kostenaufwand. Diese Spannung lässt sich durch den Einsatz von Behandlungspfaden zugunsten einer adäquaten Patientenversorgung beeinflussen. Zur Umsetzung dieser Pfade eignet sich ein ganzheitliches Prozessmanagement, welches im vorliegenden Buch praxisnah in seinen Gestaltungsmöglichkeiten, seiner Einführung und Umsetzung vorgestellt wird. Darüber hinaus finden die Zusammenhänge des Klinischen Prozessmanagements u.a. mit der Prozesskostenrechnung, der Balanced Scorecard und dem Prozesscontrolling Beachtung.

Dr. rer. oec. Michael Greiling, Mitglied der Leitungskonferenz der CURACON-Unternehmensgruppe. Bis 2004 Leiter des Geschäftsbereichs Controlling der APB Unternehmensberatung GmbH, Münster. Seit Juli 2004 Geschäftsführer des Instituts für Workflow-Management im Gesundheitswesen (IWiG), Münster. Lehrbeauftragter der Fachhochschulen Münster und Gelsenkirchen.
Die Autoren:
Mitarbeiter der Unternehmensgruppe Evangelische Treuhand/APB, Geschäftsbereich Controlling der APB Unternehmensberatung GmbH, Münster.

W. Kohlhammer GmbH · Verlag für Krankenhaus und Pflege
70549 Stuttgart · Tel. 0711/7863 - 7280 · Fax 0711/7863 - 8430

Fachliteratur Krankenhaus

Michael Greiling/Carolin Jücker

Strategisches Management im Krankenhaus

Methoden und Techniken
zur Umsetzung in der Praxis

2003. 156 Seiten. Kart.

€ 22,–

ISBN 3-17-017877-6

www.kohlhammer.de

Die für Krankenhäuser wichtige Positionierung im Wettbewerb muss aktiv geplant werden. Hier setzen die Autoren dieses Buches an und zeigen Methoden und Techniken der Zielplanung/des strategischen Managements auf, die helfen, den Anforderungen im Krankenhausalltag wie Kostendruck, Personalmangel, ständiger Wandel der Verfahren etc. zu begegnen.

Folgende Aspekte werden dargestellt:

- Notwendigkeit des strategischen Managements
- Definition wichtiger strategischer Begriffe
- das neue Entgeltsystem
- Grundlagen der strategischen Planung
- Instrumente und Methoden zur Entscheidungs-/Strategiefindung
- die praktische Umsetzung im Krankenhaus

Die Autoren:
Dr. rer. oec. Michael Greiling, Mitglied der Leitungskonferenz der CURACON-Unternehmensgruppe. Bis 2004 Leiter des Geschäftsbereichs Controlling der APB Unternehmensberatung GmbH, Münster. Seit Juli 2004 Geschäftsführer des Instituts für Workflow-Management im Gesundheitswesen (IWiG), Münster. Lehrbeauftragter der Fachhochschulen Münster und Gelsenkirchen.
Dipl.-Betriebswirtin Carolin Jücker, Mitarbeiterin im Geschäftsbereich Controlling der APB Unternehmensberatung GmbH, Münster, mit der Verantwortung im Bereich strategisches Management.

W. Kohlhammer GmbH · Verlag für Krankenhaus und Pflege
70549 Stuttgart · Tel. 0711/7863 - 7280 · Fax 0711/7863 - 8430

Kohlhammer